Catalogage avant publication de Bibliothèque et Archives
nationales du Québec et Bibliothèque et Archives Canada

Dubuc, Alain

Portrait de famille : 14 vrais ou faux mythes québécois

ISBN 978-2-89705-228-7

1. Québec (Province) - Civilisation. I. Titre.

FC2919.D822 2014   306.09714   C2013-942706-6

Présidente Caroline Jamet
Directeur de l'édition Éric Fourlanty
Directrice de la commercialisation Sandrine Donkers
Responsable, gestion de la production Carla Menza
Communications Marie-Pierre Hamel

Éditeur délégué Yves Bellefleur
Conception graphique Rachel Monnier
Mise en page Célia Provencher-Galarneau et Simon L'Archevêque
Correction d'épreuves Yvan Dupuis

L'éditeur bénéficie du soutien de la Société de développement
des entreprises culturelles du Québec (SODEC) pour son
programme d'édition et pour ses activités de promotion.

L'éditeur remercie le gouvernement du Québec de l'aide financière
accordée à l'édition de cet ouvrage par l'entremise du Programme
de crédit d'impôt pour l'édition de livres, administré par la SODEC.

Nous reconnaissons l'aide financière du gouvernement du Canada
par l'entremise du Fonds du livre du Canada (FLC).

Nous remercions le Conseil des arts du Canada de l'aide accordée
à notre programme de publication.

LES ÉDITIONS **LA PRESSE**
Les Éditions La Presse
7, rue Saint-Jacques
Montréal (Québec)
H2Y 1K9

PORTRAIT DE FAMILLE

14 VRAIS OU FAUX MYTHES QUÉBÉCOIS

LES ÉDITIONS **LA PRESSE**

TABLE DES MATIÈRES

SE DONNER
L'HEURE JUSTE

Il y a quelques années, on pouvait se croire à l'aube d'un grand changement. Le Québec semblait découvrir et accepter l'idée de richesse. Mais la révolution n'a pas eu lieu et l'immobilisme a triomphé. La résistance au changement qui s'est manifestée tenait en grande partie, à mon avis, au désir des Québécois de ne pas trahir une conception qu'ils se faisaient du Québec. J'en suis venu à la conclusion qu'une des clés pour déverrouiller le Québec, c'était de s'attaquer aux fausses perceptions que nous entretenons sur nous-mêmes.

Il y a huit ans, j'ai publié un livre intitulé *Éloge de la richesse* qui démontrait assez clairement que le Québec accusait des retards économiques importants, qu'il était moins *prospère* qu'on le croyait, que son niveau de vie était inférieur à celui de la plupart de ses partenaires et qu'il fallait faire de la création de la richesse une priorité non pas par culte de l'argent, mais parce que la prospérité est essentielle pour qu'une société qui croit au progrès social puisse atteindre ses objectifs.

Cet essai a eu un certain retentissement. Peut-être un peu en raison de son titre, presque sulfureux à l'époque, qui frappait l'imagination, mais surtout parce qu'il s'inscrivait dans un courant de pensée qui commençait à émerger, symbolisé par le manifeste *Pour un Québec lucide*. Plusieurs étaient d'accord pour dire que le Québec se dirigeait vers une impasse et qu'il fallait donner un bon coup de barre.

Ce courant a eu un impact certain. Soudainement, le mot « richesse » était sur toutes les lèvres. On pouvait se croire à l'aube d'un grand changement. Mais la révolution n'a pas eu lieu. La fenêtre s'est refermée. Le balancier a amorcé son retour avant même d'avoir complété son mouvement. Le Québec a plutôt choisi de ne pas bouger, de ne pas changer.

Pour moi, le symbole le plus évident de ce refus du changement fut le débat sur les droits de scolarité. Le combat était peut-être « érable », mais certainement pas printanier. Il exprimait de vieux réflexes et idées qui évoquaient plutôt les gelées des sombres journées de fin d'automne.

On pourra interpréter la victoire des étudiants, qui ont réussi à convaincre le nouveau gouvernement du Parti québécois d'annuler la hausse des droits de scolarité à l'automne 2013, comme une victoire des idées dites de gauche contre la montée d'un courant dit de droite. J'ai toujours refusé de porter le débat sur ce terrain parce que je crois profondément que le succès économique bien fait, et avec les réformes qu'il exige, est indissociable du progrès social. Ce qui a triomphé, ce n'est pas tant la gauche que l'immobilisme identitaire, le conformisme historique. On a maintenu un quasi-gel des droits de scolarité essentiellement parce que c'était comme ça qu'on faisait les choses depuis 40 ans.

Il m'est apparu que l'opposition des étudiants à une hausse raisonnable de leurs droits de scolarité, avec l'appui dont ils ont bénéficié, était moins idéologique qu'identitaire. Ce grand mouvement militant reposait sur une conception du Québec, une perception de ses succès, de ses besoins et de ses problèmes. Pourquoi, par exemple, accepterait-on des sacrifices au nom des contraintes budgétaires si on ne croit pas que le Québec est en crise financière ? Pourquoi augmenter les droits de scolarité si on trouve que les universités ont assez d'argent ? Pourquoi toucher aux valeurs d'un système d'éducation qui incarne la Révolution tranquille ?

D'où l'idée de regarder de plus près la construction mentale que nous nous sommes faite du Québec et de la confronter aux faits pour avoir l'heure la plus juste possible sur notre performance économique, nos réalisations sociales et nos succès.

Quand j'ai parlé de ce projet, des proches ont exprimé la crainte qu'une telle entreprise se transforme en séance de dénigrement du Québec ou qu'elle soit perçue comme telle, quand on sait qu'en bien des milieux il est difficile de porter un regard critique sur le Québec sans se voir accusé d'être antiquébécois. Mais, vous le verrez, il s'agit bien davantage d'une entreprise d'ajustement que de déconstruction parce que plusieurs idées que les Québécois se font d'eux-mêmes sont assez justes et même que, dans certains cas, les Québécois sont trop sévères envers eux-mêmes.

Le but n'est pas de critiquer pour le simple plaisir de critiquer, mais de faire preuve de lucidité. Les mythes collectifs ont des effets pervers. Si, à certains moments, ils peuvent insuffler de la fierté et galvaniser, ils peuvent aussi mener à la paralysie et créer un faux sentiment de succès. Un peu comme la mythologie américaine sur sa domination industrielle qui a empêché nos voisins du Sud de s'apercevoir que leur édifice économique était en train de s'effondrer, ou encore la supériorité du modèle français et le mythe de l'exception française qui ont mené nos « cousins » au bord du gouffre. Au Québec, le faux sentiment de confort dans lequel on se berce risque de nous empêcher de réagir aux menaces réelles qui pèsent sur nos acquis.

Dans le cas du Québec, les fausses perceptions comportent trois dangers. Quand on se trouve trop bon, on n'a aucune raison de vouloir faire mieux. Quand on s'illusionne sur ses succès, on risque de ne pas voir les problèmes surgir avant qu'il soit trop tard. Et on risque, quand on ne se donne pas l'heure juste, de ne pas faire les bons choix.

Voici l'objet du présent livre. Essayer de faire un portrait du Québec et des Québécois, un portrait de famille le plus fidèle possible, le plus lucide possible et le plus nuancé possible. Débusquer les mythes et les déboulonner s'il le faut en ratissant large, de la performance économique à l'environnement en passant par la vie culturelle et la qualité de vie.

Reposer des questions pour lesquelles nous pensons avoir des réponses. Sommes-nous généreux? Sommes-nous branchés? Sommes-nous travaillants? Confronter nos perceptions aux faits de la façon la plus rigoureuse possible tout en s'amusant un peu au passage: ce n'est pas une thèse de doctorat. Dans ce livre, il y aura beaucoup de chiffres, mais l'exercice donnera l'occasion de découvrir plein de choses parfois cocasses et parfois captivantes sur le Québec.

Pour y parvenir, j'ai eu l'aide du Centre interuniversitaire de recherche en analyse des organisations (CIRANO), dont j'ai l'honneur d'être un Fellow invité. Je remercie son président-directeur général, Claude Montmarquette, et son fondateur, Robert Lacroix, pour leurs précieux conseils. Il va sans dire que je suis le seul responsable de mes conclusions.

1. ENTRE RÉALITÉ ET IMAGINAIRE

L'objet de ce livre consiste à comparer les perceptions que les Québécois ont d'eux-mêmes et du Québec aux faits, aux statistiques et aux données vérifiables. Pour voir si leur lecture de la réalité est juste ou s'ils se racontent des histoires. Comment les Québécois se voient-ils ? Comment voient-ils le Québec ? Comment le comparent-ils aux autres sociétés ? Quelles sont, selon eux, ses forces et ses faiblesses ?

La plupart du temps, les opinions, les points de vue, les idées que les Québécois se font de leur société sont tout à fait corrects. Parfois, ils sont colorés par les expériences et les valeurs de chacun, par la tendance naturelle à l'exagération. Mais il y a aussi des cas où on a construit des mythes, lorsque les idées s'embarrasseront si peu des faits qu'elles s'écarteront de la réalité pour entrer sur le terrain de l'imaginaire.

C'est en confrontant les perceptions des Québécois aux faits qu'on saura s'ils voient juste, s'ils sont lucides, s'ils sont trop complaisants, pas assez ou s'ils sont carrément dans l'erreur.

Mais quelles sont ces perceptions ? C'est sans doute l'étape la plus délicate de la démarche proposée parce que je suis juge et partie. C'est moi qui définirai les mythes pour ensuite vérifier s'ils sont fondés. Il est tellement facile de tomber dans la caricature, de prêter aux Québécois des perceptions fausses pour ensuite les dénoncer, un exercice parfaitement circulaire de « défonçage » de portes ouvertes.

L'autre problème, c'est qu'il n'existe pas de page Facebook ou d'articles de Wikipedia sur les perceptions et les mythes des Québécois sur le Québec. Il faut procéder par recoupements, par intuition et par déduction pour les cerner de la façon la plus prudente possible. Certaines propositions sont factuelles, comme « le Québec est un paradis des ressources naturelles » ou « le Québec est une société dont la langue d'usage est le français ». D'autres propositions sont subjectives, par exemple dire que le Québec est « unique » ou que les Québécois sont « accueillants », tandis que certaines autres se situent sur le terrain du non-dit, par exemple la conviction profonde qu'entretiennent certainement bien des gens que les Québécois sont moins « arriérés » que la base électorale du gouvernement Harper.

UN AUTOPORTRAIT COLLECTIF

Certaines idées que nous nous faisons du Québec ont été analysées et abondamment documentées, comme la place centrale de la Révolution tranquille dans notre histoire récente, où il est clair qu'il y a un hiatus entre les faits historiques et l'interprétation qu'on a faite de ce boule-versement. On peut facilement démontrer que ce grand projet fondateur a donné naissance à un véritable mythe, où on a quitté le terrain des faits pour entrer dans celui de la sacralisation.

On peut aussi se référer à des documents officiels qui ont pour but de décrire le Québec à l'étranger, notamment pour les investisseurs, les immigrants et les touristes. Il s'agit d'un genre nécessairement complai-sant parce que les autorités cherchent à présenter le Québec sous ses plus beaux atours et, ce faisant, ont tendance à basculer dans l'exagéra-tion. Mais la façon dont elles le font peut être instructive et révélatrice.

On peut encore s'inspirer des déclarations publiques d'hommes et de femmes politiques ou de personnalités qui attribuent des caractéristiques au Québec d'une façon qui soit reflète les perceptions collectives, soit finit par les colorer. Lorsque je faisais des recherches pour ce livre, le vice-premier ministre François Gendron, dans une déclaration à l'Assemblée nationale pour saluer l'élection du pape François, s'est réjoui du fait qu'il avait « déjà donné une saveur toute particulière à son règne qui ressemble beaucoup aux valeurs québécoises ». Le ministre faisait allusion au fait qu'il était le « pape des pauvres » et qu'il voulait « aider les plus démunis à arriver à un monde meilleur ». Ce qui soulevait deux questions : aidons-nous vraiment les pauvres et, si oui, est-ce que c'est une préoccupation plus importante pour nous que pour les Danois ou les Italiens ?

La question des valeurs québécoises, qui a fait l'objet d'un très intense débat récemment, est d'ailleurs une source très riche d'éléments pour nous éclairer sur notre perception de nous-mêmes. Le fait de qualifier une valeur de « québécoise » est très certainement une façon de définir le Québec et de mettre en relief ses attributs, mais aussi de souligner que le Québec voue une importance particulière à certaines questions et qu'il se distingue dans le respect de ces valeurs.

On peut également consulter de nombreux sondages où les Québécois se définissent, se comparent et attribuent des qualités au Québec. Il y a assez d'enquêtes de ce genre pour donner une bonne idée. Par exemple, en 2006, quand Lucien Bouchard a déclaré que les Québécois devraient travailler plus, un sondage nous a appris qu'il était loin de faire l'unani-mité et que si 46 % des gens l'approuvaient, 45 % des sondés n'étaient pas du tout d'accord et trouvaient que leur effort de travail était adéquat.

En puisant dans tous ces éléments, on peut commencer à bâtir une image composite de ce qu'est le Québec vu à travers les yeux des Québé-cois, une sorte d'autoportrait collectif.

CINQ MÉCANISMES À L'OEUVRE

De cet exercice, on peut d'abord dégager des tendances générales, des processus mentaux, des façons de réagir et de voir les choses qui structurent et colorent les perceptions des Québécois. Ensuite, cela permettra de dégager quelques propositions précises et d'identifier des affirmations qui semblent communes aux Québécois.

Le premier mécanisme qui contribue à façonner notre autoportrait collectif, c'est l'imagerie de la Révolution tranquille, le grand mythe que nous avons bâti sur cette période de notre histoire. Même si cette révolution date d'il y a maintenant 50 ans et si le mythe date d'une bonne quarantaine d'années, il exerce encore une influence sur nos perceptions du Québec moderne. Ce mythe est omniprésent et refait surface dans une foule de domaines.

C'est en citant les principes évoqués par Jean Lesage que l'on a discuté du mandat de la Caisse de dépôt et placement du Québec. C'est en rappelant les promesses de René Lévesque que l'on a combattu les hausses de tarifs d'Hydro-Québec. C'est en se référant à monseigneur Alphonse-Marie Parent et à son rapport, publié quand les parents des étudiants universitaires d'aujourd'hui étaient encore des poupons, qu'on s'est opposé au dégel des droits de scolarité. C'est en se référant à l'idéal de laïcité de la Révolution tranquille que beaucoup de gens ont justifié leur appui à la Charte des valeurs québécoises.

Le deuxième mécanisme, c'est le sentiment que le Québec est profondément différent. « Unique ! Voici qui définit bien le Québec » : c'est avec cette phrase révélatrice que commence, dans le site Web officiel du gouvernement du Québec, le portrait du Québec.

L'affirmation voulant que le Québec soit unique n'est évidemment pas fausse. L'histoire et la sociologie du Québec décrivent un cheminement tout à fait unique, celui d'une population française, parmi les premiers arrivants européens en Amérique du Nord, qui a conservé sa langue et sa spécificité à travers les tribulations de l'histoire, notamment la prise de possession de la Nouvelle-France par les Britanniques.

Il est également évident que les Québécois, qui forment la seule société francophone d'Amérique, mais avec sa très importante minorité anglophone, ses Premières Nations et ses nouveaux arrivants, constituent une nation avec son gouvernement, ses institutions et son territoire.

Mais le fait de dire qu'une nation est unique n'est pas particulièrement éclairant. Toutes les nations ont leurs spécificités. C'est le propre d'une nation d'être unique. Et même des groupes qui ne prétendent pas être des nations peuvent raisonnablement se qualifier d'uniques, comme les

Acadiens ou les Texans, fiers de leur drapeau, de leur cuisine, de leur musique et de leur mode de vie.

Mais au fond, on sait que ce qu'on veut souligner, c'est que nous sommes différents du reste du Canada, du reste de l'Amérique du Nord. Cela est vrai, mais cela aussi n'est pas très étonnant. Une fois qu'on est d'accord pour dire que le Québec est une nation, le reste – la différence, l'unicité – va de soi.

Mais si on insiste tant au Québec sur cette différence, c'est qu'il y a eu une période où les Québécois ont dû protéger leur identité qu'ils sentaient menacée et qu'ils ont ressenti le besoin de définir ces différences, d'insister sur leur importance pour mieux les protéger et les préserver. Cela s'est doublé d'un jeu politique qui consistait à exacerber ces différences, à insister lourdement sur leur existence pour démontrer que le Québec était si distinct du reste du Canada qu'il devait le quitter. Par réaction, les fédéralistes ont joué le même jeu pour faire preuve de leur ferveur nationaliste. À force d'insister sur nos différences, on en est venu à oublier qu'une foule de choses qu'on croit être typiquement québécoises sont en fait canadiennes, du pâté chinois au système de santé en passant par le hockey.

Le troisième mécanisme, qui est un prolongement du deuxième, c'est de parfois croire que les Québécois ne sont pas seulement différents des autres, mais qu'ils sont aussi meilleurs et que la comparaison est à leur avantage surtout à l'égard de leurs voisins nord-américains.

Ce réflexe est propre à toutes les nations qui ont invariablement tendance à faire preuve de patriotisme, à glorifier leur histoire, à manifester de la fierté à l'égard de leurs réalisations et de leurs traits culturels, souvent avec une inévitable pointe de chauvinisme. Tous les peuples se trouvent bons et ressentent un certain sentiment de supériorité. Qu'on pense au patriotisme américain, au chauvinisme des Français envers les Britanniques (et vice-versa) et sans doute au même réflexe entre Norvégiens et Suédois, entre Espagnols et Portugais et entre Tchèques et Hongrois.

Ce réflexe naturel prend probablement des proportions plus grandes pour une société minoritaire comme l'est celle du Québec, sans repères, qui a souffert du mépris de sa minorité dominante et qui a ressenti le besoin légitime de se valoriser. Les plus petites sociétés sont plus sensibles à leurs succès hors de leurs frontières et au regard que les autres peuvent avoir sur elles. On le voit aux réactions d'indignation quand proviennent de l'étranger des commentaires peu élogieux à notre égard. On le verra aussi dans la façon de conclure un peu vite à la supériorité de nos réalisations et à la supériorité morale de nos valeurs.

Si la tendance à l'autoglorification se retrouve dans toutes les sociétés, elle prend souvent au Québec une forme particulière, parce que les Québécois, repliés sur eux-mêmes et coupés du reste du continent par la barrière linguistique, connaissent mal leurs voisins. Cela les mène parfois, et c'est un quatrième mécanisme, à attribuer au Québec des vertus qui ne sont pas spécifiquement québécoises.

Cela m'a frappé quand, dans le débat sur la corruption dans l'industrie de la construction, le président du Conseil du Trésor, Stéphane Bédard, commentant les mesures mises en place pour contrer les malversations, a déclaré qu'il était «convaincu qu'on va voir émerger dans ces entreprises de nouveaux dirigeants avec des valeurs qui sont différentes, qui sont plus conformes aux valeurs québécoises». Il y avait de quoi laisser perplexe : on ne voit pas en quoi l'honnêteté et le respect élémentaire des lois, le propre de toute société de droit, seraient spécifiquement québécois. D'autant plus que les révélations des dernières années ont au contraire montré que ces valeurs semblaient moins présentes au Québec qu'ailleurs !

Ce glissement a été manifeste dans le débat sur la Charte des valeurs québécoises, qui reposait sur une confusion des genres en présentant comme «québécoises» des valeurs qui sont en principe universelles. Si l'existence du français comme langue commune est propre au Québec, on ne peut en dire autant de la neutralité de l'État par rapport aux religions et encore moins à l'égalité des hommes et des femmes, valeur universelle reconnue dans toutes les chartes et défendue avec vigueur dans presque toutes les sociétés avancées.

Pourquoi, dans son discours public, le Québec qualifie-t-il ces grandes valeurs de québécoises plutôt que d'affirmer avec fierté que le Québec adhère à des valeurs universelles ? Il y a là un message, mais lequel ? Que ces valeurs sont plus ancrées chez nous ? Qu'on y adhère avec plus de conviction ?

Un cinquième mécanisme, lui aussi fréquent ailleurs dans le monde, est la «géométrie variable» : comme toutes les sociétés, nous avons tendance à donner plus de poids aux attributs qui nous distinguent déjà. Les Américains, dont le patriotisme repose en bonne partie sur le fait que leur pays est une grande puissance militaire, sont fiers des performances de leurs troupes, ce qui ne serait pas possible au Québec ou au Canada, qui sont plus pacifistes. Les Britanniques attachent certainement moins d'importance à leur gastronomie que les Français. Les Québécois sont assez fiers de se définir comme plus à gauche que les autres Canadiens, ce qui ne viendrait sans doute pas à l'idée d'un Albertain.

Cette géométrie variable nous incitera, dans la même logique, à ne pas trop insister dans le débat public sur les éléments où notre supériorité n'est pas si évidente : appelons cela de l'aveuglement volontaire. Le cas le plus évident, ce sont nos réactions au fait que les Québécois aient des revenus inférieurs à ceux de leurs voisins et partenaires, réalité documentée de nombreuses façons, mais qu'un grand nombre d'entre nous tentent toujours d'oublier, de nier, de minimiser, prêts à s'emparer avec joie d'argumentaires, mêmes fragiles, qui essaieront de démontrer le contraire. Le refus de voir ce qu'on aimerait ne pas voir. Bref, dans cette démarche sur nos perceptions, les silences sont parfois aussi très révélateurs.

QUATORZE MYTHES À REMETTRE EN QUESTION

Quand on décode tout cela en tenant compte des points de vue et aussi de ces mécanismes de construction des perceptions, j'en arrive à dégager quelques propositions qui, sans trop d'exagération, peuvent décrire avec une certaine fidélité l'image que les Québécois se font du Québec. Je les examinerai une à une dans les prochains chapitres, en insistant sur les mythes sociaux et économiques plutôt que politiques. En privilégiant ceux qu'il est possible de vérifier avec un minimum de faits, de données et d'éléments objectifs. Cela m'amène à poser 14 questions.

Sommes-nous un modèle ? La première proposition, c'est la conviction que les Québécois, grâce à la Révolution tranquille, ont bâti un système unique, assez caractéristique pour qu'on puisse le qualifier de modèle. Je peux affirmer à l'avance que c'est largement un mythe. La lecture de la Révolution tranquille a pris des proportions mythiques, assez pour devenir le mythe fondateur de l'identité québécoise moderne. Assez pour croire souvent que critiquer le modèle québécois, c'est critiquer le Québec. Et ce mythe ou cette façon de voir la Révolution tranquille engendre d'autres mythes sur ses sous-produits, notamment l'éducation, l'hydroélectricité, etc.

Sommes-nous éduqués ? Le Québec, au moment de cette révolution, a entrepris une vaste réforme pour se doter d'un véritable système d'éducation (ministère de l'Éducation, polyvalentes, cégeps, Université du Québec). Est-ce que cela a fait du Québec une société qui a vraiment misé sur l'éducation et qui a gagné son pari ?

Sommes-nous une société du savoir ? Une question centrale dans une époque où le savoir est l'ingrédient du succès : est-ce que les progrès en éducation ont connu un prolongement qui fait du Québec une véritable société du savoir, dotée du réseau universitaire dont elle a besoin, capable de se distinguer en recherche et en innovation ?

Sommes-nous culturels ? Le Québec, entre autres en raison du ferment de la question nationale, s'est affirmé par sa culture et a réussi à atteindre un niveau de production culturelle étonnant. Il réussit à se distinguer partout autour du monde, de Céline Dion à Robert Lepage. Est-ce que cela fait des Québécois des gens plus culturels que les autres, plus cultivés ?

Sommes-nous menacés ? Les Québécois, société minoritaire sur le continent, craignent pour la pérennité de leur culture. C'est sans doute le seul domaine où ils expriment un sentiment négatif sur eux-mêmes. Ont-ils raison ? Un thème délicat où il est difficile de départager les faits des perceptions subjectives et des amplifications politiques.

Sommes-nous égalitaires ? Le Québec est-il un havre d'égalité entre les hommes et les femmes ? Cela semble important pour les Québécois à un point tel qu'on en a fait une des grandes valeurs québécoises. Il y a évidemment eu des progrès considérables en un demi-siècle, mais est-ce que le Québec se distingue sur le marché du travail, dans la vie quotidienne, dans l'exercice du pouvoir ?

Sommes-nous solidaires ? Un autre grand qualificatif assez consensuel et motif de fierté consiste à décrire la société québécoise comme une société solidaire, une référence à sa compassion – concept qui recouvre plusieurs réalités dont l'égalité des chances, la redistribution, les écarts entre riches et pauvres, l'aide aux démunis, la générosité des citoyens, l'ouverture aux autres et, plus largement, une façon de dire que le Québec est plus à gauche que les sociétés qui l'entourent. À quel point cela est-il vrai ?

Sommes-nous en santé ? Les Québécois croient généralement que leur système de santé est unique et qu'il incarne les valeurs de la Révolution tranquille. Ce qu'ils savent moins, c'est que ce système effectivement unique est une variante du système canadien. Jusqu'à quel point le système de santé québécois se compare-t-il aux systèmes de santé du monde industrialisé ? Que dire de l'état de santé de notre population, de la qualité de nos soins et des coûts de notre système ?

Sommes-nous verts ? La conviction que le Québec, au sein du Canada et de l'Amérique du Nord, est une enclave écologique, le paradis de l'énergie propre où les citoyens sont plus verts que les autres et plus soucieux de l'environnement. Est-ce que nos choix et nos comportements corroborent cette thèse ?

Sommes-nous travaillants ? La conviction que nous constituons un peuple travaillant est une des racines de notre folklore, de nos vaillants ancêtres qui ont trimé dur face aux aléas de la vie. On l'a vu aux vives réactions à la suite des propos de Lucien Bouchard dans le sillage du manifeste des lucides quand il a dit que les Québécois ne travaillaient pas assez. J'examinerai de plus près l'effort de travail, la productivité et les attitudes relativement au travail.

Sommes-nous performants? La perception aussi que l'économie québécoise, grâce à ses nombreux avantages, est une société dynamique capable de créer de la richesse. En fait, notre économie, avec une croissance plus faible et un niveau de vie bas, si on le compare à ceux de nos partenaires, n'est pas performante. Un sujet que j'ai beaucoup traité, mais sur lequel il faut sans cesse revenir.

Sommes-nous riches? Mais si leur économie n'est pas performante, le sort individuel des Québécois et leur situation financière ne sont pas du tout mauvais. Comment leurs conditions de vie se comparent-elles à celles des autres Canadiens, des citoyens des autres pays? Sommes-nous vraiment prospères?

Sommes-nous heureux? Le sentiment d'être heureux, que nous constituons une société jouissant d'une qualité de vie enviable, exceptionnelle même, et qui se compare avantageusement à celle de tous les autres. Un sujet plus délicat mais fondamental : le bonheur.

Sommes-nous viables? Pour terminer sur une note plus sombre. La société québécoise a atteint un certain équilibre, enviable à plusieurs égards. Mais ce modèle n'est pas viable, menacé par la crise des finances publiques et par des mouvements profonds, comme le choc démographique qui change les règles du jeu.

Ce sont ces propositions que je vais examiner une par une et confronter aux faits, chapitre par chapitre, pour tenter de distinguer ce qui est vrai de ce qui est faux avec les données disponibles et les outils qui me permettent d'être le plus objectif possible dans mes diagnostics.

2. SOMMES-NOUS UN MODÈLE?

Combien de fois avez-vous lu, entendu ou même utilisé l'expression « modèle québécois » ? Des centaines, peut-être même des milliers de fois, selon votre âge. Et maintenant, une deuxième question : vous êtes-vous déjà arrêté pour définir avec une certaine précision ce qu'est ce modèle québécois ? Et si oui, vous avez sans doute été un peu embêté, car personne ne s'entend sur sa définition. Ce qui m'amène à poser une troisième question : comment se fait-il qu'un concept si important et si central soit si flou ? Comment se fait-il qu'on parle tant du modèle québécois sans savoir ce dont il s'agit ?

Ma réponse, c'est que lorsqu'on creuse un peu, on découvre qu'il n'y a pas vraiment de modèle québécois. C'est ça, un mythe : une idée forte qui frappe l'imagination et qu'on finit par accepter comme une réalité, mais qui est essentiellement une construction de l'esprit. Cette idée de l'existence d'un modèle québécois repose sur la façon dont notre imaginaire collectif a transformé, glorifié et coloré la Révolution tranquille. Elle constitue l'élément fort de l'histoire contemporaine du Québec et elle est au cœur de la façon dont les Québécois se perçoivent.

La Révolution tranquille est le moment où nous avons rompu avec notre passé rural et religieux pour entrer de plain-pied dans la modernité. Les principaux éléments distinctifs de la société québécoise d'aujourd'hui viennent de cette période : le rejet de l'Église qui contrôlait le Québec, la construction d'un appareil d'État toujours présent et la forme qu'a prise l'affirmation nationale.

Loin de moi l'idée de sombrer dans le révisionnisme. Je n'ai pas l'intention de nier ou de minimiser l'importance de ce moment marquant du Québec moderne. On peut à la fois souligner le caractère admirable de la Révolution tranquille, la trouver remarquable dans le contexte qui était le sien et croire en même temps qu'elle a dépassé sa durée de vie et engendré de trop nombreux effets pervers. On peut aussi dire qu'on a étiré l'élastique et transformé une période riche et intéressante en conte de fées.

Il s'est passé quelque chose de majeur dans les années 1960 au Québec. On connaît la longue liste des innovations et réalisations de la Révolution tranquille : mise sur pied d'un appareil d'État moderne, naissance du ministère de l'Éducation, nationalisation de l'électricité et création de la Caisse de dépôt et placement du Québec. Mais la Révolution tranquille a été plus que ces institutions et ces programmes. Ce qui était remarquable, c'était son esprit, le vent de changement, la volonté de rupture avec le passé, la soif de modernité, l'énergie, l'élan, l'audace, le désir de réinventer le monde et la conviction que tout était possible. C'était aussi une affirmation nationale qui prenait de nouvelles formes et qui s'exprimait dans le succès plutôt que dans l'aigreur de la défaite. Ces efforts ont donné des résultats durables, par exemple le succès de notre système d'éducation et un rattrapage économique réel, quoique insuffisant.

Mais il y a un important décalage entre la réalité de cette Révolution tranquille et la narration qui s'en est développée au fil des ans. Le geste fondateur qu'a été la Révolution tranquille est également devenu notre grand mythe collectif. On a gonflé l'importance de cette révolution et on a gommé ses erreurs dans un processus qui a pris des accents religieux. D'abord, parce que le mythe repose sur deux exagérations. La «grande noirceur» dont la Révolution tranquille nous aurait libérés était moins noire qu'on ne le croit généralement: la période était moins obscurantiste qu'on ne l'a ensuite affirmé, la transformation de l'économie avait déjà commencé et les germes de changement étaient déjà implantés avant que ne s'amorce la rupture. Ensuite, à bien des égards, la révolution était moins révolutionnaire qu'on a voulu le croire.

Elle était en outre certainement moins originale qu'on se l'est raconté. Le grand vent de changement qui soufflait sur le Québec dans les années 1960 soufflait aussi partout en Occident. Souvenons-nous de ce qui se passait ailleurs au même moment. Partout sur la planète, on a assisté à des changements profonds qui ont germé au début de la décennie pour ensuite faire boule de neige. Partout, on a assisté à un rejet des valeurs traditionnelles. Ce fut la décennie de la pilule anticonceptionnelle et de la montée du mouvement féministe. Ce fut, aux États-Unis, la révolution marquée par l'arrivée de John F. Kennedy et notamment l'affirmation des droits des Noirs. Ce fut le tsunami de l'affirmation de la génération du baby-boom, les Beatles, Woodstock, l'opposition à la guerre du Vietnam, le mouvement hippie et la mobilisation étudiante qui a mené à Mai 68. Ce fut la décennie des luttes anticoloniales.

Sur le plan des institutions, le Québec durant cette période n'a pas vraiment fait plus ou mieux que ce que les sociétés nous entourant avaient déjà fait: le Québec s'est tout simplement normalisé. La Révolution tranquille a essentiellement été un vaste processus de rattrapage où le Québec est devenu, lui aussi, une société moderne. Ce qui a caractérisé la Révolution tranquille, c'est l'aspect concentré et accéléré de ses réformes. On a pris les bouchées doubles, ce qui s'expliquait par l'urgence de combler des retards. Mais jusqu'où le fait de ne plus être retardataire constitue-t-il une prouesse?

En outre, les principales réformes qu'on associe à la Révolution tranquille étaient une conséquence du vent de changement qui soufflait aussi sur le reste du Canada. L'assurance hospitalisation et, ensuite, l'assurance maladie ont été instaurées par Ottawa, qui voulait étendre à toutes les provinces le système inventé en Saskatchewan et qui a offert aux provinces de payer une partie substantielle de leurs dépenses si elles mettaient en place un régime de santé qui respecterait certains paramètres définis à Ottawa. C'est également le gouvernement fédéral qui a voulu mettre sur pied un régime de retraite, le Canada Pension Plan, dont le Québec s'est détaché pour gérer lui-même les épargnes que ce système générait à travers la Caisse de dépôt et placement. Mais les pensions de la Régie des rentes du Québec, tout comme les « pensions de vieillesse », sont une idée d'Ottawa. Ainsi que l'autre volet majeur du filet de sécurité sociale : l'assurance emploi. Même chose pour l'aide sociale mise en place au Canada 20 ans plus tôt qu'au Québec et financée en partie par Ottawa.

Le Québec, dans l'adaptation de ces réformes canadiennes, a fait preuve d'audace et d'originalité. Il a implanté les programmes canadiens à sa propre façon, par exemple avec les CLSC. Ce qui s'est passé au Québec à cet égard est certes intéressant, mais pas unique. L'essentiel des éléments du filet de sécurité sociale québécois est pancanadien. L'État providence québécois est une variante de l'État providence canadien.

Ces remarques n'enlèvent rien aux mérites de cette période, mais ramènent celle-ci à hauteur d'homme. Ce que ça nous dit, c'est que la lecture de la Révolution tranquille a été simpliste : on a exagéré la portée de la rupture et gonflé ses réalisations.

LA SACRALISATION

On a très clairement assisté à la création d'un mythe. Cette sacralisation n'est pas anodine, ce n'est pas une simple curiosité culturelle, mais un phénomène significatif et important pour la suite des choses. C'est cette sacralisation qui a dénaturé la Révolution tranquille, freiné son déploiement, entraîné des effets pervers et, finalement, trahi l'esprit qui animait cette génération de réformateurs. C'est le mythe qui a tué la Révolution tranquille et créé au Québec, dans un intéressant paradoxe, un carcan semblable à celui que la Révolution tranquille avait voulu combattre.

Ce mythe n'aurait évidemment pas pu se développer s'il ne reposait pas sur une base. Et c'est le fait que la Révolution tranquille, malgré ses limites et avec ses éléments de rupture, a été un moment fort de notre histoire, un geste fondateur qui donne un sens à une nation. Un moment où le Québec a fait preuve de créativité et d'énergie, où il s'est affirmé sur un mode qui n'était traditionnellement pas le sien.

Les Québécois de cette époque n'étaient probablement pas fiers de certains aspects de leur histoire qui reposait sur une défaite, qui a été colorée par la résignation rurale de leurs ancêtres et par leur acceptation d'être «nés pour un p'tit pain». La Révolution tranquille leur a permis d'effacer ce passé moins glorieux et de faire comme si l'histoire québécoise avait commencé en 1960. C'est un mécanisme qui nous permet de décrire le Québec comme une société de gauche et ouverte sur le monde quand, historiquement, c'est plutôt le contraire. Ou de prétendre, comme l'ont fait les auteurs d'une pétition au profit de la laïcité, que celle-ci «fait partie du patrimoine du Québec» quand, historiquement, c'est plutôt notre religiosité qui a façonné notre patrimoine.

Le nationalisme québécois, marqué par la Conquête, s'est longtemps exprimé par un esprit de résignation et un sentiment de défaite. La Révolution tranquille a ouvert la porte à une affirmation nationale beaucoup plus offensive où on a voulu donner aux Québécois francophones la place qui leur revenait, où on a affronté le gouvernement fédéral et où on a montré notre savoir-faire avec des réformes qui, dans bien des cas, dépassaient en qualité celles du reste du Canada. La création par le Québec de ses propres institutions, ses efforts pour contrôler son espace économique et sa logique de «maîtres chez nous» avaient de forts accents autonomistes.

Cet élan nationaliste, qui exprimait le succès, est devenu à juste titre un motif de fierté et a pris valeur de symbole. On a assisté à un processus bien fréquent où la fierté, compréhensible, a nourri l'ego collectif et pris de l'importance. Ce processus d'amplification a mené à proposer une nouvelle définition de ce que nous sommes et a conduit à la création d'un mythe fondateur. Celui-ci a peut-être aussi pris de l'ampleur parce que la Révolution tranquille n'a pas connu le prolongement qui aurait été naturel pour une bonne proportion de Québécois, soit la souveraineté. Tout cela s'explique et se comprend. Mais ce que je veux souligner, c'est que les mythes ont un coût. Et qu'il y a eu un lourd prix à payer.

LA RÉVOLUTION INACHEVÉE

Le premier des effets de cette sacralisation trop puissante et, surtout, trop rapide est d'avoir mis fin prématurément au processus révolutionnaire. Bien sûr, après les réformes initiales, la logique de la Révolution tranquille s'est poursuivie sur un peu plus d'une décennie, complétée par la création de sociétés d'État à vocation économique et par l'assurance maladie. Mais il s'agissait d'un prolongement naturel de ce qui avait été amorcé au début des années 1960. L'élan initial, lui, s'est éteint. Ce qui peut s'expliquer en partie, sans doute, par une sorte d'épuisement collectif. Une société peut vouloir reprendre son souffle et digérer les réformes ; ce qui peut expliquer, entre autres, la défaite des libéraux et le retour au pouvoir de l'Union nationale.

Mais il y a certainement eu un autre mécanisme en jeu, nourri par le mythe naissant : c'est la fierté, le sentiment du devoir accompli, l'impression que le Québec, après avoir réalisé son gros œuvre, avait atteint son apogée et était arrivé à son accomplissement. Les Québécois pouvaient s'asseoir pour admirer leur création. Ils ont cru que le travail était terminé alors qu'en fait, il ne faisait que commencer. On n'a donc pas poursuivi avec la même ardeur les efforts qui restaient à faire. Et c'est ainsi qu'à certains égards, le Québec a plafonné, en ce sens qu'il a atteint un plateau avant d'être parvenu au sommet.

Je peux en donner deux exemples. Le premier, c'est l'éducation. La création d'un ministère de l'Éducation et d'établissements d'enseignement, en proposant à l'ensemble des jeunes une éducation de qualité, a donné aux générations suivantes un outil précieux auquel leurs parents n'avaient pas eu accès. Les résultats ont été probants : malgré toutes les critiques et les débats que nous connaissons, notre système d'éducation se compare avantageusement à ceux du reste du Canada et du monde industrialisé. La mise à niveau a été un succès.

Mais cela n'a pas tout réglé. Ces réformes n'ont pas corrigé un vice de fond propre à une société retardataire, c'est-à-dire la méfiance que suscitent l'éducation et la tendance à ne pas en faire une valeur collective fondamentale. On le voit, par exemple, à l'indifférence totale, jusqu'à tout récemment, que les Québécois ont manifestée à l'égard du décrochage, une catastrophe que d'autres sociétés auraient trouvée intolérable. On le voit aussi à la prévalence de l'analphabétisme, où le Québec se comporte encore comme une société pauvre et culturellement sous-développée. Le Québec n'a pas entièrement effacé les traces de son retard traditionnel. Et pourtant, en 50 ans, ce qui équivaut à deux générations, on aurait eu le temps. J'en reparlerai plus en détail dans le prochain chapitre.

Ce plafonnement, on le voit aussi sur le plan économique. Le Québec a fait des progrès, il s'est entre autres rapproché de l'Ontario pour son niveau de vie. Mais, en 50 ans, soit une longue période d'un demi-siècle, il n'a pas rattrapé ses voisins, il n'a pas réussi à afficher une croissance supérieure à celle du Canada, il reste une province pauvre et une administration parmi les moins prospères d'Amérique du Nord. En d'autres termes, il n'y a pas eu de décollage exceptionnel comme on en a vu ailleurs. Il n'y a pas eu de miracle québécois.

Ce plafonnement s'explique en partie par le même sentiment de satisfaction. Le Québec s'est perçu comme une société prospère avant d'être arrivé à un niveau souhaitable de richesse. Nous nous sommes comportés comme une société riche, mais sans en avoir les moyens. Cela a certainement affaibli notre sentiment d'urgence et ralenti notre appétit de croissance.

LE MYTHE DU MODÈLE

Cette « encapsulation » a trouvé sa quintessence dans le fait que les Québécois ont regroupé les réalisations de la Révolution tranquille sous le chapeau de « modèle québécois », assez pour que les deux expressions deviennent, dans l'esprit des Québécois, des équivalents et des synonymes. Il vaut la peine de s'arrêter et de se pencher sur le sens de cette expression.

Un modèle, en principe, est une façon spécifique de faire les choses, une approche propre qui suscite l'admiration et appelle l'émulation et l'imitation. Comme le modèle suédois, une organisation sociale unique dont se sont inspirées de nombreuses sociétés. À ma connaissance, la façon de faire des Québécois, sauf pour quelques initiatives, n'a jamais servi d'inspiration. Cela suggère, au départ, que le terme est abusif et qu'il relève de l'autoglorification. Qui, sauf nous-mêmes, admire le modèle québécois ? Qui l'imite ? À ma connaissance, personne.

Mais le concept comporte un autre sens. L'utilisation du terme « modèle », à défaut de suggérer que le Québec inspire les autres, peut servir à décrire la spécificité et l'unicité des pratiques et du mode d'organisation québécois. Il est vrai qu'il y a des spécificités dans l'organisation sociale et dans les politiques du Québec : un peu plus de présence de l'État qu'ailleurs au Canada, une redistribution des revenus un peu plus grande, un peu plus de concertation entre les partenaires économiques et certaines initiatives heureuses qui reflètent nos valeurs et notre histoire. Mais, fondamentalement, notre système, avec son filet de sécurité sociale, son équilibre très centriste entre le marché et l'État, est une variante de ce qu'on retrouve presque partout au Canada.

Bien sûr, il y a des différences parfois notables. Mais, à ma connaissance, il n'existe pas de sociétés où les politiques et l'organisation gouvernementales ne comportent pas de spécificités reflétant leur histoire, leurs valeurs et leur culture. Est-ce à dire qu'il y a autant de modèles que de sociétés ? Si tel est le cas, cela vide le concept de son sens.

Mais les mots ne sont pas neutres. Le fait de définir ce qui se fait au Québec comme un modèle a un impact, celui de figer, de piéger, de rendre les changements plus difficiles et d'encourager l'immobilisme. Et c'est ainsi que dans une grande boucle, la Révolution tranquille a produit une culture de rigidité pas très différente de celle qu'elle avait combattue.

Si on a développé ce concept de modèle, c'est parce que ce moment fort de l'histoire du peuple québécois revêtait des dimensions identitaires.

Il incarne le succès et l'affirmation, mais il décrit aussi ce qu'est le Québec de la seconde moitié du XXᵉ siècle, ses institutions propres, ses programmes, ses façons de faire. Il décrit ses différences – la Caisse de dépôt, les cégeps, les CLSC – qu'on a en général tendance à amplifier pour bien illustrer le fait que nous constituons un peuple, une nation ou une société distincte. Et donc, parce que le modèle québécois incarne notre identité, qu'il définit ce qu'est le Québec, qu'il décrit ce que cela signifie d'être québécois, on ne peut pas le modifier ou le transformer sans affecter également ce qu'est le Québec, sans risquer de nier l'essence québécoise, sans menacer d'affaiblir le Québec.

Cette façon de penser a été illustrée de façon éloquente par Lucien Bouchard, alors premier ministre et qui, en réponse à Jean Charest qui voulait remettre en cause le modèle québécois, avait dit textuellement : « La bataille enclenchée contre le modèle québécois, c'est une bataille contre l'identité québécoise. » Je ne rappelle pas cette phrase par malice – il faut la remettre dans le contexte électoral de l'époque – , mais elle illustre admirablement un sentiment encore très présent au Québec.

Il n'y a rien de plus difficile à faire bouger que des institutions ou des pratiques qui revêtent un caractère identitaire. Que ce soit le port des armes aux États-Unis, le régime de santé au Canada ou, ici, le modèle québécois. Et c'est ainsi que le Québec souffre d'une forme d'immobilisme qui, paradoxalement, a été engendrée par la Révolution tranquille elle-même.

UN MODÈLE, C'EST SACRÉ

Cette sacralisation a eu de lourdes conséquences. Non seulement a-t-elle ralenti le processus de transformation lancé par la Révolution tranquille, mais elle l'a ensuite en quelque sorte figé dans le temps, ce qu'on pourrait appeler la cristallisation.

Les réalisations de la Révolution tranquille sont devenues intouchables, ses institutions ont été qualifiées de fleurons, les programmes et les services qu'elle a offerts sont devenus des acquis. On ne touche pas à un fleuron, on ne remet pas en cause un acquis. Et c'est ainsi que beaucoup d'éléments associés à la Révolution tranquille sont devenus difficiles à remettre en cause et même à modifier au fil des ans, ne serait-ce que pour corriger les erreurs, ajuster le tir ou adapter nos façons de faire à un contexte en perpétuel changement.

Mais ce qui est encore plus frappant, c'est de réaliser à quel point les allusions aux pères de la Révolution tranquille, aux objectifs ou aux principes qu'ils énonçaient il y a un demi-siècle, sont encore très présentes dans nos débats publics, un peu comme les maoïstes qui devaient citer le « Petit Livre rouge » ou les communistes soviétiques qui devaient faire des références à Lénine, ou encore nos politiciens d'avant-guerre qui invoquaient la « Providence ».

C'est, par exemple, au nom d'un mandat électoral implicite (que les Québécois auraient donné au gouvernement libéral en 1962 et concrétisé quelques années plus tard avec la création de la Société québécoise d'initiatives pétrolières) que l'exploitation des ressources pétrolières devrait être nationalisée et que leur exploitation privée constituerait une trahison, selon *Maîtres chez nous au 21ᵉ siècle*, un étrange groupe environnemental fondé par Daniel Breton, qui a été brièvement ministre de l'Environnement dans le gouvernement Marois, en 2012. Toujours dans le domaine énergétique, c'est au nom des principes défendus par René Lévesque lors de la nationalisation de l'électricité que certains groupes souhaitent que la production éolienne soit elle aussi nationalisée.

Dans le cas de la Caisse de dépôt, c'est le fantôme de Jean Lesage qu'on a appelé à la rescousse. Jean Lesage a été un grand premier ministre et il est le père de la Révolution tranquille. L'une de ses grandes initiatives, dont nous profitons toujours, fut la création de la Caisse de dépôt avec de jeunes loups comme Jacques Parizeau. Mais, c'était en 1965. Pouvait-on, 40 ans plus tard, ressortir Jean Lesage des oubliettes pour s'en servir comme guide dans notre réflexion sur le rôle et la mission de la Caisse ? C'est ce qu'a fait François Legault, alors critique péquiste en matière de finances, au cours d'un débat sur la mission de la Caisse. La lecture des discours de M. Lesage l'a amené à conclure que pour le père de la Révolution tranquille, la Caisse avait une double mission : le rendement des actionnaires, mais aussi le soutien au développement économique du Québec. Et qu'à l'époque, M. Lesage croyait que la Caisse pourrait empêcher une entreprise québécoise de passer à l'étranger. Un argument massue : Vous voyez, la Caisse doit empêcher le départ des sièges sociaux. C'est Jean Lesage qui l'a dit !

En 50 ans, le monde financier s'est profondément transformé et les enjeux de développement économique ne peuvent plus se poser dans les mêmes termes. On ne peut pas définir aujourd'hui la mission et la stratégie d'une société d'État avec la même grille qu'au moment de sa création.

C'est au nom des principes enchâssés dans notre système de santé défini par la commission Castonguay-Nepveu, qui avait obtenu son mandat en 1966, qu'on s'oppose aujourd'hui à une intrusion du privé qui n'était pas prévue à l'époque. C'est toujours en remontant à la Révolution tranquille et en faisant référence à un autre rapport, celui de la commission présidée par monseigneur Parent qui a jeté les bases de notre système d'éducation, qu'on a justifié la lutte contre la hausse des frais de scolarité en rappelant que les pères de notre système d'éducation souhaitaient, à l'époque, la gratuité universitaire. C'est ce qu'avait confirmé le sociologue Guy Rocher, membre de la commission Parent, au cœur du Printemps érable. M. Rocher, l'un des rares artisans de la Révolution tranquille encore vivants avec Jacques Parizeau, Claude Morin et Claude Castonguay, rappelait, dans une entrevue au *Devoir*, que la commission Parent appuyait l'élimination des droits de scolarité en 1965, projet mis de côté par manque d'argent. « Mais on espérait qu'à plus ou moins long terme, la gratuité soit appuyée. Sauf que tranquillement, le gouvernement a plutôt adopté la perspective néo-libérale du consommateur-payeur. »

La Révolution tranquille a également été invoquée dans le débat sur la Charte des valeurs québécoises. Guy Rocher y a aussi vu un prolongement de cette grande œuvre. « Le projet d'une Charte des valeurs québécoises ne peut pas être compris et évalué que dans et pour le moment présent, il faut le comprendre dans une large perspective, à la fois historique et prospective. Une telle charte n'est pas faite que pour l'an 2013, elle doit être pensée en vue d'un long avenir, l'avenir le plus prévisible qu'on peut imaginer. Par ailleurs, cette charte s'inscrit aussi dans notre passé, dans l'évolution politique, culturelle, démographique des 50 dernières années de cette nation particulière qu'est le Québec. »

Bref, la Révolution tranquille est toujours présente, elle influence toujours nos débats et nos choix. Cette rigidité originelle, qui érige l'expérience passée en dogme et qui impose un moule à la pensée, a été renforcée par une multitude de mécanismes eux aussi issus, directement ou indirectement, de la Révolution tranquille.

Tout d'abord, la forme de polarisation politique particulière au Québec, où les deux grands camps qui occupent l'essentiel de l'échiquier politique – le PQ et le PLQ –, sont en fait des coalitions qui ne reposent pas sur une idéologie ou sur une doctrine sociale, mais plutôt sur une option constitutionnelle. Pas de gauche ni de droite à proprement parler, mais deux partis qui se définissent tous deux comme les héritiers de la Révolution tranquille, les libéraux parce qu'ils l'ont faite, les péquistes parce que leur parti a été fondé par René Lévesque – la figure la plus marquante de cette Révolution tranquille – et parce que leur programme est plus proche de son esprit originel. Deux partis qui ne peuvent pas remettre en cause cette Révolution tranquille pour ne pas ébranler les équilibres internes de leur formation respective et pour ne pas trahir l'héritage dont ils se réclament. Il a fallu un nouveau parti, l'Action démocratique du Québec (ADQ), pour qu'on s'attaque, maladroitement, au dogme. Ce fut un bref intermède, parce que la Coalition Avenir Québec (CAQ), qui a absorbé l'ADQ, s'inscrit elle aussi dans cette logique de continuité avec la Révolution tranquille.

Cette rigidité a ensuite été renforcée par le fait que la Révolution tranquille, en s'institutionnalisant à travers l'État, a créé une caste, celle de ses artisans et gestionnaires qui ont contribué à renforcer le mythe. Nos élites, celles qui détenaient le savoir et le pouvoir – mandarins, penseurs, politiciens et leaders sociaux – ont longtemps été celles qui avaient participé à cette grande œuvre, un peu comme pendant longtemps, en France, il fallait avoir fait la Résistance ou, en Chine, avoir participé à la Longue Marche. Ceux qu'on identifie comme les grands penseurs du Québec – Léon Dion, Guy Rocher, Fernand Dumont – sont tous issus de cette génération sans que jamais une relève n'ait pu accéder au même statut. Nos politiciens les plus révérés aussi, René Lévesque et Jean Lesage. Pendant longtemps, le Québec, en principe une société jeune, n'a pas vu cette jeunesse accéder au pouvoir. Une espèce de blocage qu'on peut voir dans le fait que le premier membre de la génération du baby-boom à diriger le Québec a été Jean Charest, en 2003. Aux États-Unis, le baby-boomer Bill Clinton est devenu président en 1994.

Mais la source de rigidité la plus importante léguée par la Révolution tranquille, c'est que des légions de Québécois profitent de ses réalisations et sont devenus les chantres d'un système qui les avantage. Le développement de l'appareil d'État, d'institutions et de politiques a créé tout un réseau de gens qui dépendent ou profitent de ce vaste système et qui deviennent autant de gardiens de l'orthodoxie pour préserver un régime dont ils sont les bénéficiaires, ce qui crée une source importante de résistance au changement dans le débat public.

C'est vrai de tous ceux qui, de près ou de loin, gravitent autour de l'appareil d'État, l'ensemble de la fonction publique, les réseaux de la santé et de l'éducation et ceux qui profitent de l'État par les transferts ou les subventions. Des facteurs sociologiques évidents feront en sorte que ceux dont le bien-être est lié à l'État et à ses institutions auront tendance à vouloir les préserver ou seront craintifs à l'égard d'initiatives qui changeraient les règles du jeu. Une catégorie qui, pour les raisons précitées, est importante au Québec. Le Québec est ainsi devenu, un peu comme on a pu le voir en France, une société de droits acquis.

Tout cela a mené à des mécanismes de défense qui consistent à dire de multiples façons que le modèle que nous avons développé ne doit pas changer et ne doit pas être remis en cause parce que cela menacerait notre identité, nous affaiblirait et reviendrait à une négation de ce que nous sommes. C'est une reproduction assez fidèle de la logique du conservatisme d'avant la Révolution tranquille où la préservation de l'ordre établi était présentée comme la façon de protéger ce qu'on appelait alors la « race canadienne-française ».

La Révolution tranquille, en construisant ses dogmes et ses mythes, a mis en place des mécanismes qui en niaient l'esprit, sa force réformatrice s'est muée en résistance au changement et a créé un ordre établi assez semblable à celui qu'elle avait combattu.

EN GUISE DE CONCLUSION

Est-ce que cela m'incite à dénoncer la Révolution tranquille, à la voir comme une erreur historique ? Pas le moins du monde. Ce fut un beau moment de l'histoire moderne du Québec dont nous devons nous inspirer.

La Révolution tranquille a eu des effets négatifs, qui sont moins dus à la Révolution tranquille elle-même qu'à ce qu'on en a fait. Ce que je crois, c'est que cette révolution, au-delà de ses bienfaits, comportait en elle-même les germes de sa propre destruction.

Ses conséquences indésirables contribuent à rendre la situation du Québec préoccupante à certains égards. Le Québec n'est pas mal en point, mais il pourrait faire beaucoup mieux et il est confronté à des défis qui le forceront à apporter des réformes importantes et urgentes. Il y a des choses à changer au Québec, des réformes sans doute difficiles, que nous tardons à entreprendre.

Pour y parvenir, il faudra modifier nos habitudes, faire montre d'adaptation et d'originalité et, donc, s'attaquer à cette culture de rigidité héritée de la Révolution tranquille. Faut-il pour autant une rupture ? Faut-il défaire l'écheveau tissé par la Révolution tranquille ? Faut-il faire tomber de leur piédestal les vaches sacrées qu'elle nous a laissées ? Pas nécessairement. Je préfère plutôt y voir une recherche de continuité où il ne faut pas tout détruire, mais plutôt construire sur les acquis. Je verrais plutôt ces efforts nécessaires comme le véritable prolongement de ce qui s'est fait dans les années 1960, pour retrouver leur esprit, leur énergie et leur audace et pour servir les mêmes buts, soit la recherche du succès et du dépassement d'un nationalisme de gagnants.

Enfin, je dois avouer que le présent chapitre avait plusieurs buts. Il visait en premier lieu à établir qu'il y a vraiment des mythes au Québec, en commençant par un thème particulièrement clair, en choisissant un exemple où la preuve est facile à faire.

En deuxième lieu, il cherchait à démontrer, pour ceux qui en doutent, que les Québécois ont manifestement un talent collectif, une aptitude à l'affabulation parce que l'écart entre notre description de la Révolution tranquille et la réalité des choses est assez exceptionnel, comme si sommeillait un Fred Pellerin en chacun de nous.

Il voulait en troisième lieu rappeler qu'un mythe, ce n'est pas qu'une belle histoire. La création de mythes a des effets extrêmement concrets sur notre façon de faire des débats et sur nos décisions, par exemple les droits de scolarité ou les politiques énergétiques.

Enfin, ce chapitre servait à mettre la table pour les chapitres suivants parce que notre construction collective autour de la Révolution tranquille affecte indirectement d'autres enjeux importants comme notre performance économique ou nos politiques d'éducation, ce dernier enjeu faisant l'objet des deux prochains chapitres.

3. SOMMES-NOUS ÉDUQUÉS?

Il est important que le premier thème abordé soit celui de l'éducation. D'abord, parce que les symboles associés à l'éducation sont forts. C'est la première grande réalisation de la Révolution tranquille. Ce fut l'un de nos grands slogans politiques: «S'instruire, c'est s'enrichir». Mais, surtout, ce thème me permet de commencer par une note positive. La bonne performance de notre système d'éducation n'est pas un mythe. Les Québécois sont fiers, avec raison, de leur système d'éducation. À la limite, on peut même dire que notre performance est supérieure à ce que croit une majorité de Québécois.

Nos gouvernements ont raison de vanter nos atouts en éducation, notre réseau universitaire, notre main-d'œuvre éduquée et le rôle de Montréal comme pôle universitaire. Quand on compare notre système d'éducation aux autres, on découvre en effet qu'il est non seulement excellent, mais qu'à plusieurs égards il est certainement parmi les meilleurs du monde. Les efforts que le Québec a mis dans l'éducation constituent un véritable succès auquel, toutefois, il faut évidemment apporter certains bémols.

On sait à quel point nous avons critiqué notre système d'éducation, les connaissances des élèves, la compétence des enseignants, les commissions scolaires, la lourdeur du ministère de l'Éducation et la réforme pédagogique. On trouve tellement que nos enfants ne savent pas parler et qu'ils savent encore moins écrire qu'on finit par avoir l'impression que le système d'éducation est en état de crise permanent.

Mais, si on le fait de façon objective, le bilan qu'on peut dresser est positif. Et tellement positif qu'il doit nous forcer à aborder autrement nos débats sur l'éducation. Le verre n'est pas à moitié vide, mais bien aux trois quarts plein. Il y a des problèmes à corriger, des endroits où il faut travailler fort pour améliorer les choses et pour être encore meilleurs

Mais on est davantage dans le peaufinage que dans les remises en cause existentielles, d'autant plus que nos points faibles en éducation semblent moins trahir des carences du réseau lui-même que des attitudes et des traits culturels de la société québécoise, ce qui exige des interventions d'une tout autre nature.

Je propose un survol linéaire du système d'éducation québécois, en allant de bas en haut, en commençant par les tout-petits pour terminer par les universités et les adultes.

DU VENTRE DE LA MAMAN À LA MATERNELLE

Le parcours scolaire d'un petit Québécois ne commence pas quand, à six ans, il arrive dans la cour d'école le premier jour de sa première année du primaire. Non, tout commence plutôt dans le ventre de sa mère.

Le milieu dans lequel il naît et l'environnement dans lequel il passera ses premières années seront déterminants dans son parcours scolaire. La réussite scolaire d'un enfant dépend d'une foule de facteurs économiques et psychosociaux – milieu familial, pauvreté et attitudes face à l'éducation. Si les enfants entrent à l'école mal équipés, cela handicapera leur cheminement futur et cela nuira, de façon globale, aux succès d'ensemble du système.

Réalisée auprès des enseignants pour mesurer le niveau de développement des groupes d'enfants à la maternelle dans cinq domaines – santé physique et bien-être, compétences sociales, maturité affective, développement cognitif et langagier, habiletés de communication et connaissances générales – une enquête de l'Institut de la statistique du Québec[1] montre qu'un enfant sur quatre présente des signes de vulnérabilité dans une ou plusieurs de ces catégories. Comme il y a un lien démontré et documenté entre le niveau de développement d'un enfant à la maternelle et sa réussite ultérieure, on pourrait améliorer les taux de réussite scolaire si on réduisait le nombre d'enfants ayant des problèmes de développement.

Pour cela, il faut intervenir le plus tôt possible, dès l'âge préscolaire. Le Québec a fait le bon choix en instaurant la maternelle obligatoire et encore plus en se dotant d'un vaste réseau de garderies presque universel et largement subventionné. Le Québec est donc sur la bonne voie avec son réseau de garderies, unique au Canada, que l'Organisation de coopération et de développement économiques (OCDE) a cité en exemple pour convaincre le reste du Canada de se doter d'un tel service. Mais ce réseau n'est pas parfait. On l'a lancé sans en avoir les moyens : son système de financement avec des tarifs semblables pour tous et gelés pour l'éternité n'est ni logique ni équitable. Il y a encore un manque de places.

Le principal reproche qu'on peut lui adresser, c'est d'avoir mis une sourdine à l'une de ses missions. Le réseau de garderies à sept dollars soutient les parents dans la conciliation travail-famille et encourage une augmentation de la participation féminine sur le marché du travail. Mais les CPE ont aussi un rôle éducatif et social : ce sont des lieux d'apprentissage et de socialisation qui visent à donner aux enfants en bas âge des outils qu'un milieu familial ne peut pas toujours fournir. Ce volet psychosocial fondamental, pour que les enfants défavorisés aient toutes les chances, a été négligé.

L'ARRIVÉE À LA PETITE ÉCOLE

Voyons maintenant comment nos enfants se comportent à leur arrivée dans le réseau scolaire. Je m'excuse à l'avance pour l'avalanche de chiffres à venir, mais pour savoir si notre système d'éducation est de bonne qualité et s'il donne de bons résultats, il faut le mesurer et le comparer à d'autres systèmes.

Les Québécois se méfient des palmarès internationaux depuis le classement international de l'Organisation des Nations Unies qui avait permis au premier ministre Jean Chrétien d'affirmer que le Canada était le « plus meilleur pays du monde ». Peut-être aussi ne veulent-ils pas qu'on traite l'éducation comme une discipline olympique. Mais ces enquêtes sont essentielles. Pour savoir si notre système d'éducation fait bien son travail, il faut être capable d'évaluer ses résultats et de les comparer. Découvrir, par exemple, que les aptitudes pour la lecture des petits Ontariens ou des petits Finlandais sont significativement supérieures à celles des petits Québécois nous incite à nous poser des questions.

Encore là, il y a des gens qui se demandent pourquoi il faut essayer d'être parmi les meilleurs. Dans le cas de l'éducation, la question ne devrait même pas se poser : ce n'est pas pour le plaisir de surpasser les autres, mais pour notre survie et notre épanouissement. L'éducation est à la base de tout le reste : plus nous serons éduqués, plus notre économie ira bien et plus nous serons éduqués, moins la pauvreté fera des ravages.

Une étude permet d'avoir une idée du succès ou de l'insuccès de l'éducation primaire québécoise. C'est le Programme international de recherche en lecture scolaire (PIRLS), un vaste projet réalisé par un organisme indépendant, l'Association internationale pour l'évaluation du rendement scolaire, qui regroupe une soixantaine de pays. Cette étude est réalisée auprès d'enfants de 4e année qui, en moyenne, ont neuf ans et demi. Elle porte sur la lecture. Pas la diction, l'élégance ou les aptitudes littéraires, mais la capacité de comprendre un texte et d'en extraire des informations.

L'enquête du PIRLS est réalisée tous les cinq ans. Dans la dernière édition qui remonte à 2011, Hong Kong mène avec 571 points et dépasse de façon significative la moyenne de 500. Hong Kong est suivi de la Russie, de la Finlande, de Singapour, de l'Irlande du Nord et des États-Unis. Le Canada, avec 548 points, arrive au 12e rang. Le Québec obtient des résultats très moyens : avec un score de 538, il se retrouve au 21e rang. Il se classe toutefois devant des pays en principe exemplaires comme la France, l'Australie et la Norvège.

On peut quand même constater que la plupart des autres provinces réussissent mieux que le Québec pour bien préparer leurs enfants à la lecture. Le Québec se classe au 8e rang sur neuf provinces – l'Île-du-Prince-Édouard

PERFORMANCE EN LECTURE EN 4ᵉ ANNÉE DU PRIMAIRE
RÉSULTATS DU PIRLS, NOTES MOYENNES, 2011

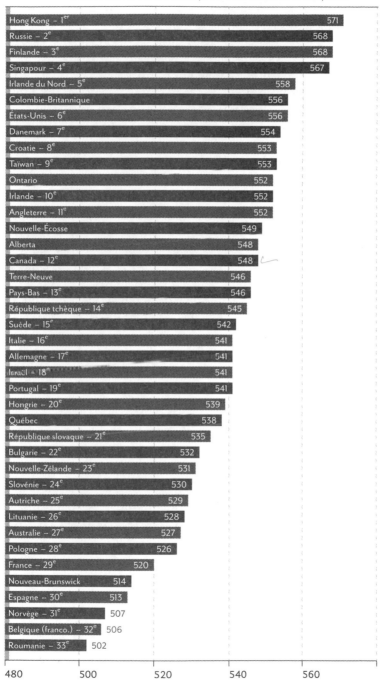

	Note
Hong Kong – 1ᵉʳ	571
Russie – 2ᵉ	568
Finlande – 3ᵉ	568
Singapour – 4ᵉ	567
Irlande du Nord – 5ᵉ	558
Colombie-Britannique	556
États-Unis – 6ᵉ	556
Danemark – 7ᵉ	554
Croatie – 8ᵉ	553
Taïwan – 9ᵉ	553
Ontario	552
Irlande – 10ᵉ	552
Angleterre – 11ᵉ	552
Nouvelle-Écosse	549
Alberta	548
Canada – 12ᵉ	548
Terre-Neuve	546
Pays-Bas – 13ᵉ	546
République tchèque – 14ᵉ	545
Suède – 15ᵉ	542
Italie – 16ᵉ	541
Allemagne – 17ᵉ	541
Israël – 18ᵉ	541
Portugal – 19ᵉ	541
Hongrie – 20ᵉ	539
Québec	538
République slovaque – 21ᵉ	535
Bulgarie – 22ᵉ	532
Nouvelle-Zélande – 23ᵉ	531
Slovénie – 24ᵉ	530
Autriche – 25ᵉ	529
Lituanie – 26ᵉ	528
Australie – 27ᵉ	527
Pologne – 28ᵉ	526
France – 29ᵉ	520
Nouveau-Brunswick	514
Espagne – 30ᵉ	513
Norvège – 31ᵉ	507
Belgique (franco.) – 32ᵉ	506
Roumanie – 33ᵉ	502

480   500   520   540   560

Source : PIRLS (Programme international de recherche en lecture scolaire), « PIRLS 2011, le contexte au Canada ».

étant absente – devant le Nouveau-Brunswick. La Colombie-Britannique est près de la tête du classement international avec 556 points, au 7e rang mondial, talonnée par l'Ontario au 11e rang avec un score de 552. Les résultats de 2011 sont comparables à ceux de 2001 et de 2006.

De façon générale, les francophones, où qu'ils soient, ne sont pas très performants. Les jeunes francophones du Québec, avec 537 points, font moins bien que les Anglo-Québécois qui en obtiennent 545. Les francophones du Nouveau-Brunswick, avec un score de 514, sont au 31e rang du classement mondial. Mais cette province est juste derrière la France, au 30e rang, et devant la Belgique en 33e position. Est-ce que cela signifie qu'en raison de la complexité du français, il faut plus de temps aux enfants pour maîtriser la langue et la compréhension de textes ? Peut-être par rapport à l'anglais, mais cela n'expliquerait pas les succès des petits Russes ou des petits Chinois.

Quand on creuse un peu plus, on découvre que ce retard québécois ne s'explique pas par l'inégalité économique ou des carences scolaires, mais plutôt par des facteurs culturels bien documentés par le PIRLS : les rapports d'une société avec la lecture. L'enquête montre en effet que les enfants québécois vivent aussi confortablement que les autres, avec autant de parents diplômés qu'ailleurs, autant de professionnels, dans des conditions matérielles – chambres individuelles, accès Internet – égales ou supérieures.

La différence se trouve à la maison. Parce que les parents sont les premiers à offrir un enseignement à leurs enfants, l'enquête leur demandait de préciser la fréquence à laquelle ils participaient à des activités associées à la lecture avec leurs enfants avant leur entrée à l'école, comme leur lire des livres. Les enfants ayant eu ce contact précoce avec la lecture obtenaient 35 points de plus au test. Ces questions ont permis d'établir une échelle pour mesurer ces activités précoces. Le Canada, avec un score de 10,7, était au-dessus de la moyenne internationale de 10,0. Mais à l'intérieur du pays, les écarts étaient importants. Le Québec, avec un score de 10,2, était au dernier rang canadien, très loin derrière certaines provinces (Terre-Neuve a obtenu un score de 11,9). Le fait qu'on lise moins avec les enfants à la maison semble expliquer les résultats québécois.

CHEZ LES ADOS

Et maintenant, une bonne nouvelle : si, au niveau primaire, on décèle un certain retard en lecture chez les enfants québécois, ceux-ci se rattrapent à l'adolescence. C'est ce qu'on découvre dans une autre grande enquête, celle-ci administrée par l'OCDE et intitulée Programme international pour le suivi des acquis des élèves (PISA) réalisée auprès des

15 ans – nos « secondaire 4 » – à travers une série d'examens. Au total, 65 pays ou économies, par exemple des villes chinoises comme Shanghai, y ont participé dont plus de 200 écoles et 4 000 élèves du Québec. Cette enquête mesure tous les trois ans les aptitudes des jeunes dans trois domaines : la lecture, les mathématiques et les sciences. Les derniers résultats remontent à 2012. Le PISA est une enquête extrêmement respectée qui sert de référence. Les résultats sont stupéfiants. Le système d'éducation québécois est excellent, exceptionnel même, l'un des 10 meilleurs du monde, le deuxième en Occident après celui de la Finlande.

En mathématiques, le Québec, avec 536 points, serait au 7ᵉ rang mondial, derrière Shanghai, Singapour, Hong Kong, la Corée et Taipei, ex æquo avec le Japon. En fait, le Québec, pour les mathématiques, obtient le meilleur résultat en Occident. Pas mal loin devant le Canada qui, avec 518 points, est au 13ᵉ rang.

Pour la lecture, le Canada arrive au 9ᵉ rang mondial avec une note de 523 points, derrière les mêmes tigres asiatiques et la Finlande. Le Québec, s'il était un pays, serait tout juste derrière le Canada, en 10ᵉ position, avec 520 points.

En sciences, les choses vont moins bien. Le Canada est au 10ᵉ rang avec 525 points, mais le Québec, qui a perdu des plumes depuis l'enquête de 2009, a vu son score passer de 524 à 516, ce qui le place au 18ᵉ rang mondial.

Il y a plusieurs façons d'établir un classement global. J'ai choisi de le faire en prenant la note finale obtenue par les juridictions participantes pour les trois disciplines. Avec sa note finale de 1572, le Québec se classe au 10ᵉ rang mondial derrière – dans l'ordre – Shanghai, Singapour, Hong Kong, la Corée, le Japon, Taipei, la Finlande, l'Estonie et le Liechtenstein, mais devant Macao, le Canada, la Pologne, les Pays-Bas, l'Allemagne, le Royaume-Uni, la France, le Danemark et les États-Unis. Le Québec est dans le *top 10* mondial, ce qui n'est pas rien.

Ces résultats nécessitent quelques nuances. La première, c'est qu'il y a dans ce classement des entités qui ne sont pas de même nature, notamment des villes chinoises dont le système d'éducation n'a sans doute rien à voir avec celui du reste du pays, ou encore des pays comme le Liechtenstein (le quatrième plus petit État indépendant européen qui compte moins de 40 000 habitants). Cela affecte le rang.

La deuxième nuance, c'est que le Québec n'est pas le meilleur au Canada. Trois provinces canadiennes le devancent dans le classement mondial : la Colombie-Britannique avec 1 608 points, l'Alberta, 1 585 et l'Ontario, 1 573, légèrement devant nous.

PERFORMANCE AU SECONDAIRE
RÉSULTATS DU PISA, 2012

RANG	PAYS	RÉSULTATS EN MATHS	RÉSULTATS EN LECTURE	RÉSULTATS EN SCIENCES	NOTE TOTALE
1	Sanghaï	613	570	580	1763
2	Singapour	573	542	551	1666
3	Hong Kong	561	545	555	1661
4	Corée	554	536	538	1628
5	Japon	536	538	547	1621
	Colombie-Britannique	522	542	544	1608
6	Taipei	560	523	523	1606
7	Finlande	519	524	545	1588
	Alberta	517	529	539	1585
8	Estonie	521	516	541	1578
9	Liechtenstein	535	516	525	1576
	Ontario	514	534	527	1573
	Québec	536	520	516	1572
10	Canada	518	523	525	1566
11	Pays-Bas	523	511	522	1556
12	Suisse	531	509	515	1555
13	Allemagne	514	508	524	1546
14	Irlande	501	523	522	1546
15	Australie	514	512	521	1537
16	Belgique	515	509	505	1529
17	Nouvelle-Zélande	500	512	516	1528
18	Royaume-Uni	494	499	514	1507
19	Autriche	506	490	506	1502
20	France	495	505	499	1499
21	Danemark	500	496	498	1494
22	Norvège	489	504	495	1488
23	États-Unis	481	498	497	1476
24	Italie	485	490	494	1469
25	Suède	478	483	485	1446

Source : OCDE, « À la hauteur : résultats canadiens de l'étude PISA de l'OCDE ».

Cela nous force à constater, pour refroidir nos élans chauvins, que notre succès n'est pas uniquement québécois, mais qu'il est aussi canadien. Quatre provinces canadiennes obtiennent de très bons résultats et sont vraiment au sommet. Il serait étonnant que ce soit fortuit et que quatre systèmes d'éducation en principe distincts se retrouvent, par hasard, au même niveau. Il semble évident qu'il y a un dénominateur commun à ces quatre provinces, et c'est l'appartenance à la même fédération où on retrouve les mêmes déterminants de la réussite scolaire.

La troisième nuance, c'est que si le Québec s'en tire bien comparativement aux autres provinces, c'est en grande partie grâce à ses résultats en maths. Le Québec, avec un score de 536, devance la Colombie-Britannique (522), l'Alberta (517) et l'Ontario (514). Dans cette discipline, les autres provinces ont perdu des plumes, ce qui suscite une grande réflexion au Canada anglais qui regarde de près, si j'ose dire, le modèle québécois! Mais, en sciences et en lecture, le Québec est au 4e rang canadien. C'est honorable, mais il y a quand même quelque chose d'étonnant: comment se fait-il qu'au Québec, l'endroit au Canada où les questions linguistiques sont les plus importantes et où la défense de la langue est un enjeu central, la maîtrise de cette langue par nos enfants ne soit pas la meilleure? Il y a certainement un lien avec les retards dont je parlais dans les aptitudes de lecture des enfants du primaire.

La quatrième nuance porte sur la structure de notre enseignement secondaire et l'importance des établissements privées. Vingt et un pour cent des élèves – un sur cinq – fréquentent le privé, dont les résultats scolaires font grimper la moyenne québécoise au PISA, quoique les notes du public, sans être aussi élevées, soient très satisfaisantes. Mais ces écoles privées sont une partie intégrante du système scolaire québécois et suivent les programmes québécois.

Mais cela n'empêche pas la performance du Québec d'être exceptionnelle. Pour la lecture, nous faisons mieux que la France, la Belgique et les États-Unis, classés respectivement 10e, 12e et 13e. Ces données ont d'ailleurs suscité tout un émoi en France. Et cela fait quand même un petit velours de savoir que, pour la lecture, nous sommes loin devant nos «cousins» d'outre-Atlantique dans une langue dont ils estiment être les gardiens et la référence.

C'est ce que mesure le PISA qui explique en partie ce succès. Il évalue la littératie, c'est-à-dire la capacité d'utiliser la lecture dans différents contextes, comprendre ce qu'on lit, utiliser l'information et réfléchir à partir de sources écrites qu'elles soient des textes littéraires, des articles ou des diagrammes. C'est donc une définition fonctionnelle, dans la logique des compétences transversales, et qui ne mesure pas seulement l'accumulation des connaissances ou la culture littéraire.

LES OUBLIÉS : LES DÉCROCHEURS

Les bons résultats des élèves québécois à cette enquête internationale ne doivent toutefois pas nous faire oublier qu'il y a des zones d'ombre. Si nos écoles secondaires sont performantes, elles produisent des laissés pour compte, ceux et celles – surtout ceux – que le système d'éducation ne réussit pas à accompagner jusqu'au bout : c'est la face cachée du succès, le problème du décrochage ou de la «persévérance scolaire», comme disent les fonctionnaires. Je me suis même demandé si nos bons résultats au PISA n'étaient pas attribuables, en partie du moins, au fait que certains jeunes décrocheurs avaient déjà quitté l'école et ne ternissaient pas les résultats québécois.

Que nombre de Québécois soient sans diplôme n'est pas nouveau. C'est un vieux problème qui reflète le poids du passé. La proportion de ceux qui n'avaient aucun diplôme a été historiquement élevée : plus de 40 % pour ceux nés dans les années 1930, 25 % pour ceux nés dans les années 1940, 20 % dans les années 1950 et 15 % dans les années 1960. Le taux de «sans-diplôme» au Québec (et dans les Maritimes) est traditionnellement l'un des plus élevés au Canada[2].

Le Québec est encore au 9e rang canadien pour le décrochage scolaire. Et on ne peut plus dire que c'est la faute de Maurice Duplessis. C'est plutôt une responsabilité collective, car si les Québécois étaient convaincus de l'importance de l'éducation, ils n'auraient jamais toléré ce décrochage. Il est vrai que depuis quelques années, les Québécois ont pris tardivement conscience du problème et ont réussi à le réduire de façon impressionnante. C'est très bien, mais ce n'est pas assez. Nous sommes toujours en queue de peloton, ce qui montre qu'il y a moyen de faire mieux parce que chaque cas de décrochage est un drame personnel et que l'addition de tous ces drames personnels constitue un drame national.

Il y a beaucoup de statistiques différentes qui ne définissent pas le décrochage exactement de la même façon. Mais dans l'ensemble, peu importent les chiffres choisis, on voit que les choses s'améliorent, quoique pas suffisamment. La première mesure, la plus fondamentale, c'est le nombre de jeunes qui sortent de l'école avec un diplôme de secondaire au bout de cinq ans, ce qui devrait être le parcours normal. Pour les jeunes entrés à l'école secondaire en 1998 et, donc, qui auraient dû terminer en 2003, le taux de succès était de 57,7 %. Une autre façon de dire les choses, c'est que 43,3 % d'entre eux n'avaient pas réussi leur secondaire dans le délai normal. Mais le taux de succès a atteint 63,3 % pour la cohorte de

2007 qui pouvait viser un diplôme en 2012, un progrès considérable. Mais cela ne doit pas non plus faire oublier que plus du tiers des jeunes – 36,7 % – ne terminent toujours pas leur secondaire en cinq ans.

On peut noter aussi que le Québec fait d'importants efforts pour récupérer les brebis égarées. Si seulement un peu plus de 6 élèves sur 10 réussissent en 5 ans, plus de 7 élèves sur 10 (73,4 %) décrochent finalement leur diplôme au bout de 7 ans, une statistique qui toutefois ne bouge à peu près pas depuis 15 ans.

Pour le ministère de l'Éducation, la définition officielle du décrochage, c'est plutôt le taux de sortie de l'école sans diplôme ni qualifications, soit la proportion de jeunes qui quittent l'école sans papier dans leur poche. Ce taux de décrochage était de 21,9 % en 1999-2000, la norme depuis longtemps. Par la suite, il s'est mis à baisser de façon assez spectaculaire, 18,4 % en 2008-2009, 17,4 % en 2009 et 16,2 % en 2010. Une chute spectaculaire de six points encore plus forte chez les garçons qui décrochent beaucoup plus que les filles. En 2008-2009, par exemple, si le décrochage global était de 18,4 %, il atteignait 22,6 % chez les garçons et 14,3 % chez les filles.

Ces succès s'expliquent par les campagnes pour réduire le décrochage mais aussi, selon le ministère, par de nouveaux parcours de formation dans le deuxième cycle du secondaire offrant d'autres débouchés, ce qui permet de ramener davantage de jeunes dans le droit chemin.

Le Québec réussit par la suite à améliorer les choses avec diverses mesures, dont l'éducation aux adultes et les activités de réinsertion. C'est ce que permettent de mesurer les données de Statistique Canada qui reposent sur un autre concept, soit le pourcentage des jeunes de 20 à 24 ans qui n'ont pas de diplômes et ne fréquentent pas l'école. Ce décrochage, qualifions-le de « décrochage fédéral », mesuré à partir des données de l'Enquête sur la population active, est en baisse constante. On le voit avec les comparaisons suivantes, faites par Statistique Canada, avec des moyennes mobiles triennales qui permettent de lisser les fluctuations.

Le Québec, pour la période de 1991-1993, affichait un taux de décrochage de 17,4 %. Ce taux n'a pas cessé de chuter depuis pour atteindre 10,6 % en 2010-2012. C'est vraiment un progrès, soutenu et substantiel. Mais on constate la même chose dans les autres provinces comme on le voit dans le tableau de la page 47. Le décrochage était aussi très élevé ailleurs, mais sa réduction à été encore plus spectaculaire qu'au Québec. La moyenne canadienne, de 15,7 % en 1993, a presque été réduite de moitié, à 8,1 %, en 2012. En 1993, le Québec, avec un taux de 17,4 %, était au 7e rang, devant trois des provinces atlantiques – 19,9 % à Terre-Neuve, 18,9 % à l'Île-du-Prince-Édouard et 17,8 % en Nouvelle-Écosse. Tout le monde s'est attaqué au problème, manifestement avec plus de vigueur qu'ici, puisque au cours de ces 20 ans le Québec a plutôt glissé au 9ᵉ ou au 10ᵉ rang. Avec ces moyennes mobiles, le Québec était encore bon dernier en 2009-2012, avec son décrochage de 10,6 %.

Heureusement, il y a eu un virage. Il a été amorcé en 2009 par une intervention atypique, celle de Jacques Ménard, patron de la Banque de Montréal au Québec, qui a publié un rapport proposant des solutions concrètes, abordables et convaincantes pour réduire le catastrophique taux de décrochage scolaire qui sévit au Québec. Ce rapport, intitulé *Savoir pour pouvoir*[3], n'a pas été commandé par le gouvernement. C'est une initiative « citoyenne » d'un groupe qui réunissait des gens du monde des affaires, mais aussi du secteur communautaire, du développement régional et du secteur public. Une rencontre inhabituelle qui s'explique par le fait que dans ce dossier, il y a convergence entre les exigences du développement économique et les impératifs de la justice sociale.

Et cela a fonctionné. Le rapport Ménard a galvanisé le gouvernement libéral de l'époque. Et les efforts ont donné des résultats parce que les approches n'étaient pas les mêmes. On a examiné ce qui avait fonctionné ici ou ailleurs et on a adopté les meilleures pratiques. On s'est fixé des objectifs et on a fait de l'étalonnage (*benchmarking*). Les expériences qui fonctionnent reposent largement sur les dynamiques régionales, la mobilisation du milieu et la définition de solutions adaptées à chaque cas. L'État, avec ses grandes politiques globales et sa logique de grands systèmes, en est incapable.

Et, surtout, on a commencé à comprendre la gravité d'un problème qui, pendant des décennies, a persisté parce qu'on y réagissait avec mollesse. Le décrochage est moins un problème scolaire qu'un problème de société. Et c'est dans la société et par la société qu'il pourra être résolu. Le fait que le nombre de jeunes quittant l'école trop tôt soit particulièrement élevé au Québec – plus qu'ailleurs – est d'abord une conséquence de la pauvreté et traduit aussi l'expression des valeurs d'une société qui attache trop peu d'importance à l'éducation. Et donc, ce qui est important dans les efforts pour le combattre, c'est moins les dollars, le nombre d'*ortho-ceci* ou d'*ortho-cela*, les calendriers de mise en œuvre et le ratio maîtres-étudiants que l'état d'esprit avec lequel on l'aborde.

Pourtant, l'enjeu est considérable. L'abandon scolaire des jeunes coûte cher en salaires perdus, en productivité moindre et en revenus fiscaux. En outre, une société en pénurie de main-d'œuvre et qui a besoin de travailleurs de plus en plus qualifiés ne peut pas se payer le luxe d'envoyer sur le marché du travail trop de jeunes sans formation adéquate.

TAUX DE DÉCROCHAGE AU CANADA
1990-1993 ET 2009-2012, EN %

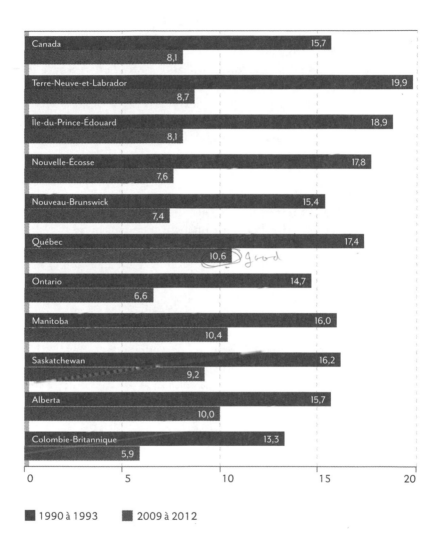

Canada	15,7
	8,1
Terre-Neuve-et-Labrador	19,9
	8,7
Île-du-Prince-Édouard	18,9
	8,1
Nouvelle-Écosse	17,8
	7,6
Nouveau-Brunswick	15,4
	7,4
Québec	17,4
	10,6
Ontario	14,7
	6,6
Manitoba	16,0
	10,4
Saskatchewan	16,2
	9,2
Alberta	15,7
	10,0
Colombie-Britannique	13,3
	5,9

■ 1990 à 1993   ■ 2009 à 2012

Source : Statistique Canada, Enquête sur la population active.

C'est aussi un drame individuel et social. Les décrocheurs seront moins payés, plus vulnérables et plus souvent chômeurs. Le taux d'emploi de ceux qui n'avaient pas un diplôme du secondaire n'était que de 53,7 % au Québec en 2010, tandis qu'il atteignait 72,2 % pour ceux qui avaient terminé leur secondaire et 81,3 % pour ceux qui avaient poursuivi leurs études au-delà du secondaire[4].

On sait aussi qu'il y a une forte corrélation entre le décrochage et l'origine sociale. Les enfants de milieux défavorisés abandonnent davantage l'école, ce qui limite leur capacité à s'extraire du cycle de la pauvreté. Lutter contre le décrochage, c'est donc un moyen puissant pour lutter contre la pauvreté en donnant aux jeunes de milieux fragilisés les outils dont ils ont besoin pour leur réussite scolaire.

INTERMÈDE CÉGÉPIEN

Et maintenant, un intermède cégépien. J'utilise le mot « intermède » parce que le cégep est en quelque sorte un intermède dans notre système scolaire. Ce réseau qui s'insère entre l'école secondaire et l'université n'existe pas ailleurs. Au départ, il est le produit d'une idée noble, soit pousser plus loin l'éducation universelle et gratuite, mais aussi réunir sous un même toit les deux grandes filières, celle qui mène à l'université et celle qui mène à des techniques.

Est-ce un succès ? Ce n'est pas clair. La création des cégeps est une des recommandations du rapport Parent, un des piliers de la Révolution tranquille, ce qui lui donne des origines nobles. En outre, l'unicité de l'institution permettait au Québec de se démarquer avec un ordre d'enseignement différent, qui le distingue du reste du continent. Ce double caractère a contribué à sacraliser le réseau des collèges. On n'y touche donc pas impunément.

Mais même si la création des cégeps n'était pas l'idée du siècle, il est presque impossible de revenir en arrière. Ce serait trop coûteux et trop compliqué. On détruirait des établissements de qualité avec leurs traditions, leur personnel et leurs programmes. On nuirait aux régions où les cégeps sont devenus des pôles de développement. On créerait des pressions sur les réseaux du secondaire et des universités qui devraient accueillir la clientèle des cégeps. La sagesse, c'est de s'en accommoder le mieux possible.

Mais pour cela, il faut que les cégeps jouent bien leur rôle. Or, dans le débat sur l'éducation, les cégeps passent sous le radar parce que toute l'attention est dirigée vers le secondaire et les universités. Ce n'est pas un crime de lèse-majesté que d'accorder la même attention au réseau collégial et de se demander s'il remplit bien sa mission, surtout quand on sait que le Québec y investit 1,5 milliard par année. Est-ce le cas ?

Le Québec, avec son système unique, souffre d'un taux de décrochage plus élevé qu'ailleurs au Canada pour le secondaire. À l'autre bout, le taux de fréquentation universitaire est moindre, comme on le verra. On a donc deux problèmes : en amont et en aval, juste avant le cégep et juste après. On peut donc se demander si le cégep n'y est pas pour quelque chose et si, au lieu de jouer un rôle de transition, il ne fait pas exactement le contraire parce que le secondaire, plus court d'un an au Québec, se termine trop tôt et n'accompagne pas suffisamment les jeunes à un moment crucial de leur cheminement, surtout chez les garçons. Et parce que, ensuite, il y aurait un autre fossé, entre le cégep et l'université. Le fait que les jeunes doivent s'adapter à trois types d'établissements entre l'âge de 16 et 19 ans peut être un obstacle à la persévérance scolaire.

D'autant plus que les résultats des cégeps ne semblent pas impressionnants. Du côté de l'enseignement préuniversitaire, les étudiants ont obtenu leur diplôme d'études collégiales en 2,4 ans. C'est une moyenne des résultats de cinq années scolaires, de 2005-2006 à 2009-2010. Une moyenne qui semble acceptable. Mais quand on retourne ce chiffre, cela veut dire qu'à peine 43,3 % des élèves ont terminé leur cégep dans le délai normal de deux ans. Moins de la moitié : c'est très peu.

Cela serait pire si les collèges privés ne remontaient pas les moyennes. En 2007-2008, le taux de réussite du cégep en deux ans était de 66,3 % dans les établissements privés. Au public, à peine 39,9 % des jeunes réussissaient leurs études collégiales dans le temps prévu.

Sur une période de cinq ans – le délai que les autorités utilisent dans leurs mesures , le taux de diplomation au cégep préuniversitaire atteint 71,7 %, toujours en 2009-2010. Cela veut aussi dire que près de 30 % des jeunes qui entrent au cégep général finissent par décrocher.

Du côté de l'enseignement technique, où la durée moyenne des études est de 3,3 ans pour un programme normal de trois ans, à peine 33 % obtiennent leur diplôme en trois ans et 52,2 % au bout de cinq ans.

Ces délais sont-ils normaux ? Les taux de réussite sont-ils suffisants ? Est-ce que les élèves suivent le meilleur cheminement pour les préparer à leur vie adulte ? Honnêtement, je ne sais pas.

MALAISE À L'UNIVERSITÉ

Mais ce qu'on sait avec certitude, c'est que les données dont on dispose permettent de confirmer ce qu'on soupçonnait. Les cégeps ne jouent certainement pas un rôle de tremplin très efficace pour l'université.

On a en effet du chemin à faire. À l'été 2013, Statistique Canada a publié le volet sur l'éducation de son Enquête nationale auprès des ménages, qui est la version abrégée ce qu'on appelait autrefois le recensement. On y apprend que pour la population des 25-64 ans, le pourcentage de titulaires d'un diplôme universitaire est de 23,3 % au Québec. C'est derrière la moyenne canadienne de 25,9 % et loin derrière le taux de diplomation universitaire ontarien qui atteint 28,9 %. Le Québec est en fait au 5ᵉ rang canadien derrière aussi la Colombie-Britannique, l'Alberta et la Nouvelle-Écosse. Cela n'a rien de glorieux pour une société qui se gargarise avec la société du savoir.

On ne peut pas non plus attribuer ce retard uniquement aux relents de la période où le Québec avait un système d'éducation archaïque. Les données excluent en effet les Québécois de plus de 65 ans, susceptibles d'avoir été victimes de ces carences, et ne portent que sur les baby-boomers et ceux qui les ont suivis, ce qui devrait effacer en bonne partie cet héritage historique.

On note toutefois qu'il y a eu progrès au Québec. On le voit entre autres chez les plus jeunes – les 25-29 ans – dont la fréquentation universitaire est plus élevée que chez leurs aînés. Le pourcentage de ceux qui ont un diplôme d'études supérieures atteint alors 29,6 %.

Mais on assiste au même phénomène partout au Canada et dans le monde. La diplomation des jeunes Canadiens est aussi en hausse chez les plus jeunes pour atteindre 32,1 % et même 35,3 % en Ontario. L'écart du Québec avec le Canada et l'Ontario se rétrécit un peu mais à peine. Le Québec reste au 4ᵉ rang, aussi derrière la Nouvelle-Écosse à 33,5 %, la Colombie-Britannique à 31,8 %, mais dépasse légèrement l'Alberta à 28,2 %.

En somme, le Québec compte moins de diplômés universitaires que les autres provinces urbanisées et ne fait pas le rattrapage accéléré qu'il devrait faire. Après avoir pris les bouchées doubles au moment de la Révolution tranquille, le Québec a choisi de faire une pause, qui dure depuis trop longtemps.

EN GUISE DE CONCLUSION

Quelles conclusions tirer de ce tour de piste? En premier lieu, que l'éducation donnée à nos enfants est de bonne qualité et qu'elle se compare avantageusement aux autres bons systèmes d'éducation.

L'enjeu, pour le Québec, ce n'est pas de sauver l'école du naufrage, mais de faire encore mieux en matière de résultats, de valorisation de l'éducation et d'équité. On a par exemple beaucoup critiqué la réforme pédagogique et pourtant, les jeunes Québécois ayant participé à l'enquête du PISA, qui avaient 15 ans au printemps 2012, sont des enfants de la réforme pédagogique. Et leurs résultats sont aussi bons que ceux de 2009.

Ces résultats changent complètement la perspective. Il ne s'agit pas de sortir le système de la déchéance, mais bien d'améliorer un bon réseau d'éducation. Il ne s'agit pas de rescaper nos enfants, mais de les aider à aller plus loin et en plus grand nombre sur la voie du savoir.

Et, surtout, ces données nous disent que nous pouvons nous fixer des objectifs extrêmement ambitieux. Le Québec, par exemple, pourrait parfaitement vouloir produire le meilleur système d'éducation du monde parce que nous savons que cela est dans le domaine du possible.

Les obstacles dans nos efforts pour faire mieux proviennent moins du système d'éducation lui-même malgré ses rigidités – syndicalisation, lourdeur ministérielle, duplication, rôle à redéfinir des commissions scolaires – que des attitudes de la société dans son ensemble.

Par exemple, derrière le grand échec que représente le décrochage, il y a un problème plus profond. Je le répète : c'est le fait que les Québécois n'ont jamais été passionnés par les enjeux de l'éducation. Et que le monde politique, qui examine les sondages et qui sait que le thème n'est pas porteur, n'a pas essayé de l'imposer comme une grande priorité. Le problème du décrochage ou encore le manque d'amour pour les universités tiennent selon moi à nos rapports à l'éducation et à la connaissance. J'y vois une manifestation du caractère inachevé de la Révolution tranquille.

Ce n'est pas un hasard si, dans les nombreuses comparaisons inter-provinciales que j'ai proposées dans le présent chapitre, le Québec se retrouve très souvent dans le même segment que les provinces atlantiques. À plusieurs égards, en ce qui a trait à l'éducation et au savoir, le Québec est plus proche du Nouveau Brunswick que de l'Ontario. Il reste donc beaucoup de travail à faire pour que les valeurs associées au savoir et à la connaissance soient vraiment partagées par tous. Et c'est là qu'il faudrait concentrer les énergies.

Le Québec des années 1950, avec lequel la Révolution tranquille a voulu rompre, était à plusieurs égards une société arriérée. Une société pauvre tant sur le plan matériel que culturel, ce qui se traduisait entre autres par une méfiance à l'égard de l'éducation. C'est cette méfiance traditionnelle qui n'a pas été complètement dissipée. Il y a encore dans notre société des relents de ce Québec d'autrefois, des survivances de notre pauvreté culturelle.

4. SOMMES-NOUS UNE SOCIÉTÉ DU SAVOIR?

Nous avons vu, au chapitre précédent, que la société québécoise est une société éduquée. On pourrait même dire que pour l'éducation secondaire, notre système d'éducation est l'un des meilleurs au monde. Notre réseau universitaire est excellent, nos diplômes sont reconnus et nos universités se distinguent sur plusieurs plans quoique la fréquentation universitaire, tout comme la capacité du Québec à mener ses jeunes à l'obtention d'un diplôme, laisse un peu à désirer. Mais est-ce que cela suffit à faire du Québec une société du savoir?

Une société du savoir, c'est beaucoup plus que des statistiques. C'est un état d'esprit. Nos résultats moyens pour la diplomation sont également inquiétants pour ce qu'ils semblent révéler : un malaise dans le rapport que les Québécois ont établi avec leur réseau universitaire, un manque d'affection et de fierté, un manque de compréhension de son rôle pourtant crucial. Cet état d'esprit semble aussi manquer pour plusieurs autres déterminants d'une société du savoir, comme la place qu'on accorde aux grandes villes ou nos aptitudes à l'innovation.

En outre, le niveau de fréquentation universitaire m'inquiète, même s'il est correct, parce qu'il faudra faire beaucoup mieux pour qu'on puisse dire que l'université joue pleinement son rôle dans le développement du Québec. L'université, dans une période où le savoir constitue l'une des clés du succès, est l'un des grands leviers qui permettraient au Québec de combler ses retards économiques. C'est un outil essentiel pour une petite nation qui doit faire plus d'efforts pour s'affirmer.

MALAISE À L'UNIVERSITÉ

Les Québécois semblent trouver que l'éducation supérieure est importante, assez pour avoir consacré des énergies collectives considérables à un débat qui, en principe, portait sur l'université. Je parle de la grande bataille des « carrés rouges » contre la hausse des droits de scolarité et, donc, contre les barrières qui restreindraient l'accès à l'université.

Je dis « en principe » parce que le réseau universitaire est sorti passablement amoché de cette bataille pour la défense de l'université et de l'accès à l'enseignement supérieur. La raison me paraît évidente : le Printemps érable n'était pas une mobilisation pour l'université, mais plutôt un grand mouvement pour préserver des droits acquis et un certain statu quo social, où on a sacrifié l'université à d'autres objectifs.

Le mouvement étudiant, qui a eu gain de cause, a contesté l'idée que les universités puissent être sous-financées, a réussi à discréditer les directions des universités accusées de gaspillage et a même dénoncé

– c'est le cas de la Coalition large de l'Association pour une solidarité syndicale étudiante (CLASSE) – le fait qu'il y ait trop de recherche universitaire.

Cet esprit d'hostilité à l'égard de l'institution universitaire ne s'est pas seulement exprimé dans la rue, lors de manifestations. Il a été avalisé par le gouvernement du Québec, alors dirigé par Pauline Marois, dont la politique universitaire a essentiellement consisté à trouver des façons de mettre fin à la revendication étudiante en se rendant à ses demandes.

Cela a abouti à un cérémonial proprement surréaliste, un sommet sur l'enseignement supérieur qui était le point culminant d'une consultation de plusieurs mois, avec documents de réflexion et rencontres régionales. Dans tout ce processus, le gouvernement Marois avait créé un précédent en choisissant de rester neutre dans les débats publics entre les associations étudiantes et les directions universitaires, notamment sur le thème du financement des universités, ce qui était en soi une anomalie quand on sait que les dirigeants des universités sont en quelque sorte des mandataires de l'État.

Ce qui devait arriver arriva. Lors de ce sommet de deux jours, en février 2013, qui ressemblait davantage à une grand-messe dont le rituel avait été défini à l'avance, le gouvernement a repris à son compte les principales thèses des étudiants et leur vision de la problématique universitaire. Ce n'était pas une bonne idée parce que les groupes étudiants étaient des associations corporatistes en combat dont la mission était davantage de faire triompher leurs revendications que de proposer, avec désintéressement, une vision stratégique dont la société a besoin.

C'est ainsi que le gouvernement péquiste a aboli les hausses des droits de scolarité du gouvernement libéral précédent, pour les remplacer par une indexation de 3 % beaucoup plus modeste. Il s'agissait non seulement d'une victoire étudiante, mais d'une décision qui accroissait la précarité financière des universités et qui fermait la porte, pour des années et des années, à toute nouvelle formule de financement et à toute possibilité de demander davantage aux étudiants.

La logique étudiante s'est également imposée dans le traitement réservé aux directions universitaires, qui sont devenues les têtes de Turc du processus. On peut comprendre que les étudiants, à l'exemple des batailles syndicales, se soient opposés aux recteurs qui sont les équivalents des patrons. Mais cette attitude, reprise par l'État, a transformé le sommet en tribunal d'inquisition où les recteurs étaient au banc des accusés – comme les entrepreneurs mafieux à la commission Charbonneau – sans avoir vraiment le droit de parole, car il était difficile pour eux de s'opposer à un gouvernement qui tient les cordons de la bourse.

C'est ainsi que le sommet a accouché de deux « chantiers » qui avaient pour but de contrôler et d'encadrer les administrations universitaires et d'accroître leurs obligations de reddition de comptes en sacrifiant une partie de leur liberté, des contrôles d'autant plus étonnants que rien ne permet de croire que les universités sont moins bien gérées que le reste du secteur public. Le résultat, c'est qu'on a discrédité les dirigeants d'universités, qu'on les a affaiblis et que, du même coup, on a affaibli les établissements qu'ils dirigent.

L'autre grande victoire étudiante, c'est le progrès de leur thèse voulant qu'il n'y ait pas de sous-financement universitaire. C'est ce que croient maintenant une majorité de Québécois, si on se fie à certains sondages. C'est aussi ce qu'a conclu l'ancienne première ministre qui déclarait alors : « Je ne dirais pas qu'elle est sous-financée. Mais c'est sûr qu'elle pourrait être mieux financée. » Comment un gouvernement pourra-t-il dorénavant convaincre les citoyens de faire des sacrifices ailleurs, par exemple en santé, pour investir collectivement dans ses universités ?

ENCORE DES CHIFFRES

Tout cela est survenu dans une période qu'on peut qualifier d'après-crise où plusieurs économies – dont celle du Québec – sont encore fragilisées par le choc de 2009, un contexte dans lequel l'éducation supérieure est une des pistes de solution les plus prometteuses. D'après une étude de l'OCDE, dans cette période de crise, l'éducation pouvait être une planche de salut contre le fléau du chômage[5].

Au Canada, chez les jeunes de 25 à 34 ans, le taux de chômage de ceux qui avaient fait des études supérieures n'était que de 5,4 %, contre 8,1 % pour les diplômés du secondaire. Cela se double aussi d'un écart salarial important : ceux qui ont fait des études supérieures gagnent 40 % de plus que ceux qui possèdent un diplôme d'études secondaires. Le slogan québécois des années 1960 – « Qui s'instruit s'enrichit » – est toujours vrai !

Voilà un argument puissant pour faire mieux, auquel il faut ajouter l'impératif de la justice sociale, les impacts de l'éducation sur la créativité et l'innovation, et ses effets sur la culture et la démocratie. Et, bien sûr, des arguments économiques, notamment le fait que les principaux secteurs d'avenir reposent sur le savoir.

Mais il y a encore beaucoup de travail à faire. Sans tomber dans l'excès de chiffres, je voudrais ajouter d'autres données, soit une enquête de Statistique Canada[6] un peu différente de celle du chapitre précédent, qui provenait des réponses du recensement. Cette enquête, plus précise, utilise la même méthode que l'OCDE, ce qui permet de comparer le Québec au reste du monde industrialisé.

TAUX DE DIPLOMATION UNIVERSITAIRE
25-64 ANS ET 25-29 ANS, 2011

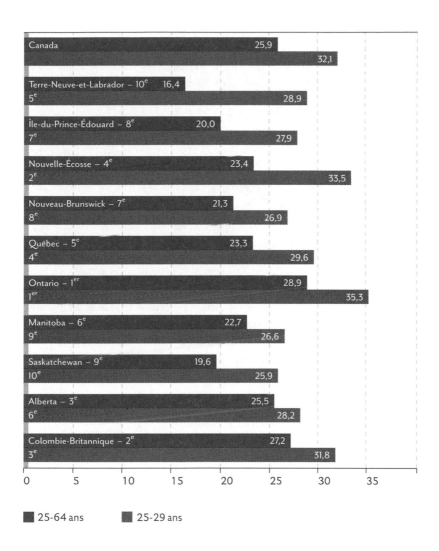

Canada	25,9
	32,1
Terre-Neuve-et-Labrador – 10ᵉ	16,4
5ᵉ	28,9
Île-du-Prince-Édouard – 8ᵉ	20,0
7ᵉ	27,9
Nouvelle-Écosse – 4ᵉ	23,4
2ᵉ	33,5
Nouveau-Brunswick – 7ᵉ	21,3
8ᵉ	26,9
Québec – 5ᵉ	23,3
4ᵉ	29,6
Ontario – 1ᵉʳ	28,9
1ᵉʳ	35,3
Manitoba – 6ᵉ	22,7
9ᵉ	26,6
Saskatchewan – 9ᵉ	19,6
10ᵉ	25,9
Alberta – 3ᵉ	25,5
6ᵉ	28,2
Colombie-Britannique – 2ᵉ	27,2
3ᵉ	31,8

■ 25-64 ans   ■ 25-29 ans

Source : Statistique Canada. Enquête nationale auprès des ménages, 2011.

Pour la population des 25-64 ans, le Québec, avec un taux de diplomation de 24 %, est sous la moyenne canadienne de 26 % au 4ᵉ rang, ex aequo avec le Manitoba et la Nouvelle-Écosse et derrière les trois provinces riches. Pour les 25-29 ans, le Québec est encore au 4ᵉ rang avec un taux de diplomation de 29 %.

Quand on jumelle ces résultats avec les données de l'OCDE, on constate que le Canada, avec un taux de diplomation universitaire de 27 %, est au 10ᵉ rang parmi les 34 pays recensés dans la catégorie des 25-64 ans, derrière les pays anglo-saxons et les pays scandinaves. Le Québec, avec 24 %, se retrouve au 17ᵉ rang, tout juste au-dessus de la moyenne de 23 %.

Pour les 25-34 ans, le Québec se classe un peu moins bien parce que de nombreux pays ont fait des progrès se traduisant par une plus grande fréquentation universitaire des plus jeunes. Avec un taux de diplomation de 29 %, le Québec est légèrement sous la moyenne de 30 % des pays de l'OCDE et se situe au 19ᵉ rang. Cela ne s'appelle pas être dans la course, cela s'appelle être déclassé par les meilleurs !

Il y a bien sûr des pays performants dont le taux de diplomation universitaire est bas, comme la France avec 18 % et l'Allemagne avec 16 %, mais ce dernier pays compense toutefois par un système de formation professionnelle très organisé. Il faut cependant tenir compte de notre environnement. Le Québec est en Amérique du Nord. Nos principaux partenaires et concurrents sont le Canada ainsi que les États-Unis, où la fréquentation universitaire est très élevée. Trente-deux pour cent des citoyens y possèdent un diplôme universitaire, ce qui est beaucoup plus que nos 24 %.

UN DRÔLE DE PARADOXE

Cela mène à un drôle de paradoxe : d'un côté, nos universités sont relativement moins fréquentées et, de l'autre, elles ont la cote. Les universités québécoises attirent plus que leur part des fonds de recherche fédéraux – et non pas parce qu'elles profitent d'un système de péréquation. Montréal est reconnue comme une ville universitaire. Avec quatre grandes universités, sept autres établissements universitaires et 170 000 étudiants, le « Grand Montréal » est la région métropolitaine qui compte le plus d'étudiants universitaires par habitant en Amérique du Nord. Elle se classe même devant Boston, capitale intellectuelle des États-Unis. Assez pour qu'on puisse vraiment parler, du moins sur papier, d'une ville du savoir.

Selon le palmarès *QS Best Student Cities*[7] produit par une entreprise britannique spécialisée en éducation, Montréal se classe au 1ᵉʳ rang canadien des meilleures villes universitaires, 2ᵉ en Amérique du Nord et 9ᵉ au monde. Cela ne s'explique pas seulement par la qualité intrinsèque de l'enseignement, mais aussi par des facteurs susceptibles d'attirer des étudiants tels que le coût de la vie, les structures d'accueil et sans doute aussi des considérations moins universitaires, comme… l'âge légal pour entrer dans un bar ou la tolérance à l'égard de certaines substances !

Avec de tels chiffres, on aurait pu s'attendre à ce que les Québécois, de surcroît encouragés par des droits de scolarité plus bas qu'ailleurs au Canada et des programmes de prêts et bourses plus généreux, se bousculent aux portes de nos établissements d'enseignement supérieur. Eh bien non !

Cela permet de noter en passant que la politique de droits de scolarité modestes, qui vise en principe à favoriser l'accès à l'université, ne semble pas avoir joué son rôle. Les autres grandes provinces, malgré des droits beaucoup plus élevés qu'ici, attirent plus d'étudiants que le Québec et il ne semble pas y avoir la moindre forme de rattrapage. Ce que cela nous dit, c'est que les grands freins à l'accès ne sont pas de nature économique et que le combat des « carrés rouges » visait vraiment la mauvaise cible. D'autres éléments, en amont, jouent un rôle plus important, notamment le décrochage ou des facteurs psychosociaux comme la valorisation de l'éducation dans la société et les familles.

LE DRAME DU FINANCEMENT

Cette attitude explique à mon avis un autre problème qui hante nos universités : le sous-financement. Il est moins le résultat d'une impasse des finances publiques qu'un choix social et politique reflétant encore une fois le fait que l'avenir de nos universités n'est pas perçu comme prioritaire tant par les gouvernements que par les citoyens. Le sous-financement est un problème, mais c'est aussi un symptôme.

Selon la Conférence des recteurs et des principaux des universités du Québec – devenue en janvier 2014 le Bureau de coopération inter-universitaire – qui avait mis à jour son étude sur le sous-financement des universités québécoises au début de 2013, l'écart avec les établissements du reste du Canada a augmenté pour atteindre 850 millions en 2009-2010. Sur une période de sept ans, ce manque à gagner aurait totalisé 4,5 milliards. Ces chiffres reposent sur une comparaison des revenus des universités québécoises avec ceux des autres provinces.

Ces chiffres ont été contestés par l'économiste Pierre Fortin qui a fait ses calculs en comparant plutôt les dépenses. Il arrive à un sous-financement de 300 millions. Selon lui, les débours n'ont pas à être aussi élevés au Québec parce que le niveau des salaires des cadres et des enseignants est plus bas. Un argument qui tourne un peu en rond parce que ces salaires plus bas constituent aussi un obstacle au recrutement et à la rétention. Un peu comme le «principe de la saucisse Hygrade», mais à l'inverse! Mais malgré ces désaccords, il y a entente sur un point: l'existence du sous-financement qui, vraisemblablement, se situe entre ces deux bornes.

S'il y a un manque à gagner – évaluons-le à 500 millions – , ce n'est pas parce que le gouvernement du Québec est pingre. Nos universités reçoivent, en proportion, 72 millions de plus de l'État que dans les autres provinces. Mais, on le sait, les droits de scolarité plus bas les privent d'environ 700 millions et leurs maigres fonds de dotation les empêchent de recueillir une autre somme de 200 millions. Cela a des conséquences sur les ressources en éducation, sur la qualité de l'enseignement, sur la capacité d'attirer des professeurs et des étudiants de haut niveau et sur la recherche.

Et, pendant que le Québec n'est pas convaincu de la nécessité de rattraper le niveau de financement canadien, les autres provinces s'inquiètent de leur sous-financement par rapport aux universités américaines.

UN PROBLÈME D'AMOUR

Il faudra donc un virage, moins économique que politique. De façon générale, nous avons du mal à valoriser l'éducation comme le démontre notre fort taux de décrochage scolaire. C'est encore plus vrai pour l'éducation supérieure. Les familles épargnent moins d'argent pour les études de leurs enfants qu'ailleurs au Canada – on le voit aux sommes investies dans les régimes enregistrés d'épargne-études – et soutiennent moins leurs enfants dans leurs études.

Et cela se reflète sur les choix politiques. Miser sur l'université n'est probablement pas une stratégie rentable au Québec. Et c'est ainsi que peu de politiciens en ont fait un cheval de bataille, à l'exception de François Legault comme ministre péquiste de l'Éducation et comme chef de la CAQ. Pourquoi? Parce que dans l'opinion publique, l'aide aux universités est sans doute perçue comme un appui à un monde élitiste et un cadeau aux privilégiés de la société.

C'est ce qui a probablement expliqué le très fort appui dont le gouvernement Charest jouissait dans le débat sur la hausse des droits de scolarité. Si une partie de ceux qui soutenaient le gouvernement le faisaient parce qu'ils étaient préoccupés par le financement universitaire, je suis persuadé qu'un grand nombre de Québécois se réjouissaient surtout qu'on mette au pas des enfants gâtés.

Malgré la différence des approches, c'est un calcul semblable qu'a fait le gouvernement Marois en reprenant l'argumentaire des associations étudiantes qui, dans leurs efforts pour démontrer l'inutilité d'une hausse des droits, ont fini par tracer un portrait caricatural des universités, soit des établissements mal gérés qui n'auraient pas besoin d'argent et qui consacreraient trop de ressources à la recherche. Le gouvernement Marois a sans doute fait le calcul populiste qu'il était rentable de taper sur les universités. Cela aura des conséquences importantes.

Le devoir d'un gouvernement responsable aurait dû être de faire rapidement et clairement contrepoids à ce discours. Les universités, dans leurs fonctions d'enseignement et de recherche, jouent un rôle stratégique dans les sociétés avancées pour former la main-d'œuvre, susciter le talent et nourrir l'innovation. C'est la clé du développement économique. Ce succès essentiel n'est possible que si les Québécois, comme le font d'autres nations, appuient sans réserve leurs universités, sont conscients de leur rôle, acceptent de faire des efforts individuels et collectifs pour assurer leur succès et en font un objet de fierté collective.

LE RÔLE DE LA RECHERCHE

Mais on ne vit pas que d'amour. Le lien entre l'université et la société se mesure aussi en dollars. Il est d'autant plus important de soutenir nos universités que celles-ci jouent un rôle central dans la recherche et le développement, activité vitale où le Québec se distingue vraiment.

Les dépenses du Québec en recherche et développement atteignaient 7,9 milliards en 2011, ce qui équivaut à 2,28 % du produit intérieur brut (PIB). C'est considérable. C'est le plus haut taux au Canada, légèrement supérieur à celui de l'Ontario qui, avec un effort de recherche équivalant à 2,23 % du PIB, est la seule autre province qui se distingue. Le Québec est nettement au-dessus de la moyenne canadienne de 1,74 %. Il faut dire que l'avance du Québec a diminué depuis quelques années à cause de la crise financière, mais aussi en raison des difficultés de l'industrie pharmaceutique. En 2008, avec un taux de recherche et développement de 2,59 %, le Québec était bien au-dessus du taux de 2,35 % de l'Ontario. Mais il n'en reste pas moins que le Québec se distingue assez pour avoir de grandes ambitions, car il a pour objectif de faire grimper la recherche et développement à 3 % du PIB.

Ce coup de barre est nécessaire parce que le Québec, qui était au-dessus de la moyenne de l'OCDE jusqu'en 2010, est passé légèrement au-dessous en 2011. Malgré cela, le Québec se classerait quand même au 8e rang des pays riches pour l'importance de sa recherche et développement, devancé seulement par la Finlande, le Japon, la Suisse, le Danemark, l'Allemagne, l'Autriche et les États-Unis.

Ce succès repose beaucoup sur la recherche universitaire. En 2011, les dépenses en recherche des universités atteignaient 2,8 milliards, soit

35,5 % du total canadien de 7,9 milliards. Cela équivaut à 0,81 % du PIB, contre 0,75 % en Ontario et 0,66 % au Canada. Cela s'explique par le dynamisme de nos universités qui obtiennent plus que leur poids des fonds de recherche fédéraux, mais aussi par les efforts du gouvernement québécois. Il faut s'en féliciter et poursuivre sur cette voie. Le Canada est fier de se classer premier du G7 pour la recherche universitaire, devant l'Allemagne (0,52 %), la France (47 %), le Royaume-Uni (46 %) et les États-Unis (0,39 %). Et le Québec est au 3e rang mondial, derrière le Danemark (0,94 %) et la Suède (0,90 %).

Il faut toutefois être conscient que ce véritable succès comporte des limites. Il y a une différence importante entre la recherche et l'innovation, même si les deux concepts sont interreliés. Et si la recherche est essentielle – peu importe où elle est faite (laboratoires, entreprises, universités), peu importe sa nature (recherche fondamentale ou appliquée), peu importe son objet (santé, génie, mathématiques ou sciences sociales) – ce n'est pas elle qui a un impact direct sur l'activité économique.

Le ferment de la croissance, c'est l'innovation. L'innovation, ce n'est pas nécessairement une découverte ou une invention. C'est une idée ou une invention qui se traduisent en action. Ce peut être un produit, un service, un procédé, une forme de commercialisation ou un mode d'organisation. Mais il y a innovation quand l'idée mène à une activité économique, à des ventes, à des emplois ou à une exploitation commerciale viable. Le nerf de la guerre est là.

Même si nos gouvernements reconnaissent l'importance de l'innovation, leur marge de manœuvre demeure limitée notamment par des contraintes politiques, comme le fait que l'innovation soit un dossier difficile à expliquer à la population. Il y a aussi des contraintes économiques, surtout qu'il est difficile pour l'État d'avoir prise sur un phénomène lié à des attitudes et à un état d'esprit. L'État ne peut pas décréter que dorénavant les entreprises seront innovantes, pas plus qu'il ne peut forcer leurs dirigeants à avoir l'esprit entrepreneurial.

Cela explique sans doute pourquoi les gouvernements se rabattent sur ce qu'ils contrôlent et ce sur quoi ils peuvent agir, comme la recherche universitaire – largement subventionnée – ou encore la recherche gouvernementale. Cela ne se transforme pas toujours ultimement en activité économique parce que la victoire n'est pas dans les labos, mais souvent sur le plancher des vaches.

Une façon indirecte de voir que le succès réel du Québec en recherche et développement ne se traduit pas en innovation, c'est le fait que si les dépenses qui y sont consacrées équivalent à 26,7 % du total canadien en 2010, les inventions du Québec ne comptaient que pour 18,1 % des brevets du Canada. La mesure est approximative, mais elle permet d'illustrer que la recherche ne se traduit qu'imparfaitement en résultats.

Le Québec dispose d'un avantage, celui de la duplication des efforts gouvernementaux. C'est un autre exemple – avec la culture – qui montre que la présence de deux gouvernements peut être bénéfique en élargissant les sources de financement. À condition que la philosophie des gouvernements, tant fédéral que provincial, évolue pour s'occuper davantage d'innovation sans pour autant négliger la recherche.

Encourager l'innovation, c'est un travail de longue haleine qui ne repose pas seulement sur des programmes et des subventions. Comme dans le cas de l'entrepreneuriat, il s'agit en bonne partie de susciter et, ensuite, d'encourager l'éveil d'un état d'esprit, de travailler sur les attitudes, sur une culture collective tant dans la formation des jeunes et le débat public que dans les politiques économiques. Ce n'est pas le défi d'un gouvernement, mais plutôt le projet d'une génération.

LES VERTUS DE LA DUALITÉ

L'innovation n'est pas le seul cas où les valeurs, l'état d'esprit ou les attitudes jouent un rôle important dans la capacité d'une société d'apprivoiser le savoir. Je vais prendre un exemple précis, celui de la dualité linguistique, pour illustrer à quel point il faut agir sur plusieurs fronts pour bien développer le savoir.

Le fait que Montréal soit une ville où coexistent une communauté francophone et une communauté anglophone a été et reste une source de tensions. Tellement qu'on a du mal à se rendre à l'évidence et à décrire Montréal comme une ville bilingue. Mais ces tensions peuvent aussi être créatrices. La dualité contribue à définir l'identité de Montréal, hybride avec son patrimoine bâti britannique et son visage français. C'est ce qui fait que Montréal n'est pas un «gros Québec», ce qui lui confère un énorme avantage concurrentiel et qui contribue à plusieurs de ses succès économiques.

Une manifestation très concrète de cette dualité, c'est la duplication des institutions (universités, hôpitaux, lieux de culture, quartiers). Cela enrichit une vie intellectuelle qui peut puiser dans deux traditions. Cela explique largement notre vocation universitaire. Si nous n'avions pas deux réseaux d'éducation, nous n'aurions pas quatre universités à Montréal, deux francophones et deux anglophones, nous n'attirerions pas autant d'étudiants étrangers, nous n'aurions pas droit au classement de QS des meilleures universités du monde, et nous ne pourrions pas nous comparer à Boston. Et pourtant, on entend régulièrement des voix se plaindre du sort privilégié dont jouit McGill, grâce à son fonds de dotation, et suggérer qu'on trouve une façon de corriger ce déséquilibre en oubliant aussi que c'est grâce à McGill que Montréal figure dans des classements internationaux : au 21ᵉ rang du classement de QS et au 35ᵉ rang de celui du *Times* de Londres. L'Université de Montréal se classe respectivement au 92ᵉ rang et au 106ᵉ rang.

Cette dualité permet aussi à Montréal d'être plusieurs choses à la fois, à l'aise dans la francophonie et le Commonwealth, avec des racines dans les deux cultures, capable d'être une interface entre deux mondes, à la fois très nord-américaine, mais plus européenne que les autres villes du continent. Cette dualité contribue certainement à expliquer les succès de certaines industries, par exemple celles des technologies de l'information et des jeux vidéo où Montréal réussit à la fois à attirer des entreprises françaises et américaines.

Cette dualité contribue aussi au caractère créatif de Montréal, en favorisant la diversité et la tolérance. Les tensions constituent un ferment de la vie culturelle. Cela a été évident pour les francophones dont l'affirmation identitaire s'est largement exprimée à travers le théâtre, la musique, la littérature et le cinéma. Mais on note depuis plusieurs années un élan de la création anglo-montréalaise qui enrichit Montréal et tout le Québec. Sans cette rencontre des cultures, Montréal ne jouirait pas de son image de marque de ville branchée. Il faudrait s'en souvenir quand on dénonce à la pièce des choses qui ne sont que des manifestations légitimes de l'existence d'une communauté anglophone. Si on pense en termes de société du savoir, la dualité montréalaise est un atout précieux qu'il faut préserver et même encourager. Mais il n'est pas évident que la société québécoise soit prête à cela.

PENSER AUX GRANDES VILLES

L'autre grand outil du développement d'une économie du savoir, ce sont les politiques urbaines. C'est dans les grandes villes que les nouvelles idées, les nouvelles industries, les nouveaux produits voient le jour. En toute logique, une société qui veut être une société du savoir doit miser sur ses grandes villes. Ce n'est pas à la campagne que ça va se passer. Et là aussi, cela exige un énorme changement dans la façon dont le Québec se perçoit et établit ses priorités, il faut accepter que le Québec soit devenu une véritable société urbaine.

Voilà une question à laquelle j'ai consacré beaucoup d'énergie dans mes chroniques, dans mes conférences et lors d'initiatives qui avaient pour mission de soutenir et de promouvoir le développement de la métropole et de la capitale, auxquelles j'ai participé. J'ai d'ailleurs préparé un rapport sur la question pour les villes de Montréal et de Québec,

Un nouveau pacte pour les grandes villes du Québec, dont je m'inspire abondamment dans les pages qui suivent.

Les villes exercent un attrait. Il y a, dans la société contemporaine bombardée par la télévision et Internet, une attirance accrue pour les villes en raison des études, des possibilités d'emploi et du type de qualité de vie du milieu urbain – commerces, loisirs, culture, liberté, mode de vie. Cela attire en outre souvent dans les villes les éléments les plus jeunes, les plus instruits et les plus productifs. Cela contribue à renforcer le poids des cités.

L'autre facteur ayant contribué à modifier et à renforcer de façon radicale le rôle des villes, c'est la mondialisation, qui a transformé leur nature même. Non seulement les villes ont-elles un poids économique important, mais elles ont aussi un dynamisme supérieur qui leur permet de jouer leur rôle de locomotive. Les grandes villes ont en général un niveau de productivité plus élevé que le territoire sur lequel elles se trouvent, et leur contribution au PIB dépasse leur poids réel.

Ces villes deviennent ainsi des points nodaux, des centres nerveux du réseau de la mondialisation pour la circulation de l'information, les échanges, la mobilité des capitaux, les mouvements de personnes. Cette réalité nouvelle est bien décrite par le concept de cité-État ou de cité-région – maintenant, on utilise davantage le concept de villes globales – qui définit les grandes villes comme les véritables pôles de dévelop pement dans leur propre pays, capables de développer leurs propres stratégies tout en étant intégrées à un réseau mondial.

L'accélération des échanges sous toutes ses formes a, dans les faits, rapproché les grandes villes du monde. Les villes agissent en interaction, mais aussi en concurrence. Elles se battent pour les investissements, le talent, les marchés, la reconnaissance. C'est donc par les villes que passeront de plus en plus les stratégies économiques. Le dynamisme et l'énergie, qui feront la différence entre la médiocrité et le succès, dépendront aussi des synergies et du climat que les milieux urbains pourront créer.

Cette réalité nouvelle a amené une évolution de la pensée économique, à savoir que les villes, dans ce contexte de mondialisation, jouent un rôle encore plus stratégique qu'avant, et que leur développement et leurs réussites sont absolument essentiels au succès des pays dont elles sont le pôle. Une société dont le succès et la capacité de croissance reposent de plus en plus sur le savoir, l'éducation supérieure, l'innovation et la présence d'industries de pointe dépendra nécessairement de la vitalité de ses villes, et plus particulièrement de ses grandes villes, puisque c'est là que se concentrent les établissements universitaires, les centres de recherche, les industries performantes. C'est la concentration de ces atouts qui donne une masse critique nécessaire et qui permet d'améliorer la compétitivité.

De nombreux spécialistes et organismes économiques mettent maintenant les villes au cœur des stratégies de développement. Le taux d'urbanisation d'une société est devenu un critère de son potentiel de succès. Des spécialistes comme Richard Florida, géographe et professeur en aménagement urbain à la Columbia University, sont devenus des croisés du développement urbain. Le Canada n'atteindra pas le niveau de prospérité souhaité s'il ne dynamise pas ses grandes villes et s'il ne s'occupe pas de ses villes. Et c'est tout aussi vrai pour le Québec. Si le Québec n'investit pas dans ses villes, il ne réussira pas à créer de la richesse autant qu'il le devrait, et il ne comblera pas ses retards historiques. Mais c'est une préoccupation qui ne semble pas se manifester du côté des gouvernements du Québec et du Canada.

Une ville n'est pas un pays. C'est une entité particulière qui a des besoins particuliers étant donné la nature de son économie et les défis qu'elle doit relever. La création de richesse dépend beaucoup de la vitalité qu'on retrouvera dans les villes, de leur image, de leur capacité d'attraction. Car les villes sont à la fois des creusets et des aimants. Des creusets où s'opère une certaine alchimie. Des aimants qui peuvent attirer le talent, les entreprises, les capitaux.

Cette question du talent est devenue cruciale parce que les *patterns* traditionnels de l'embauche se sont inversés. Traditionnellement, c'est la main-d'œuvre qui se déplace là où il y a des possibilités d'emploi. Mais avec l'économie du savoir, dans bien des cas, c'est plutôt le bassin de main-d'œuvre qualifiée qui attirera les entreprises.

Il est clair qu'à cette échelle mondiale, Montréal reste une ville de taille et d'importance relativement modestes, qui ne peut pas rivaliser avec les grands centres urbains de la planète. À plus forte raison, Québec, une région urbaine dont la population est inférieure à un million d'habitants, ne figure tout simplement pas dans plusieurs classements. Mais il faut noter que Montréal et aussi Québec peuvent compter sur plusieurs des attributs qui caractérisent les plus grandes villes. Malgré leur plus petite taille, les approches adoptées par les plus grands centres peuvent et doivent s'appliquer. C'est en renforçant ces attributs qu'elles pourront se développer.

La mesure du succès des villes qui a, depuis une décennie, le plus d'influence est certainement l'approche développée par Richard Florida, à partir de son essai *The Rise of the Creative Class*. Ce fut une révolution dans la réflexion sur les villes. Selon lui, le facteur déterminant dans le succès des villes est la présence d'une classe créative composée de ceux qui doivent penser dans l'exercice de leurs fonctions – professionnels et gestionnaires dans les métiers liés aux sciences et à la technologie, à la culture, à l'éducation et à la formation, aux communications.

L'approche de Richard Florida ne fait pas consensus. Mais on peut noter que plusieurs éléments de sa grille se retrouvent dans la plupart des analyses des atouts des villes. Le Conference Board du Canada a publié deux rapports sur le rôle des villes au pays qui vont dans le même sens. Le second, *Cité-Aimants II*, classe 50 villes canadiennes en fonction de leur capacité d'attraction pour des travailleurs spécialisés et une population mobile, «parce que les villes incapables d'agir comme aimants et d'attirer de nouvelles personnes auront du mal à rester prospères dans les décennies qui viennent».

Et qu'est-ce qui permet à une ville globale de se distinguer? Le terme qui peut le mieux servir de dénominateur commun à la plupart des indicateurs associés au succès est sans doute celui d'aimant: la capacité d'attraction d'une ville, sa capacité d'attirer des entreprises, des capitaux, des activités, des individus, surtout ceux qui, par leur spécialisation et leur talent, peuvent soutenir l'économie du savoir. Et les ingrédients qui confèrent à une ville globale cette capacité d'attraction sont son dynamisme économique – mesuré par la croissance, le niveau de vie, les attributs associés au savoir – et un bassin de main-d'œuvre spécialisée – mesuré par la diplomation, la classe créative, ainsi que la qualité de vie. Investir massivement dans les universités est un des principaux outils pour renforcer les villes et jouer le rôle qui est le leur dans une société du savoir.

Mais cela n'a rien d'évident au Québec. La plupart des gouvernements ont le plus grand mal à miser sur les villes et, surtout, ses deux grandes villes – Montréal et Québec – même si ces deux régions urbaines comptent pour près de 60 % de la population québécoise. Cette réticence s'explique en grande partie par des raisons politiques. Nos structures électorales donnent aux régions non urbaines un poids politique supérieur à leur poids réel. En outre, les gains politiques qui assurent les victoires électorales se font davantage en région. Dans le cas de Montréal, l'électorat est figé, entre autres sur des bases linguistiques, et le potentiel d'une bascule des circonscriptions électorales d'un parti à l'autre est limité, ce qui rend les efforts pour séduire la métropole peu rentables en termes électoraux.

Ce contexte politique ne se traduit pas uniquement en comportements électoraux. On sent une réticence des gouvernements à donner l'impression de privilégier ou même de s'occuper des grandes villes. Cela s'explique par la méfiance du monde rural à l'égard des grandes villes, et aussi par les problèmes réels que connaissent plusieurs régions. Le discours politique, tant libéral que péquiste ou caquiste, part du principe que les villes sont prospères et que les problèmes sont ailleurs. Il y a peut-être une lueur d'espoir avec les progrès de l'idée de conférer un statut particulier à Montréal et à Québec, ce qui constituerait une véritable révolution.

Cette conception régionaliste du Québec a des conséquences. Souvent, les gouvernements ne tiennent pas compte des spécificités des grandes villes dans l'élaboration de leurs politiques. Par exemple, le quasi-gel des droits de scolarité pénalise davantage les grandes universités de recherche en concurrence avec le reste du monde et qui sont dans les grandes villes. Aussi, la philosophie égalitariste selon laquelle les droits de scolarité et les subventions gouvernementales sont uniformes sur le territoire, peu importent la taille, l'importance ou la vocation de l'université, pénalise également les universités des grandes villes.

UN VIRAGE NÉCESSAIRE

La morale de l'histoire ? Si on regarde au-delà de certains succès évidents, les Québécois ont passablement d'étapes à franchir pour transformer le Québec en une véritable société du savoir. Nous avons de beaux succès universitaires, nous avons des industries de pointe. Mais nous ne sommes pas seuls sur la planète et tout le monde utilise à peu près les mêmes stratégies.

Pour aller plus loin, il faut travailler sur des pistes qui exigent de notre part un changement de mentalité, par exemple accepter la dualité culturelle de Montréal – véritable ferment de créativité –, miser sur nos grandes villes quand nos réflexes restent encore régionaux et, surtout, investir dans nos universités et les fréquenter.

5. SOMMES-NOUS CULTURELS ?

S'il y a un domaine où les Québécois sont fiers du Québec, c'est certainement celui des arts et de la culture. Ils sont fiers de leurs vedettes, fiers des succès de leurs artisans, artistes et créateurs à l'étranger. Ils ont bien raison, car la production culturelle du Québec est remarquable en qualité, en quantité et en rayonnement international. Elle est étonnante pour une si petite nation de huit millions d'habitants. Et ces succès sont bien réels. Mais le mythe n'est pas vraiment là.

Le mythe se situe plutôt dans la conviction que ces succès émanent de nous tous, qu'ils déteignent sur nous tous et qu'ils feraient ainsi de nous un peuple particulièrement cultivé et porté vers la culture. Dans les faits, il y a un écart saisissant entre l'importance qu'on dit accorder à la culture au Québec et les efforts qu'on y consacre effectivement, tant du point de vue collectif qu'individuel. Il y a une brisure entre nos créateurs et le peuple dont ils sont issus. Et, surtout, il y a un monde qui sépare la production culturelle des artistes québécois et la consommation de produits culturels des citoyens québécois.

Pendant que Robert Lepage parcourt le monde, c'est plutôt Mike Ward que les Québécois iront voir. Michel Tremblay est un monument de notre théâtre et de notre littérature. Cependant, la majorité des Québécois n'ont pas vu ses pièces de théâtre ni lu ses romans parce qu'ils lisent peu, qu'ils n'aiment pas lire et que, trop souvent, ils ne savent pas vraiment lire.

Je ne possède pas les compétences pour dresser un bilan de l'activité culturelle du Québec. Je suis aussi conscient des limites de mon approche qui consiste à privilégier ce qui est mesurable, lorsqu'on l'applique à un domaine qui échappe largement aux statistiques. Mais les outils limités dont je dispose sont bien suffisants pour répondre à la question posée : « Sommes-nous culturels ? » La différence entre la réalité et l'image que nous nous faisons de nous-mêmes est assez frappante pour que je puisse répondre NON à cette question.

L'IMPORTANCE DE LA CULTURE

Commençons par une profession de foi pour bien préciser où se situe la culture dans ma grille d'analyse. Je suis de ceux qui croient à l'importance de la culture, à la nécessité d'investir massivement en culture beaucoup plus que nous le faisons actuellement.

Je crois personnellement à l'importance de la culture au Québec. Pour moi, la vie quotidienne ne serait pas la même sans les livres, les journaux et les revues que je lis, sans les films, les spectacles, les concerts, les pièces de théâtre que je vais voir, sans les émissions de radio et de télévision que j'écoute. J'y crois du point de vue professionnel parce que mon métier dépend des habitudes de lecture. J'y crois sur le plan collectif parce que la culture est un outil essentiel au progrès social et à l'affirmation du Québec. J'y crois aussi comme économiste parce que la culture est un élément majeur du développement économique civilisé.

À un premier niveau, la culture est une industrie qui génère des activités, qui engendre des dépenses et qui emploie de la main-d'œuvre. Elle est assez importante et riche en retombées pour qu'on la stimule. Les évaluations précises du poids de la culture dans l'économie ne sont ni fréquentes ni récentes. En 2007, selon le Conference Board du Canada[8], la culture comptait pour 3,8 % du PIB. L'Observatoire de la culture et des communications du Québec (OCCQ) évaluait l'activité culturelle à 9,8 milliards en 2003, soit 4,1 % du PIB. Donc, en gros, la culture représente 4 % du PIB, soit plus du double de l'agriculture. Selon le recensement de 2006, on comptait 118 765 emplois dans le domaine de la culture au Québec, considérée dans son sens large, soit environ 3,3 % de la main-d'œuvre. Ce sont surtout des professionnels de la rédaction, des graphistes, des architectes, des designers et des employés de bibliothèque bien plus que d'artistes dans le sens strict du terme.

C'est aussi beaucoup d'argent. Selon l'OCCQ, les dépenses culturelles au Québec ont atteint 8,5 milliards en 2009. En 2012, les Québécois ont dépensé 267 millions pour des billets de spectacle, 170 millions pour des billets de cinéma et 678 millions pour l'achat de livres.

La culture, c'est toutefois beaucoup plus que des chiffres bruts. Ce n'est pas qu'une industrie avec son marché et ses retombées économiques. La culture joue aussi un rôle indirect, moins visible, mais probablement plus important comme ferment du développement économique.

L'activité culturelle nourrit et stimule la créativité, celle des artistes eux-mêmes, mais aussi celle des gens qu'ils rejoignent. Elle contribue à l'état d'esprit général d'une société. C'est ce qui a donné naissance à des thèses, comme celle du spécialiste du développement urbain Richard Florida voulant que la présence d'une classe créative, où les artistes et le monde culturel ont une place déterminante, déteigne sur l'ensemble de la société et devienne un facteur majeur de succès économique[9].

C'est un des éléments qui aident une ville à devenir un pôle capable d'attirer étudiants, artistes, chercheurs et professionnels et de convaincre des entreprises de s'y installer. La qualité de vie constitue certainement un facteur qui, par exemple, contribue à l'essor de Montréal.

Ces effets indirects de la culture sont sans doute aussi importants que ses impacts mesurables.

À cela s'ajoutent des effets sociaux, encore plus diffus et difficiles à mesurer. À commencer par la cohésion sociale et l'enrichissement de la vie civique que permettent les grands rassemblements pacifiques. Le Festival international de jazz de Montréal est particulièrement intéressant à cet égard parce qu'il est capable de réunir anglophones et francophones ; le Festival d'été de Québec aussi, car il réussit à attirer une grande partie de la population. Autre effet social : l'enrichissement culturel que facilite l'accès à des spectacles gratuits ou peu coûteux qui permettent aux gens de se distraire, mais aussi de sortir de chez eux, de découvrir de nouveaux horizons et de s'ouvrir l'esprit. Sans oublier que ces événements donnent un sens à une ville, permettent de l'occuper autrement (que ce soient les Plaines d'Abraham, le Quartier des spectacles ou l'Île Sainte-Hélène avec Osheaga), de rendre les centres des villes attrayants et pertinents dans cette ère dominée par l'étalement urbain.

Mais, l'importance de la culture n'est évidemment pas, dans un premier temps, économique. La culture donne une âme à une société. Elle sert à la définir et elle contribue à renforcer et à enrichir son identité. Cet apport est encore plus essentiel pour une petite société, minoritaire sur son continent, qui a dû s'affirmer et défendre son droit d'exister. La culture est un rempart et un tremplin.

C'est pour toutes ces raisons que, depuis des années, j'estime que la culture doit être une des grandes priorités de l'État et de la collectivité québécoise pour ses bienfaits socioéconomiques dans leur sens large, mais aussi parce que le Québec a collectivement besoin de l'outil de la culture pour asseoir son identité. C'est un excellent outil qui nous projette en avant, qui nous insuffle de la fierté et un sentiment d'appartenance, mais qui ne nous cantonne pas dans un mode défensif comme le renforcement des lois linguistiques ou, pire encore, le repli ethnocentrique qui, par exemple, a marqué le débat sur la Charte des valeurs québécoises.

Même si je ne suis pas un très chaud partisan de l'omniprésence de l'État et des dépenses publiques sans retenue, je crois profondément que la culture – domaine où, de surcroît, le marché n'est pas la seule réponse – devrait être un axe d'intervention majeur dans lequel on devrait accepter d'investir davantage.

UN RAYONNEMENT EXCEPTIONNEL

S'il y a une chose que les chiffres ne peuvent pas mesurer, c'est bien la remarquable capacité de rayonnement de la culture québécoise sous toutes ses formes. Il y a clairement un déséquilibre entre la taille de la société québécoise et la vigueur de sa production culturelle, sa notoriété et sa capacité de percer à l'international.

Les exemples de nos succès internationaux sont si nombreux (cinéma, littérature, musique classique et populaire, arts visuels, chant, théâtre, cirque, humour, production télévisuelle, etc.) que tenter d'en dresser la liste serait périlleux. Cette liste est longue, de Robert Lepage à Xavier Dolan, de Céline Dion à Yannick Nézet-Séguin ou de Leonard Cohen à Arcade Fire chez les anglophones. Mais est-elle hors normes ?

Il est difficile de démontrer que nos succès internationaux sont exceptionnels, que le Québec réussit mieux et rayonne davantage que des sociétés de même taille. D'autant plus qu'il y a certainement quelque chose de subjectif dans la façon dont on traite nos succès internationaux. On a tendance – et c'est légitime – à les monter en épingle, à faire grand cas par exemple d'une nomination aux Oscars. Mais d'autres pays, pas très populeux, ont aussi des succès internationaux dont ils font sans doute grand cas chez eux, mais dont on ne parlera pas ici. On ne dispose donc pas d'une base de comparaison valide. Par exemple, le Danemark et la Norvège, avec des populations de cinq millions d'habitants, ont un cinéma qui s'impose. Et si nous sommes fiers de l'entrée de Dany Laferrière à l'Académie française, on ne sait sans doute pas que les Immortels comptent déjà dans leurs rangs des écrivains d'Algérie, de Belgique, du Luxembourg et du Liban.

L'impression que nos succès sont exceptionnels vient aussi du fait que nous avons tendance à nous comparer au Canada, dont le rayonnement culturel international est moins visible. Mais, encore là, cela s'explique en partie parce que les médias québécois sont peu sensibles aux réalités canadiennes. En mai 2014, on parlait beaucoup au Québec du dernier film de Xavier Dolan, en compétition officielle au Festival de Cannes, et peu du fait qu'on y retrouvait deux autres films canadiens. Qui connaissait Alice Munro avant son prix Nobel de littérature ? Souvent, dans notre bulle francophone, on ne sait pas toujours distinguer ce qui est canadien de ce qui est américain même si les différences sont réelles.

Ne boudons pas notre plaisir. Nous avons du succès, mais il faut se demander d'où il vient. Pourquoi les Québécois se distinguent-ils en culture ? Est-ce le hasard ? Notre histoire ? Des politiques publiques bien pensées ? Une propension à la culture de l'âme québécoise comme si ce penchant était inscrit dans notre ADN collectif ?

Il est très clair que ces succès reposent d'abord sur l'élan nationaliste qui a pris son essor dans les années 1960, une énorme prise de conscience d'un peuple qui voulait s'affirmer comme nation, qui voulait être reconnu et traité d'égal à égal. Le sentiment nationaliste a nourri les expressions culturelles. Cette vitalité culturelle lui a donné encore plus d'élan ; par exemple, la chanson « Le grand six pieds » de Claude Gauthier dont les paroles « *je suis de nationalité canadienne-française* » ont été modifiées par « *québécoise française* », Michel Tremblay qui osait écrire dans notre langue, nos grand-messes musicales, de *L'Osstidcho* aux mythiques fêtes du 24 juin.

Il y a aussi certainement eu un effet bulle. Le Québec francophone est isolé dans une mer anglophone dont il est coupé parce qu'il n'est pas très bilingue, mais qui est trop nord-américain pour se reconnaître dans les productions françaises. La réponse du Québec français a été de développer une production locale – surtout télévisuelle – avec ses propres téléromans et téléséries, ses émissions souvent de grande qualité, avec son propre *star system* qui a soutenu ensuite d'autres formes d'expression culturelle comme le cinéma et le théâtre. Voilà pourquoi, au Québec, c'est la télévision qui est au cœur de la vie culturelle, c'est elle qui nourrit les autres formes d'expression et c'est elle qui définit nos références communes, contrairement aux États-Unis, par exemple, où le cinéma joue ce rôle central.

Le Québec a également bénéficié de la présence d'institutions structurantes qui ont beaucoup contribué à la création et à la diffusion : le fait notamment que Radio-Canada, longtemps un monopole, ait reposé sans le dire sur le modèle des deux nations avec son service anglais à Toronto et son service français à Montréal ; la présence d'institutions fédérales importantes comme l'Office national du film et l'École nationale de théâtre du Canada ; la duplication des organismes subventionnaires – la Société de développement de l'entreprise québécoise, Téléfilm Canada, le Conseil des arts et le Conseil des arts et des lettres du Québec. Dans le débat politique, on dénonce les chevauchements et la duplication. Mais, pour les arts, cela a été bénéfique, car ils ont permis d'augmenter les fonds disponibles, tout en créant une saine émulation.

Des règlements et des lois ont aussi joué un rôle : par exemple, les contraintes relatives au contenu canadien et francophone imposé à la radio par le Conseil de la radiodiffusion et des télécommunications du Canada. Cette protection artificielle aurait pu encourager la médiocrité, mais cela ne s'est pas produit, bien au contraire. Ces règles ont fourni un tremplin à une industrie musicale de qualité.

Notons aussi que derrière les créateurs et les artistes, il y a des visionnaires, des concepteurs et des entrepreneurs culturels qui ont joué un rôle très important dans l'essor culturel du Québec. Soulignons entre autres le génie de René Angélil derrière le talent de Céline Dion, la vision de Guy Laliberté derrière le Cirque du Soleil, le rôle important pour Montréal d'Alain Simard, de Spectra, ou de celui de Gilbert Rozon de Juste pour rire.

OÙ SONT LES FONDS PUBLICS ?

Derrière tout ça, il y a aussi l'argent. Il y a bien sûr de gros investissements en culture, mais pas autant qu'on le pense. On pourrait croire que les gouvernements québécois qui se succèdent mettent le paquet dans un contexte identitaire particulier qui confère à la culture un rôle stratégique. Mais, contrairement à ce qu'on peut croire, le Québec n'est pas la province qui investit le plus d'argent en culture.

Les statistiques sont proprement étonnantes. Le Québec est la deuxième province pour ses dépenses – tous gouvernements confondus – avec 3,044 milliards en 2009-2010 derrière l'Ontario avec 3,517 milliards. Mais par rapport à son poids, c'est le Québec qui mène, avec 30,1 % des 10,1 milliards de dépenses publiques au Canada.

Toutefois, à des fins de comparaison, il est plus sage d'examiner les dépenses par habitant. Le Québec, avec 388,20 $ par habitant, est toujours la province où les dépenses publiques sont les plus élevées et elles

DÉPENSES PUBLIQUES EN CULTURE
EN $ PAR HABITANT, 2009-2010

	FÉDÉRAL	PROVINCIAL ET MUNICIPAL	TOTAL
Terre-Neuve-et-Labrador	119,40	183,80	303,30
Île-du-Prince-Édouard	192,60	90,60	354,70
Nouvelle-Écosse	136,70	159,60	296,30
Nouveau-Brunswick	118,80	144,30	263,30
Québec	187,30	200,90	388,20
Ontario	109,80	160,70	270,60
Manitoba	90,10	171,90	262,00
Saskatchewan	62,00	250,80	312,80
Alberta	71,30	200,10	271,50
Colombie-Britannique	53,30	154,90	208,20
Canada	123,80	177,60	301,40

Source : Statistique Canada.

dépassent largement la moyenne canadienne de 303,30 $. Deux autres provinces consacrent beaucoup d'argent à la culture, l'Île-du-Prince-Édouard avec 354,50 $ et la Saskatchewan avec 312,80 $.

Ce qui étonne, c'est la source de cette domination du Québec, qui ne vient pas du gouvernement québécois, contrairement à ce qu'on pourrait croire. Ses dépenses par habitant étaient de 125 $, derrière Terre-Neuve, avec 154 $, et la Saskatchewan, avec 148 $. Même constat lorsqu'on compare les dépenses combinées des provinces et des municipalités, qui sont des créatures des provinces. Pour ces dépenses municipales-provinciales, le Québec, avec 200,90 $ par habitant, n'est pas non plus en tête. C'est la Saskatchewan qui mène nettement le bal avec 250 $. Le Québec se classe deuxième, à quelques cents près devant les 200,40 $ de l'Alberta.

Celui qui soutient la culture de façon exceptionnelle au Québec, c'est le gouvernement fédéral! C'est au Québec qu'il dépense le plus en culture – 1,468 milliard sur 4,1 milliards pour le reste du Canada, soit 35 % du total – ce qui s'explique sans doute par la présence d'institutions fédérales en sol québécois comme Radio-Canada.

Par habitant, le fédéral dépense 187,30 $ au Québec, ce qui est bien au-dessus de la moyenne canadienne de 119,40 $, quoiqu'il verse un peu plus à la petite Île-du-Prince-Édouard. Sans cet apport fédéral, la performance du Québec dans son aide à la culture serait nettement moins reluisante. Si le Québec avait droit à ce que le Canada donne, en moyenne, aux autres provinces – soit 104,52 $ –, les dépenses publiques totales par habitant en culture au Québec, à 305,42 $, se seraient classées au 3ᵉ rang derrière la Saskatchewan, l'Île-du-Prince-Édouard et tout juste devant Terre-Neuve.

Ces chiffres peuvent nourrir une petite réflexion. D'abord, sur le fédéralisme canadien, qui n'est pas toujours nuisible au Québec. Mais aussi sur une certaine incohérence du discours public qui se gargarise de l'importance de la culture, mais qui, curieusement, n'y consacre pas autant de ressources que le suggère l'enthousiasme verbal. Encore une fois, « Grand parleur, petit faiseur », dit l'adage.

UNE PROVINCE PLUS CULTURELLE?

Ce constat selon lequel le Québec n'est pas un paradis culturel en ce qui a trait aux efforts de son gouvernement, on le retrouve aussi dans la place que la culture occupe dans l'économie. Contrairement à ce qu'on croit généralement, le poids de la culture dans l'économie n'est pas plus élevé au Québec qu'ailleurs au Canada.

Selon des données de Statistique Canada sur le PIB par industrie – une mesure très imparfaite –, la culture dans son sens très large représente 4,19 %

du PIB au Québec, ce qui le place au 3ᵉ rang derrière l'Ontario (4,65 %) et la Colombie-Britannique (4,53 %). La Nouvelle-Écosse n'est pas loin derrière (4,04 %). Ce classement reflète essentiellement la concentration des activités culturelles dans les grands centres urbains.

On arrive à des conclusions similaires quand on examine les emplois dans le domaine de la culture, prise encore dans un sens très large – radio et télévision, cinéma et enregistrement, journaux et livres, arts d'interprétation, librairies et marchands de journaux, établissements patrimoniaux. Le Québec compte 45 907 emplois dans ces secteurs, selon des données de Statistique Canada sur l'emploi et la rémunération compilées par l'Institut de la statistique du Québec. Cela représente 1,32 % du total de l'emploi.

À ce chapitre, le Québec est en première position, au-dessus de la moyenne canadienne de 1,1 %. Il fait un peu mieux que l'Ontario (1,2 %) et la Colombie-Britannique (1,01 %) et il est loin devant l'Alberta (0,08 %). Le Québec, avec 22,6 % de l'emploi total au Canada, détient 25,84 % des emplois culturels. Mais on observe une surpondération comparable dans le cas de l'Ontario qui, avec 37,95 % de l'emploi total, revendique 39,35 % des emplois culturels.

Une autre statistique provenant de la maison de recherche Hill Strategies[10] à partir du recensement de 2006, plus précise parce qu'on demandait aux répondants ce qu'ils faisaient dans la vie, porte sur les « vrais » artistes (acteurs, artisans, auteurs, compositeurs, danseurs, musiciens, peintres, producteurs, etc). En moyenne, les artistes représentent 0,77 % de l'emploi total au Canada. Deux provinces ont une proportion d'artistes supérieure à la moyenne, l'Ontario avec 0,81 % et la Colombie-Britannique avec 1,08 %. La Nouvelle-Écosse est au 3ᵉ rang avec 0,73 % et le Québec en quatrième position avec 0,71 %.

Que nous disent tous ces chiffres ? Tous un peu la même chose : sur le plan quantitatif du moins, le Québec est un centre culturel important, mais pas vraiment plus important que les autres centres culturels canadiens qui sont aussi des grands centres urbains.

DE LA THÉORIE AUX GESTES

Il semble donc y avoir un écart entre nos perceptions voulant que le Québec soit le principal centre de la culture au Canada et la réalité. Mais il y a une autre grande différence entre la qualité de la production culturelle québécoise et les habitudes culturelles des Québécois, que ce soit en quantité ou en qualité.

Commençons par la quantité. Si ce n'est pas l'État qui soutient l'art autant qu'il le devrait, est-ce que les citoyens prennent le relais ? Pas vraiment non plus. Si on regarde de près la façon dont les Québécois consomment la culture, deux phénomènes méritent d'être soulignés.

Le premier phénomène, c'est que la consommation de produits culturels est en baisse. Cela ne paraît pas au premier regard. Selon l'OCCQ, la consommation culturelle des ménages québécois est restée assez stable entre 1997 et 2009. Elle s'élevait à 2 520 $ en 2009, ce qui représente 5,8 % des dépenses totales d'une famille[11]. En tout, selon ces données, les Québécois dépenseraient 8,6 milliards par année pour la culture. Cela semble énorme, mais il s'agit d'une définition de la culture très large qui englobe une multitude de choses.

Sur ces 2 520 $ de dépenses culturelles d'une famille moyenne, 1 376 $ sont consacrés à des biens qui donnent accès à des produits culturels comme des téléviseurs, du matériel vidéo, des ordinateurs et Internet. Il y a ensuite 162 $ consacrés à du matériel destiné à la création (matériel d'artiste, de photographie, etc). Il y a aussi 448 $ de droits de télédistribution (câble et satellite). Bref, de cette cagnotte de 2 520 $, il ne reste en fait que 534 $ par famille pour la «vraie» consommation culturelle – journaux, vidéos, billets de cinéma, livres, revues, spectacles en salle et musées. C'est beaucoup moins, soit environ 21 % du total.

Et ce sont ces 534 $ de vraies dépenses culturelles qui baissent. L'enveloppe globale reste stable – entre 5,6 % et 5,8 % des dépenses totales d'une famille –, mais il y a un déplacement des achats vers la «quincaillerie» et les abonnements au câble et au satellite qui explosent. En 1997, les dépenses culturelles équivalaient à 769 $. En 2009, pour tenir compte de l'inflation, elles étaient de 534 $. La proportion des vraies dépenses culturelles est passée de 39,9 % à 21,2 %.

Cette tendance lourde, soit le glissement des achats des produits culturels vers les produits technologiques, doit très certainement exister ailleurs qu'au Québec.

Le second phénomène, lui, est proprement québécois. Les dépenses culturelles sont très nettement plus faibles au Québec qu'ailleurs. Une enquête extrêmement troublante de Hill Strategies montre qu'en moyenne, les dépenses culturelles en 2008 – par habitant et non pas par ménage – s'établissaient à 841 $ au Canada[12]. Le Québec, avec des dépenses de 716 $, se trouvait au 10ᵉ rang du classement provincial, très loin de l'Ontario (880 $) et encore plus loin de l'Alberta (963 $). Il s'agit là de dépenses culturelles dans leur sens très large, qui peuvent par exemple être faussées par la taille de l'écran plat qu'on achète.

Selon cette enquête, ces dépenses ont atteint 5,4 milliards en 2008 au Québec, soit 2,7 % de la consommation totale et «le pourcentage le plus faible de toutes les provinces canadiennes». Les citoyens québécois dépensaient environ le double de leurs paliers de gouvernement, qui consacraient cette année-là 2,8 milliards à la culture. C'est la proportion la plus faible au Canada. En Ontario, les citoyens dépensaient trois fois et demie plus pour la culture que les trois paliers de gouvernement.

Si on s'attarde aux produits culturels « purs », le tableau est à peine plus reluisant. Pour les dépenses relatives aux spectacles et aux musées, le Québec se classait au 6e rang avec 38 $ par habitant, bien au-dessous des 44 $ du Canada. Il était au 10e rang pour l'achat d'œuvres artistiques, 12 $ contre 29 $; au 4e rang pour les livres (41 $), proche de la moyenne canadienne de 43 $, ce qui s'explique, selon moi, par le prix des livres en français plutôt que par la voracité de nos lecteurs. On le verra plus loin.

Ces données, même partielles, permettent une première conclusion très évidente : les Québécois dépensent moins que leurs voisins du reste du Canada pour la culture. Ils ne se distinguent donc pas pour l'importance qu'ils attribuent à la culture dans leur vie quotidienne et ils soutiennent moins leurs artistes que les autres Canadiens.

QUANTITÉ ET QUALITÉ

S'ils ne s'affirment pas sur le plan quantitatif, peut-être les Québécois se rattrapent-ils du côté qualitatif, par leurs goûts et leurs habitudes culturels et par la finesse de leurs choix? Ce n'est pas le cas non plus. Car il y a une troisième tendance lourde. Je n'ai pas l'intention de porter un jugement de valeur sur les goûts des Québécois, mais on peut dire sans se tromper qu'il n'y a aucune commune mesure entre ce que les Québécois célèbrent et ce qu'ils consomment. Les vedettes québécoises dont la renommée fait le tour du monde ne sont en général pas celles auxquelles on s'intéresse dans les chaumières québécoises, sauf la notable exception de Céline Dion. Les films, les pièces de théâtre et les artistes dont les succès internationaux font les manchettes ne sont pas ceux que les Québécois affectionnent.

Commençons par les arts de la scène, celui des spectacles, soit les concerts de musique classique, le théâtre, la danse, la musique populaire, les variétés. C'est une activité énorme : en 2012, on dénombrait 17 411 représentations et 7 250 625 spectateurs pour des recettes de 267 millions.

Sur ce total de 267 millions, deux gros morceaux accaparent près des deux tiers (61 %) des recettes : la chanson anglophone avec 69 millions, soit 25,8 % des recettes – essentiellement les grandes tournées mondiales de musique pop –, et les variétés avec 94 millions, soit 35,2 % des recettes. Ce genre regroupe trois types de spectacles : l'humour (42,5 millions), le cirque (35,3 millions) et le music-hall (16,3 millions).

Ce qui frappe, c'est le poids de l'humour, qui, avec des recettes de 42 millions, draine autant de revenus que le théâtre et la danse réunis. C'est aussi le poids de la chanson anglophone, plus du double de la chanson francophone. On doit toutefois noter la place relativement importante du théâtre qui, avec des recettes de 33 millions, recueille 12,5 % des revenus.

Mais le phénomène le plus intéressant, c'est qu'un très petit nombre de spectacles a accaparé une part importante des assistances et des recettes. Le *top 20* (les 20 spectacles les plus vus) a raflé 33,1 % des recettes et attiré 20,8 % des spectateurs. Le *top 50* a attiré 32,8 % de l'assistance et recueilli 46,5 % des revenus de billetterie. On assiste donc à une très grande concentration des spectacles à succès.

Et c'est l'analyse de ces spectacles à succès qui nous donne une bonne idée des goûts et des habitudes des Québécois. Dans le *top 50*, c'est l'humour qui domine. Seize des spectacles les plus populaires sont des spectacles d'humour qui attirent 35 % des spectateurs. En 2012, il s'agissait, par ordre de priorité, de Lise Dion, Patrick Huard, Claudine Mercier, Jean-Marc Parent, Philippe Bond et Sugar Sammy. Le cirque suit : cinq spectacles ont attiré 17 % de l'assistance où, bien sûr, le Cirque du Soleil dominait avec *Amaluna*, *Michael Jackson* et *Saltimbanco*. Le théâtre – ce qui peut sembler étonnant – se classait au troisième rang du *top 50* avec 14 % de l'assistance, mais c'était grâce à *Broue*. La chanson anglophone suit avec 13,1 % grâce à Madonna, *The Wall* et Coldplay (c'était U2 en 2011). La chanson francophone tire son épingle du jeu avec 11,4 %,

SPECTACLES AU QUÉBEC

TYPE DE SPECTACLE	RECETTES EN MILLIONS	PART QUÉBÉCOISE
Théâtre	33,4	88,2
Danse	9,4	64,1
Musique	29,5	47,0
Chanson francophone	29,2	79,3
Chanson anglophone	69,9	13,7
Humour	42,6	100,0
Cirque	35,3	100,0
Total	267,6	

Source : Observatoire de la culture et des communications.

grâce à *Star Académie 2012*, *Chantal Pary et le retour de nos idoles* et *Mixmania 3*.

QUELLES CONCLUSIONS PEUT-ON TIRER ?

Premièrement, que les Québécois manifestent clairement, lorsqu'ils vont à un spectacle, une préférence pour le divertissement plutôt que pour l'effort culturel. Ils aiment le rire – avec des humoristes ou avec *Broue* – et ils aiment la magie du cirque.

Deuxièmement, ils choisissent massivement des spectacles québécois. En soi, ce n'est pas un objectif absolu qu'une société favorise systématiquement sa propre production culturelle. On peut militer pour la souveraineté alimentaire et vouloir manger local. Toutefois, en culture, il faut aussi être ouvert sur le monde, voir et entendre autre chose. Il faut rechercher, me semble-t-il, un juste équilibre entre l'ouverture sur le monde et l'appui à nos propres artistes.

D'un côté, c'est une bonne nouvelle pour l'industrie culturelle québécoise que 21 des 25 spectacles les plus populaires aient été produits au Québec ou que, dans le *top 50*, 85,8 % de l'assistance ait été drainée par des spectacles québécois. Mais, d'un autre côté, on ne peut pas s'empêcher de trouver qu'il y a là quelque chose de circulaire et d'incestueux. Fondamentalement, lorsqu'il s'agit des arts de la scène, les Québécois vont voir ceux et celles qu'ils voient à la télévision, soit les humoristes et les chanteurs issus des émissions de téléréalité.

Troisièmement, on peut supposer – quoiqu'il soit difficile de le vérifier statistiquement – que les Québécois expriment leur spécificité dans leurs choix. Le phénomène des humoristes est unique au Québec. Il y a des humoristes partout, mais leur degré de popularité et leur domination du monde du spectacle sont spécifiquement québécois. Notre engouement pour le cirque est sans doute, lui aussi, unique au Québec, ce qui s'explique par l'origine québécoise du Cirque du Soleil et la qualité de l'offre dans ce domaine.

Quatrièmement, à l'exception des spectacles du Cirque du Soleil, les spectacles qui remportent le plus de succès n'ont aucune forme de lien avec le rayonnement international de la culture québécoise. La plupart de ces spectacles populaires ne sont tout simplement pas exportables. C'est le cas de la plupart de nos humoristes, sauf pour quelques incursions heureuses sur le marché de la francophonie européenne. C'est aussi le cas pour la chanson francophone, où les chanteurs qui s'imposent auprès du public ne sont pas nos grands auteurs-compositeurs et interprètes, mais les vedettes produites par des émissions de téléréalité comme *Star Académie* ou *La Voix*.

PALMARÈS DES SPECTACLES PAYANTS
AU QUÉBEC, 2012

RANG	TITRE	ARTISTE	GENRE
1	Amaluna	Cirque du Soleil	Cirque et magie
2	Tournée Star Académie 2012	Artistes variés	Chanson francophone
3	Le temps qui court	Lise Dion	Humour
4	MDNA World Tour 2012	Madonna	Chanson anglophone
5	The Wall Tour 2012	Roger Waters	Chanson anglophone
6	Le bonheur	Patrick Huard	Humour
7	Dans le champ	Claudine Mercier	Humour
8	Torture	Jean-Marc Parent	Humour
9	Michael Jackson : The Immortal World Tour	Cirque du Soleil	Cirque et magie
10	Chantons sous la pluie	Artistes variés	Comédie musicale et music-hall
11	Sagesse reportée	Peter MacLeod	Humour
12	Premier One Man Show	Philippe Bond	Humour
13	Saltimbanco	Cirque du Soleil	Cirque et magie
14	You're Gonna Rire	Sugar Sammy	Humour
15	Le retour de nos idoles	Chantal Pary & Claude Barzotti	Chanson francophone
16	Wicked	Artistes variés	Comédie musicale et music-hall
17	Tel quel	Jean-Michel Anctil	Humour
18	Les Belles-sœurs	Théâtre d'Aujourd'hui	Comédie musicale et music-hall
19	Mike Ward s'eXpose	Mike Ward	Humour
20	Broue	Artistes variés	Théâtre de répertoire
21	Alexandre Barrette... Et personne d'autre	Alexandre Barrette	Humour
22	Casse-Noisette	Grands Ballets Canadiens de Montréal	Danse classique
23	Messmer le fascinateur	Messmer	Cirque et magie
24	Les confessions de Rousseau	Stéphane Rousseau	Humour
25	Mylo Xyloto Tour	Coldplay	Chanson anglophone

Sources : Institut de la statistique du Québec, Observatoire de la culture et des communications du Québec.

LE CINÉMA DU RIRE

C'est toutefois avec le cinéma que la brisure entre le discours public et la réalité est la plus frappante. Les Québécois ne vont pas beaucoup au cinéma. Ils voient, en moyenne, 2,6 films par année contre 4,1 au Canada et aux États-Unis et 3,1 en France. Et quand ils vont au cinéma, ce n'est pas pour voir des films québécois. Et encore moins, de façon générale, ceux qui sont célébrés à l'étranger : quand un film québécois remporte un certain succès au Québec, il appartient souvent à une catégorie de longs métrages qui ne traversera pas nos frontières, par exemple les multiples déclinaisons des *Boys*.

Le bilan des dernières années est assez catastrophique. En gros, le cinéma québécois, depuis 2003, recueillait de 9 % à 13 % des recettes avec la notable exception de 2005 où, grâce au succès de trois films – *C. R. A. Z. Y., Aurore* et *Les Boys IV* – cette proportion a bondi à 18,2 %. Mais la part de marché du film québécois a chuté à 5,3 % en 2012 et à 5,6 % en 2013.

Le cinéma québécois devra toujours composer avec l'extraordinaire pression du cinéma américain, qui récolte invariablement plus de 80 % des recettes. Et on peut sans doute se consoler en disant que les recettes en salles ne constituent pas la seule mesure du succès ou que, malgré tout, 1,2 million de Québécois ont vu un film québécois en 2012 et un million en 2013.

Ce qui frappe surtout, c'est le décalage entre le succès de critique et le succès tout court. Les films québécois célébrés partout dans le monde – et donc ceux qui suscitent chez les Québécois un élan de fierté – ne sont souvent pas les films que les Québécois veulent voir. Dans la récolte de 2013, il n'y a eu un qu'un seul véritable succès, *Louis Cyr* avec 473 370 spectateurs, suivi d'assez loin en deuxième position par *Gabrielle* avec 154 528 spectateurs, film bien reçu à l'étranger notamment avec un prix du public à Locarno. *Sarah préfère la course*, pourtant retenu dans la catégorie « Un certain regard » à Cannes, ce qui n'est pas rien, n'a intéressé que 19 167 cinéphiles, c'est-à-dire presque personne. Il est encore trop tôt pour mesurer les succès de *Mummy*, ovationné à Cannes en 2014.

En 2012, il n'y a pas eu de gros succès. *Omerta*, en première position, a attiré 295 386 spectateurs suivi de *Pee Wee 3D* avec 231 884 entrées. *Laurence Anyways*, qui a gagné un prix d'interprétation féminine à Cannes également dans la section « Un certain regard » et qui a remporté le prix du meilleur film canadien à Toronto, n'a obtenu que 50 574 entrées. Et *Rebelle*, malgré sa nomination pour le meilleur film en langue étrangère aux Oscars, a été boudé avec 16 813 entrées. L'année précédente, *Monsieur Lazhar*, lui aussi sélectionné aux Oscars, avait eu un meilleur traitement (358 000 entrées) tout comme *Incendies* en lice lui aussi aux Oscars en 2010 (430 816 entrées). Mais ces nominations extrêmement prestigieuses n'ont pas assuré au Québec de véritables triomphes. En 2013, sur les 27 films québécois présentés sur nos écrans, à peine 9 ont attiré plus de 20 000 spectateurs. Même chose en 2012, 9 films sur 27 et 14 films sur 31 en 2011.

Cette coupure s'explique en partie parce que la production cinématographique québécoise se concentre dans une niche, celle du cinéma d'auteur, qui trouve un public dans les festivals et qui peut s'imposer dans la seule catégorie des Oscars qui échappe au dogme hollywoodien, celle des films en langue étrangère. Cela a donné lieu à un assez vif débat déclenché par le propriétaire de salles Vincent Guzzo, qui déplorait de façon assez primaire que l'industrie québécoise du cinéma produise trop peu de films populaires. Disons que le Québec n'a pas trouvé la recette magique, l'équilibre parfait entre la qualité et l'accessibilité.

Je ne juge pas. Mais ce qui est clair, c'est que le cinéma d'ici ne remplit pas les Québécois de fierté et que ceux-ci ne le soutiennent pas en achetant des billets. Le principal lien entre les citoyens et ce cinéma qui nous valorise partout dans le monde, c'est par leur contribution involontaire, à travers leurs impôts, aux programmes de subventions sans lesquels ce cinéma ne pourrait pas vivre.

LE LIVRE

On ne peut pas aborder le livre de la même façon que le cinéma. Les Québécois font honneur aux livres québécois… quand ils lisent. Le problème n'est pas là. Ce n'est pas le partage de la tarte qu'il faut regarder, ni le partage des achats et des choix entre différents titres, mais plutôt la taille de la tarte, la taille du marché du livre, la quantité de livres que les Québécois achètent et lisent. Le problème, c'est que les Québécois lisent trop peu, si peu qu'on peut parler de drame national.

La production de livres québécoise est impressionnante. Il s'est édité 6 564 ouvrages en 2011, soit un livre pour 1 000 habitants ! Avec un tirage moyen – carrément dérisoire – de 2 273 exemplaires, ces chiffres suggèrent qu'on publie vraiment trop de livres, quoique je le dise sans vouloir le moins du monde museler ceux et celles qui veulent s'exprimer à travers la publication d'un ouvrage, d'autant plus qu'il m'est arrivé d'écrire des livres qui ont eu ce genre de tirage confidentiel.

La part de marché des livres québécois était de 42 % en 2009. C'est beaucoup. On doit s'en réjouir quoique, en soi, ce ne soit pas un objectif de société que les lecteurs québécois se limitent à la production de livres de chez eux.

Ce qu'on constate aussi, c'est que les ventes de livres n'augmentent pas. Elles atteignaient 678 millions en 2012, 12 % de moins que les 763 millions de 2009, ce qui s'explique en partie par la fin du boom dans le livre scolaire à la suite de la réforme pédagogique. En fait, il y a plutôt une stagnation des ventes depuis plus d'une décennie.

Mais 678 millions, est-ce beaucoup ? Est-ce trop peu ? Pour le savoir, il faut se tourner vers des comparaisons interprovinciales où les données sont plus fragmentaires. Selon une enquête de Hill Strategies portant sur les achats de livres en 2008, 44 %[13] des répondants québécois disaient acheter des livres, ce qui est peu, car le Québec se retrouve au 7e rang devant Terre-Neuve et l'Île-du-Prince-Édouard. Le Québec fait un peu mieux en ce qui a trait aux dépenses par famille avec 212 $ – sous la moyenne canadienne de 226 $ –, mais quand même en quatrième position derrière l'Ontario, la Colombie-Britannique et l'Alberta. Cela s'explique moins par l'amour du livre que par le prix plus élevé des livres en français, comparativement aux parutions en anglais.

Une autre étude de Hill Strategies, celle-ci basée sur les données du recensement de 2006 relatives aux dépenses par habitant, montre elle aussi que les Québécois se classent au 4e rang : la dépense atteint 50,16 $ en Ontario, 48,62 $ en Colombie-Britannique, 42,54 $ en Alberta, 37,10 $ au Québec, 36,12 $ en Nouvelle-Écosse, 31,51 $ au Nouveau-Brunswick, 30,92 $ à l'Île-du-Prince-Édouard, 27,88 $ en Saskatchewan et 25,72 $ à Terre-Neuve. Mais, derrière les achats de livres, il y a quelque chose de beaucoup plus profond : les habitudes de lecture, dont je parlerai en détail dans le prochain chapitre.

LE GRAND DÉFI

Derrière ces chiffres, on retrouve un problème de valeurs d'une société qui ne valorise pas la lecture et qui, 50 ans après la Révolution tranquille, n'a toujours pas réussi à complètement effacer le poids du passé.

Le Québec souffrait d'un retard culturel et vivait dans un environnement où les rapports de la majorité envers la lecture, la culture et le savoir étaient semblables à ceux des provinces pauvres voisines de la côte atlantique. Le Québec a brisé ce poids du passé avec la Révolution tranquille, croyant sans doute que ces réformes institutionnelles feraient le reste. Les enfants du baby-boom étudiaient sans doute dans un environnement scolaire déconfessionnalisé, dans des polyvalentes toutes neuves, dans des cégeps naissants, mais la culture de leur famille n'avait pas encore changé.

Ce que montrent les statistiques citées plus haut, c'est que les parents nés avant la Révolution tranquille, en transmettant leurs valeurs, n'ont pas suffisamment transmis aux enfants du baby-boom des valeurs qui permettent un terreau fertile à la lecture. Et que ces enfants du baby-boom, à leur tour, n'ont pas encore pleinement adopté des comportements de lecture qu'on retrouve dans les sociétés avancées. C'est ainsi que malgré tous les efforts collectifs, notre révolution a été incomplète, que le travail n'est pas vraiment terminé 50 ans plus tard.

Les conséquences sont très lourdes. Parce que ce rapport à la lecture a un impact sur nos attitudes à l'égard de l'éducation, qu'il a pour effet d'exclure une partie de la population d'une pleine participation à la vie sociale. Qu'il affecte évidemment nos achats de livres et nos rapports avec le monde du livre, mais qu'il a un impact indirect sur nos rapports avec l'ensemble du monde de la culture, sur nos habitudes télévisuelles et cinématographiques, et sur nos choix de spectacles. Parce que même à l'ère numérique, l'écrit reste le pilier du monde culturel, le fondement de toute vie culturelle.

Voici un problème de société majeur. Nos retards en lecture trahissent l'existence d'une fracture sociale. Ils se doublent d'un problème identitaire au Québec, car l'épanouissement de notre langue minoritaire repose sur la capacité des citoyens de la manier, de la lire et de l'écrire. Ce doit donc être un objectif collectif central au Québec d'encourager la lecture et de faire preuve d'une très grande prudence à l'égard de toute mesure qui pourrait entraver ou compromettre cet effort.

Tant que nous n'aurons pas comblé nos retards très réels à cet égard, tant que nous n'aurons pas rattrapé le terrain perdu, nous ne pourrons pas dire que la société québécoise se distingue par son ouverture à la culture et qu'elle est portée sur la culture. Le Québec produit de grands artistes qui se distinguent partout dans le monde. Mais ça ne fait pas des Québécois des citoyens particulièrement portés sur la culture ni de la société québécoise une société culturelle.

6. SOMMES-NOUS MENACÉS ?

La nation québécoise se définit largement par sa langue, elle craint pour son avenir, elle est prête à se battre pour la défendre, mais elle ne fait pas les gestes élémentaires qui lui permettraient de la renforcer. Il y a une contradiction assez flagrante chez les Québécois entre leur façon de proclamer leur amour pour leur langue et leur faible propension à la protéger, à la lire et à l'écrire.

Saviez-vous que parmi l'ensemble des Canadiens, ce sont les Québécois qui lisent le moins? Ou encore que le nombre d'analphabètes est plus élevé au Québec que dans les autres provinces et la majorité des économies avancées?

Il peut sembler étrange, au premier abord, d'entamer un chapitre sur un dossier aussi majeur – qui porte sur notre avenir en tant que peuple, sur notre capacité, comme minorité linguistique sur ce continent, d'assurer notre pérennité et notre épanouissement et de protéger notre langue – par des remarques sur la lecture. À mon avis, c'est une bonne façon de poser le problème.

En insistant plus qu'on ne le fait d'habitude sur des questions comme la lecture dans le cadre du débat linguistique, j'ai quatre messages à faire passer. Le premier, c'est l'importance intrinsèque de ce volet du dossier linguistique. La qualité du français et la maîtrise du français écrit constituent des enjeux fondamentaux pour le succès de notre langue, davantage que la présence de raisons sociales anglaises comme Second Cup ou que l'incapacité d'un dépanneur coréen à servir ses clients en français. Parce que la vigueur et la qualité d'une langue passent beaucoup par l'écrit. C'est l'écrit qui structure une langue, qui l'ancre dans le temps et la protège de la folklorisation. La tradition orale a ses limites. Et ce rôle fondamental, l'écrit ne peut pas le jouer si on lit de moins en moins. Mais ce n'est pas ça qui fait les manchettes. Un avis du Conseil supérieur de l'éducation sur la littératie, en 2013, est largement passé inaperçu, contrairement aux révélations indignées du *Journal de Montréal* sur la présence de l'anglais au centre-ville.

Le deuxième message consiste à souligner que le principal ennemi, à plusieurs égards, ce ne sont pas les autres, mais bien nous autres. Un peuple qui ne lit pas, mais qui dit aimer sa langue. Un peuple qui souffre de son état minoritaire et qui ne se reproduit pas et qui, ensuite, se plaint de la baisse de son poids démographique et de la place trop grande que prennent les immigrants. L'un des ennemis dont on ne parle pas assez dans le dossier de la langue, c'est l'ennemi intérieur.

Le troisième message, c'est de plaider pour qu'on regarde le dossier linguistique d'une autre façon. Qu'on «sorte de la boîte», comme on dit en anglais. Ce débat est figé dans le temps, avec les mêmes lois, les mêmes outils, les mêmes peurs et les mêmes réflexes qu'il y a deux générations. On se battait, il y a 50 ans, contre les grands magasins qui refusaient de servir leurs clients en français et contre les grandes entreprises qui bloquaient les promotions des francophones. On se demande maintenant comment nos géants de la technologie doivent gérer leurs activités multinationales. Les problèmes – et les menaces, s'il y en a – sont d'un tout autre ordre. Il faut aborder ces questions autrement pour éviter de tourner en rond.

Le quatrième message, le plus important, c'est de mettre en relief un autre paradoxe. Les Québécois, fiers de nature, un peu volontaristes et portés parfois à exagérer leurs exploits, font preuve dans le dossier linguistique d'un pessimisme qu'on ne retrouve pas ailleurs dans les autres facettes de leur vie collective. Un pessimisme qui mène à des réflexes de perdants et qui ne correspond tellement pas au dynamisme économique ou culturel que manifeste la société québécoise. Par contraste, si certains m'accusent d'être en général trop sombre ou trop critique, je suis un optimiste dans le cas de la langue. Bien sûr, il y a des problèmes à régler et des défis à relever. Mais arrêtons d'avoir peur.

Je ne prétends pas faire le tour de la question linguistique. D'autant plus que ma démarche, qui consiste à soumettre des opinions et des perceptions à l'épreuve des faits, comporte des limites dans ce dossier. Ce débat, curieusement, étouffe sous les chiffres comme si l'avenir d'une langue se réglerait d'une façon comptable. Mais si ces données statistiques sont utiles, elles ne peuvent pas servir à trancher parce que la lecture qu'on en fait est très subjective, et qu'elle sera colorée par nos opinions politiques, par nos expériences personnelles et par nos réactions aux éléments anecdotiques qui ponctuent le débat. Je propose donc une lecture qui est la mienne, que je crois lucide, mais qui ne fera pas consensus. J'espère toutefois être capable de démontrer qu'il y a une énorme différence entre la réalité et les perceptions.

LE THÈME DU DÉCLIN

Le débat linguistique vient par vagues et il ne se fait jamais à froid. La question de la langue est absente du débat public pendant de longues périodes et sort en général de sa dormance à la faveur de la publication de statistiques, d'un jugement de tribunal, de manchettes. Bref, il s'impose à nous d'une petite crise à l'autre.

«Déclin» est un des mots qui reviennent le plus souvent pour décrire la situation du français au Québec. Le terme a refait surface à deux moments forts, lors de la publication d'imposantes études par l'Office québécois de la langue française (OQLF), à l'automne 2011, et celle des données linguistiques du recensement de 2011, à l'automne 2012, par Statistique Canada[14].

Ce recensement révélait que dans les neuf provinces anglophones, la proportion de la population parlant le plus souvent anglais à la maison était passée de 84,2 % à 83,7 % entre 2006 et 2011. Une baisse de sept dixièmes de point de pourcentage. À ma connaissance, personne dans les médias de Toronto ou de Vancouver n'a parlé de déclin de l'anglais ! Pour une raison bien simple : comme l'immigration est importante, il est normal que la proportion de la population qui parle des langues étrangères augmente et que, par voie de conséquence, la proportion de celle qui parle la langue de la majorité, dans ce cas-ci l'anglais, diminue.

On a assisté exactement au même phénomène au Québec. En raison de l'immigration, la proportion de la population qui parle français le plus souvent à la maison est passée de 81,8 % à 81,2 %. Il va de soi que même si les chiffres sont similaires et les causes identiques, le phénomène, aussi prévisible soit-il, suscite plus de réactions au Québec parce que l'anglais domine la planète et que le français est une langue minoritaire sur le continent.

Est-ce que cela justifie qu'on parle de déclin dans un cas et non dans l'autre ? Les mots ont un sens, peu importe où on se trouve. La façon correcte de décrire ce que révèlent les données de Statistique Canada consisterait à dire qu'il y a une très légère baisse de la proportion des francophones. Mais ça ne fait pas de bonnes manchettes ou des interventions éclatantes à l'Assemblée nationale.

Le terme « déclin », abondamment utilisé dans les médias, a un sens beaucoup plus lourd. Regardez dans *Le Robert* : le déclin du jour, le déclin de la vie, le déclin d'un empire. Ce n'est pas neutre. Le déclin, c'est le commencement de la fin, le contraire de l'essor. Appliqué au dossier linguistique, ce n'est pas une description, mais une conclusion qui ne devrait être utilisée que par ceux qui estiment que cette baisse modeste du poids des francophones risque d'être l'amorce d'un processus inexorable.

C'est manifestement la thèse des inquiets de la langue. Le Mouvement Québec français a parlé de « déclin considérable ». L'ancien député péquiste Pierre Curzi a dit que « l'anglicisation se poursuit ». Jean-François Lisée, alors ministre responsable de la métropole, a affirmé que « la proportion des francophones est en train de se marginaliser », sans préciser ce qu'il entendait par « marginal ». Et le ministre Pierre Duchesne, pour ne pas être en reste, a dit que « la pérennité de notre nation n'est pas assurée ».

Tout ça quand, en fait, la baisse de la proportion des francophones est infime, que leur nombre a même augmenté de 259 000 en cinq ans, que le pouvoir d'attraction du français comparativement à l'anglais s'améliore et que si le poids relatif des francophones baisse, ce n'est pas en raison de la montée de l'anglais – la menace traditionnelle – , mais plutôt en raison du plus grand nombre d'immigrants.

L'utilisation abusive du mot « déclin » nous rappelle que ce dossier est lourdement politisé. L'arrivée croissante d'immigrants en plus grand nombre pose des défis d'intégration dans toutes les grandes villes. Ils sont plus grands ici. Ils seront cependant plus faciles à relever avec un peu moins de théâtre, un peu moins d'enflures verbales et un peu moins de calculs politiques.

MINORITAIRES SUR L'ÎLE ?

Le grand motif de préoccupation – feinte ou réelle – des gens inquiets de la langue, ce n'est pas ce qui se passe au Québec, mais ce qui se passe à Montréal, plus particulièrement sur l'île. Les réactions ont été très vives lorsque l'OQLF a publié, en 2011, ses données démographiques et linguistiques[15]. On s'est indigné et inquiété, en ne retenant dans la masse énorme d'informations – 6 documents, 682 pages de données et de tableaux touffus – qu'un seul chiffre : 47 %, c'est la proportion des francophones dans l'île de Montréal en 2031. « Recul du français à Montréal », « Le français à Montréal poursuit son déclin », « Le français toujours en déclin à Montréal », a-t-on pu lire.

En fait, ces données prévoyaient la poursuite dans l'avenir d'un phénomène déjà observable et qui repose sur une évidence arithmétique que nous connaissions déjà. Les Québécois de souche, faute de faire des bébés, comptent sur l'immigration pour assurer leur croissance démographique. Il est alors inévitable que la proportion d'immigrants dans la population totale augmente, encore plus à Montréal où ils se concentrent. D'ici 2031, elle sera passée de 20,6 % à 29,5 % dans l'île, tandis que celle des francophones baissera de 54,2 % à 47,4 %. À cela s'ajoute un autre processus, le départ des familles francophones vers la banlieue.

Ces chiffres ne permettent pas de parler d'anglicisation. Au contraire, le poids des anglophones est lui aussi en baisse – de 25,2 % à 23 % – assez pour qu'ils passent au 3e rang. Le chiffre de 47,4 % de francophones en 2031 a un caractère symbolique certain parce que le passage de la proportion des francophones sous la barre des 50 % permet de dire qu'ils sont minoritaires. Mais la conclusion, aussi attrayante soit-elle, comporte trois grandes faiblesses.

La première, c'est que pour décrire les francophones comme minoritaires, il faut isoler l'île de Montréal du reste de la région montréalaise. Les francophones sont minoritaires sur l'île, mais très majoritaires tout autour, conséquence de l'étalement urbain. Il n'y a pas moins de francophones, ils ont simplement déménagé quelques dizaines de kilomètres plus loin. Sur le plan géographique, cette façon d'isoler l'île et de ne jamais regarder l'ensemble de la région métropolitaine ne donne pas un portrait linguistique fidèle. Est-ce que le fleuve et la rivière des Prairies constituent un mur linguistique ? Cette logique mène à des aberrations. Si une famille quitte Ahuntsic pour Saint-Lambert, le nombre de francophones baisse à Montréal, mais pas s'ils partent pour Pointe-Claire !

La seconde faiblesse, c'est que les francophones sont minoritaires seulement si on additionne les anglophones et les allophones pour en faire un seul groupe, ce qui est un véritable non-sens. Ils n'affectent pas les équilibres linguistiques de la même façon. D'autant plus qu'un grand nombre de personnes qu'on décrit comme allophones – parce qu'elles utilisent leur langue maternelle dans leurs échanges familiaux – sont déjà des francophones dans leur vie quotidienne, comme les Haïtiens et les Maghrébins, ou sont en passe de le devenir. D'autres, la majorité, deviendront francophones. L'exercice est en outre dangereux parce qu'il mène inéluctablement à la présentation des immigrants comme une menace.

Il y a une troisième faiblesse. Ceux qui se préoccupent du fait que les francophones sont minoritaires sur l'île craignent que, s'ils ne sont pas assez nombreux, ils ne réussissent pas à intégrer les nouveaux venus. Mais ils ne regardent pas les bons chiffres. En concentrant leur attention sur la langue maternelle, ils s'intéressent à la « langue de la soirée », celle qu'on parle en revenant à la maison. À cause de leur exode vers la banlieue, les francophones sont moins nombreux sur l'île, le soir venu. Le jour, ils reviennent en force pour travailler, étudier ou magasiner. C'est ça qu'il faut regarder, parce que c'est le jour que les allophones seront en contact avec les francophones et qu'ils amorceront leur transfert linguistique.

LES CHOIX DES IMMIGRANTS

Les allusions à un déclin provoqué par l'immigration reposent sur la crainte que les nouveaux venus abandonnent en trop grand nombre leur langue au profit de l'anglais. Si on regarde les chiffres du recensement sans trop les analyser, on peut arriver à cette conclusion. Le recensement de 2006 pouvait permettre de conclure que les immigrants ayant fait un transfert linguistique n'avaient choisi le français que dans une proportion de 51 %. C'est un autre chiffre magique qui a provoqué des réactions enflammées, parce que cela voudrait aussi dire que la moitié des immigrants choisissent l'anglais.

Mais ce chiffre ne décrit pas le choix des nouveaux arrivants, mais plutôt celui de tous ceux qui ont abandonné leur langue maternelle dans la décennie, parfois une ou deux générations après leur arrivée, au bout d'un processus amorcé il y a longtemps, comme les Grecs qui sont allés à l'école anglaise. Les chiffres de 2006 ne reflétaient pas l'attraction de l'anglais aujourd'hui, mais des choix faits souvent avant la loi 101.

De nombreuses données montrent plutôt que plus le temps passe, plus les immigrants choisissent le français. La proportion des allophones qui ont fait un transfert complet ou partiel vers le français est en progression constante : 34,7 % en 2001, 38,6 % en 2006, 40 % en 2011. À l'inverse, la proportion de ceux qui choisissent l'anglais est en régression constante : 34 % en 2001, 31,6 % en 2006 et 29,9 % en 2011. Le grand nombre d'allophones conservant leur langue maternelle explique pourquoi les totaux n'arrivent pas à 100. Ce revirement significatif de tendance tient à la loi 101, à l'école française, à la composition de l'immigration qui compte davantage d'immigrants francophones ou quasi francophones comme les Haïtiens, les Maghrébins ou les francotropes[16] dont la langue les mène plus naturellement vers le français, tels que les Latino-Américains. L'important, c'est de se rappeler que le mouvement va dans la bonne direction.

LA LANGUE D'USAGE

Mais, les débats les plus vifs sur la langue portent sur une foule de dossiers moins formels, moins systémiques, qui reflètent souvent l'irritation des citoyens, par exemple les enquêtes du *Journal de Montréal* sur la langue utilisée par les vendeurs et commis du centre-ville de Montréal et les plaintes pour non-respect des règles sur l'affichage. Chaque fois, il est difficile d'en tirer des conclusions parce qu'il n'y a rien de plus compliqué que de mesurer les utilisations de la langue d'usage, celle qu'on privilégie dans les échanges et les activités économiques. Qu'est-ce qui est un progrès ? Qu'est-ce qui est un recul ? À quoi doit-on comparer les observations qu'on fait ? On ne sait trop.

C'est le règne de l'anecdote, des observations mal validées, qu'on a tendance à monter en épingle, et dont on ne peut pas vraiment mesurer la portée. Et le règne de la subjectivité. Nos conclusions dépendront du parti pour lequel on vote, du lieu où on est né, de celui où on vit. On peut voir du progrès dans le fait de pouvoir commander en français dans le quartier chinois, déplorer le fait qu'un dépanneur tamoul baragouine à peine le français, se réjouir du caractère pluriethnique de Montréal ou encore avoir l'impression que le centre-ville est devenu une tour de Babel où l'anglais domine.

Dans ces perceptions, on peut très souvent déceler deux sources de confusion. La première, c'est qu'au Québec, on a tendance à traiter des enjeux de l'immigration à travers le prisme linguistique. Ce qu'on perçoit comme la montée de l'anglais au centre-ville est largement une réaction à la montée de l'immigration, à la présence plus grande des minorités visibles. Il y a sans doute, surtout chez ceux qui ne fréquentent pas régulièrement le centre-ville, le sentiment de ne pas se sentir chez eux, sentiment qui s'exprime d'ailleurs dans toutes les grandes villes du monde, mais qu'on décrit ici comme un problème anglais-français.

L'autre confusion, c'est qu'on a oublié que le but de la bataille linguistique des années 1960 et 1970 n'a jamais été de faire disparaître l'anglais. On voulait plutôt donner au français la place qui lui revient, imposer un visage français, s'assurer que les francophones peuvent vivre en français, mais pas faire de Montréal, là où le problème se posait, un Chicoutimi géant, catholique et unilingue. Dans bien des réactions, surtout chez les plus exaltés, on sent une dénonciation non pas des abus de l'utilisation de l'anglais, mais de la présence même des anglophones.

Ce qui définit Montréal, ce n'est pas qu'il soit multiculturel. Pour une métropole, le fait d'être multiculturelle est assez banal. La plupart des grandes villes le sont et, à ce chapitre, Montréal n'est pas particulièrement remarquable quand on la compare à Toronto ou Vancouver. Ce qui est absolument unique, par contre, c'est la dualité de Montréal, le fait qu'elle se soit bâtie sur deux groupes linguistiques et culturels, les francophones – maintenant largement majoritaires – et les anglophones. Montréal est l'une des très rares villes bilingues du monde où on parle deux des grandes langues mondiales de communication et où on vit dans les deux langues. Évidemment, le mot bilinguisme fait tiquer parce que, légalement et institutionnellement, Montréal est une ville française. Cela force tout le monde à des acrobaties verbales pour décrire, sans prononcer le mot honni, ce qui est une évidence.

Il y a une conséquence à cela, c'est qu'il y a des anglophones, à Montréal, qui vivent dans des quartiers, qui ont souvent tendance à se concentrer dans certains endroits, comme les francophones le font, et qui n'utilisent pas seulement leur langue à la maison, mais à l'école, au travail, dans les commerces. Tant que cela ne brime pas l'accès au français, ça fait partie de la vie. Et il est donc normal d'entendre de l'anglais dans la rue, dans les restaurants, au cinéma et dans les magasins. À plus forte raison dans le centre-ville qui, à plusieurs égards, est resté un quartier anglophone, notamment parce que les francophones le fréquentent peu et que le poids des anglophones montréalais est renforcé par la présence de deux pôles universitaires, des bureaux de multinationales, des touristes et voyageurs d'affaires, souvent anglo-saxons, qui ont le centre-ville comme point de chute.

Et pourtant, même si les choses ont changé, une bonne partie de l'énergie consacrée au débat linguistique s'inscrit encore dans une bataille contre les Anglais. Les exemples sont nombreux, comme une partie du projet de loi 14 – par laquelle le gouvernement Marois souhaitait renforcer la loi 101 – qui voulait retirer leur statut de ville bilingue aux municipalités où la proportion d'anglophones était passée sous la barre des 50 %. Une mesure vexatoire et inutile pour renforcer le français. Ou comme l'intensité qu'on a mise pour s'attaquer aux écoles passerelles, une façon certes condamnable de contourner la Charte de la langue française pour pouvoir envoyer son enfant à l'école anglaise, mais qui n'impliquait que quelques centaines d'enfants. Comme aussi l'idée d'interdire aux francophones et aux allophones d'étudier dans un cégep anglais, qui aurait surtout pour but d'affaiblir ces institutions. Comme les attaques répétées contre McGill ou la remise en cause de la construction d'un superhôpital anglophone. Dans tous ces dossiers, il y a un parfum d'anglophobie.

LA *LINGUA FRANCA*

Toute cette énergie est canalisée vers les mauvaises cibles. On a plaqué une bataille d'il y a 50 ans sur les réalités d'aujourd'hui. Le grand combat linguistique que le Québec a mené cherchait à corriger une situation de déséquilibre où la minorité dominante anglophone pouvait imposer sa langue à la majorité – au travail, dans l'affichage, dans la sphère publique – et pouvait ainsi exercer un pouvoir d'attraction, notamment sur les immigrants. Les lois linguistiques visaient à combattre l'injustice et à assurer la pérennité et l'épanouissement du fait français.

C'était en partie un combat contre la minorité anglophone, contre les Anglais, surtout ceux qui refusaient d'abandonner leurs privilèges. Ce combat comportait des éléments de coercition qui ont provoqué l'exode d'un grand nombre de ceux qui n'acceptaient pas de changer. Mais cette bataille est maintenant gagnée, les injustices sont une chose du passé, les anglophones sont même en régression et ceux qui ont choisi le Québec dans une très forte proportion ont accepté les nouvelles règles du jeu, notamment par leur bilinguisme.

Les problèmes que nous connaissons maintenant, que ce soit le nom des raisons sociales ou l'utilisation croissante de l'anglais au travail, ne sont pas les survivances des injustices linguistiques du passé, mais les résultats d'un autre phénomène, soit le fait que l'anglais s'est imposé partout dans le monde comme la nouvelle *lingua franca*, le latin du nouveau millénaire, la langue de communication commerciale, culturelle, technologique et universitaire. Les batailles que nous devons mener, ce ne sont pas contre les Anglais, mais contre l'anglais, ce qui n'est pas du tout la même chose.

La domination de l'anglais pose des problèmes partout dans le monde. Ils sont plus sérieux ici parce que cette langue de communication universelle est aussi celle de notre minorité au Québec, celle de la majorité au Canada et celle de notre énorme voisin, ce qui amplifie la pression. On le voit au travail, dans le monde du spectacle, à l'université, mais aussi dans la vie de nos enfants bombardés par la langue de Facebook ou de YouTube, qui *likent* des photos et *followent* des auteurs de *tweets*. L'anglais est devenu un outil incontournable pour ceux qui étudient, qui voyagent, qui veulent savoir ce qui se passe sur la planète et qui aspirent au succès professionnel. Mais là aussi, on voit le malaise poindre dès qu'on essaie de trouver un moyen pour que les jeunes apprennent vraiment l'anglais à l'école, par exemple quand on propose des cours intensifs d'anglais en 6e année.

Ces défis sont très différents de ceux qu'affrontait la loi 101. Il y a quelque chose de déphasé à les aborder avec la même grille, le même langage, les mêmes peurs et les mêmes solutions qu'il y a 35 ans. Mais il faut être conscient qu'il s'agit là d'un problème linguistique nouveau, qui n'est pas de même nature que les enjeux qui ont mobilisé le Québec il y a quelques décennies, et qui ne peut pas être résolu par les mêmes vieilles méthodes.

Un exemple ? L'utilisation de l'anglais dans les sièges sociaux d'entreprises montréalaises, le fait que des dirigeants de sociétés comme la Caisse de dépôt et placement du Québec, Bombardier ou la Banque Nationale puissent être unilingues anglophones ou que des secteurs de ces entreprises privilégient l'anglais à Montréal. C'est effectivement très agaçant, mais cette situation révèle néanmoins un renversement de la proposition traditionnelle. Car, paradoxalement, ce qui arrive est en quelque sorte la rançon du succès. On ne parle pas d'entreprises extérieures qui imposent le français à leurs employés, mais d'entreprises canadiennes-françaises où l'anglais prend plus de place parce qu'elles sont devenues des multinationales et qu'elles prennent de l'expansion au-delà de nos frontières. L'anglais y devient nécessaire parce que c'est la langue de communication avec les clients, les marchés extérieurs, les fournisseurs et les partenaires.

Que faire quand on sait que cette pression de l'anglais se poursuivra? Nos grandes entreprises ne pourront pas se développer dans le monde entier en restreignant leur embauche à des francophones ou en créant des barrières linguistiques. Ce n'est pas une tendance qu'on peut contrer par des menaces, une chasse aux sorcières ou une application rigoriste de la Charte de la langue française, car les normes bureaucratiques n'arriveront pas à s'adapter à une réalité en changement perpétuel.

C'est également le cas pour un autre grand défi linguistique dont on parle depuis des années, car on ne se sait trop comment le relever, soit le fait que les petites entreprises de moins de 50 employés ne sont pas assujetties à la loi 101, et qu'il y a donc un trou dans notre arsenal réglementaire. Tout le monde est assez d'accord sur le fond. Il faut que les petites entreprises privilégient le plus possible le français au travail. Parce que c'est un lieu d'intégration des immigrants. Parce que c'est l'une des composantes de l'espace public. Parce que c'est un droit des francophones de pouvoir travailler au Québec dans leur langue. Mais comment y parvenir sans écraser les PME sous les contrôles et la paperasse? Il faut trouver autre chose que la mécanique de la loi 101.

L'autre grand dossier linguistique qu'il faut repenser autrement, c'est celui de l'immigration, pour reconnaître qu'il n'est pas vraiment... linguistique. Notre société, comme toutes les sociétés industrialisées, doit composer avec un flux migratoire plus important, provenant de pays plus éloignés de notre culture, ce qui exige des efforts accrus d'intégration.

UN PEUPLE QUI NE LIT PAS

Le moment est venu où les Québécois, s'ils croient vraiment à leur langue, devraient faire plus de linguistique et moins de politique, s'occuper un peu moins des anglophones et regarder un peu plus ce qui se passe du côté des francophones, oublier aussi les dossiers symboliques, souvent creux, mais à lourde charge émotive, pour s'occuper des «vraies affaires», des problèmes concrets qui font moins les manchettes, mais qui sont d'une importance capitale. L'un d'entre eux, c'est le rapport des Québécois francophones à la lecture, essentielle pour que les citoyens maîtrisent leur langue, la fassent vivre et lui donnent la solidité dont elle a besoin.

Selon une étude de plusieurs centaines de pages du ministère du Patrimoine canadien reposant sur un sondage fouillé de la firme québécoise Créatec réalisé en 2005, «les taux de lecture au Québec sont les plus faibles qui ont été mesurés au Canada». Les Québécois se classent derniers. Ils sont 46 % à lire régulièrement, alors que le pourcentage oscille entre 53 % et 60 % dans toutes les autres provinces.

Un écart saisissant. Ils sont aussi beaucoup moins nombreux à lire des ouvrages littéraires (37 %), alors que c'est autour de 45 % ailleurs.

Par conséquent, ils lisent moins de livres – 13,9 livres par année en moyenne chez les francophones contre 17,6 chez les anglophones – et ils consacrent moins de temps à la lecture de détente : 3,9 heures contre 4,8 heures pour les Anglo-Canadiens.

On parvient à cerner la racine du problème en creusant un peu. Le sondage Créatec demandait aux répondants si leurs parents leur avaient déjà lu des livres. L'écart est important : 64 % chez les anglophones des autres provinces répondaient oui, contre 49 % chez les francophones du Québec. Et quand on leur demandait si leurs parents leur parlaient des livres qu'ils avaient lus, 47 % des anglophones du reste du Canada répondaient oui contre 37 % chez les francophones du Québec. Si les Québécois lisent moins, c'est en partie parce que dans leur passé, ils ont moins été mis en contact avec la lecture.

Ce qui est vraiment terrifiant, c'est que ces traditions semblent se perpétuer. Quand on demande aux parents d'aujourd'hui s'ils lisent des livres à leurs enfants tous les jours, 55 % des francophones du Québec répondent oui, beaucoup moins que chez les Anglo-Canadiens (75 %). Et si on leur demande s'ils commencent à faire la lecture à leurs tout-petits dès l'âge d'un an, 25 % des Québécois francophones répondent oui contre 59 % chez les Anglo-canadiens !

Ces statistiques alarmantes sont corroborées par une étude qui provient d'un tout autre univers, le PIRLS dont j'ai parlé dans le chapitre sur l'éducation. Cette grande enquête internationale ne se limitait pas à tester les aptitudes des enfants de neuf ans en lecture, elle cherchait aussi à connaître leur environnement culturel. Les résultats de l'enquête montrent en effet que lorsque les parents entretenaient des activités encourageant la littératie avec leurs enfants d'âge préscolaire – lire des livres, raconter des histoires, chanter, s'adonner à des jeux de lettres et à des jeux de mots, parler de ce qu'on a fait, de ce qu'on a lu, écrire des lettres, lire des affiches à voix haute – , leurs résultats aux tests de lecture grimpaient. Et c'est ici que la société québécoise souffre d'une grande carence.

L'enquête montre que la proportion des familles québécoises possédant plus de 25 livres pour enfants est beaucoup plus faible au Québec (78 %) que partout ailleurs au Canada : 84 % en Colombie-Britannique, 88 % en Alberta, 84 % en Ontario, 85 % au Nouveau-Brunswick, 93 % en Nouvelle-Écosse et 94 % à Terre-Neuve. De la même façon, pour les familles ayant plus de 100 livres à la maison, le Québec est en queue de peloton avec une moyenne de 28 %, à peine au-dessus de la moyenne internationale de 27 % qui compte pourtant des pays du tiers-monde. Le

Québec est loin de la Colombie-Britannique (38 %), de l'Alberta et de l'Ontario (37 %), de Terre-Neuve (38 %), de la Nouvelle-Écosse (41 %) et même du Nouveau-Brunswick francophone (29 %).

Et, pour coiffer le tout, la question qui tue : aimez-vous lire ? Le Québec compte le plus petit nombre d'amoureux de la lecture (29 %) – au dernier rang – contre une moyenne canadienne de 41 %. Et c'est le Québec aussi qui affiche le plus grand nombre de personnes qui n'aiment pas lire (16 %), le double d'ailleurs.

LITTÉRATIE : LA CATASTROPHE QUÉBÉCOISE

Ce drame, celui d'un rapport difficile avec le livre et la lecture, en explique un autre. Environ 1,2 million de Québécois ont une maîtrise si faible de la lecture – ce qu'on appelle maintenant la littératie – qu'ils ne peuvent pas être fonctionnels. On note aussi que 2,2 millions de Québécois n'ont pas le niveau de littératie nécessaire pour se développer pleinement.

C'est une catastrophe. Pour les individus eux-mêmes, dans leur vie personnelle et dans leur travail. Pour la société, qui a besoin de travailleurs qualifiés, mais aussi de citoyens bien adaptés à un environnement de plus en plus complexe.

Et pourtant, un avis du Conseil supérieur de l'éducation sur la littératie[18], en septembre 2013, est passé largement inaperçu. Tout comme les résultats d'une vaste étude de l'OCDE en octobre de la même année. Cette étude, le Programme pour l'évaluation internationale des compétences des adultes, réalisée par l'OCDE dans 22 pays, mesure les aptitudes des personnes de 16 à 65 ans en lecture (la littératie), dans le maniement des chiffres (la numératie) et dans la maîtrise des nouvelles technologies.

Le Canada, avec un score de 273,5 sur 500 aux tests de compétence en lecture, est très légèrement au-dessus de la moyenne de l'OCDE et se classe au 10e rang parmi 22 pays. Mais le Québec, avec un score de 268,6, est au 8e rang canadien sur 10, ne devançant que le Nouveau-Brunswick et Terre-Neuve. Le Québec se retrouverait ainsi au 17e rang du classement international, tandis que l'Alberta serait au 7e rang. Ce sont des résultats extrêmement troublants. À travers une série de tests, l'étude a pour but d'évaluer la capacité « de comprendre, d'évaluer, d'utiliser et de s'approprier des textes écrits pour participer à la société, réaliser ses objectifs et développer ses connaissances et son potentiel ».

Les personnes qui obtiennent le niveau 1 à ce test, ou moins que le niveau 1 dans le jargon de l'étude, ont des aptitudes trop faibles en littératie pour être fonctionnelles. Et elles sont plus nombreux au Québec que partout ailleurs au Canada, à l'exception de Terre-Neuve.

Dix-neuf pour cent des Québécois sont au bas de l'échelle, soit 1,2 million d'adultes qui, sans être analphabètes, ne peuvent décoder que des textes extrêmement simples. Cette proportion est très élevée. Elle n'est que de 15 % en Ontario, 12,8 % en Australie et 11,9 % aux Pays-Bas, ce qui place le Québec 20e sur 22 devant l'Italie et l'Espagne.

On retrouve aussi au Québec une proportion élevée de citoyens – 34 % – qui sont au niveau 2, fonctionnels, mais pas assez pour vraiment s'épanouir dans une société moderne. Quand on réunit ces deux groupes, on découvre que 53 % des adultes québécois, soit 3,4 millions de personnes, n'ont pas les compétences nécessaires pour vraiment être fonctionnels. C'est le pire résultat au Canada. C'est aussi un des pires du monde industrialisé. Seuls l'Espagne, la Pologne, l'Autriche et l'Irlande font moins bien.

Comment pourrait-il en être autrement ? On peut difficilement avoir de bonnes aptitudes en littératie si on ne lit pas, et on risque de perdre progressivement les acquis scolaires pour la même raison. Ces comportements troublants semblent indiquer que, 50 ans après le début de la Révolution tranquille, les Québécois n'ont jamais complètement comblé les retards culturels de la « grande noirceur ». Mais il y a quelque chose de plus profond, une espèce de fatalisme qui, à bien des égards, semble trahir une attitude de perdants. Car l'attitude gagnante pour les Québécois, ce serait de tout faire ce qui est en leur pouvoir, collectivement et individuellement, pour soutenir et développer leur langue.

LA CULTURE DE LA MENACE

Le réflexe plus naturel semble être celui qui consiste à concentrer l'attention sur les menaces extérieures, dont les responsabilités sont ailleurs. Et c'est ce qui nourrit, décennie après décennie, la dynamique de la peur, le sentiment que notre avenir est menacé, que nous sommes en déclin, même si cette impression ne semble pas être soutenue par les faits.

Cette culture de la peur a atteint des sommets depuis quelques années même si, sur le terrain, la situation du français semble bel et bien en progrès. Cela s'explique en bonne partie par le contexte politique.

Le débat linguistique, émotif au Québec, épouse souvent les contours de la question nationale. Les fédéralistes ont tendance à être optimistes au sujet de l'avenir du français. Et les souverainistes ont en général tendance à exprimer plus d'inquiétude sur l'avenir du français. Cela tient en partie à un calcul du mouvement souverainiste qui sait que les peurs ou les indignations linguistiques restent le plus puissant outil de mobilisation. Il n'y a pas que du calcul. Beaucoup de souverainistes sont sincèrement inquiets, et c'est souvent pourquoi ils privilégient la voie de l'indépendance.

Mais l'impasse du projet souverainiste a contribué à la nouvelle intensité du débat linguistique.

Le syndicaliste Gérald Larose, alors président du Conseil de la souveraineté, n'excluait pas, en 2011, un effondrement du français d'ici 20 ans. Gilles Duceppe, après son départ du Bloc québécois, en 2011 également, a proféré une véritable horreur en brandissant le spectre de l'assimilation : « Si les Québécois et les Québécoises, d'ici 15 ans, ne bougent pas, inévitablement on sera sur la même pente que les Franco-Canadiens et les Acadiens. C'est une assimilation fulgurante. Il ne faut pas se cacher la vérité », a-t-il lancé, faisant même allusion au gombo des Cajuns. Pauline Marois a quant à elle affirmé : « Quand on est une nation minoritaire… je crois qu'il y a toujours un risque d'assimilation. » Brandir l'épouvantail de l'assimilation est une ânerie. C'est aussi une inquiétante dérive.

Les mots ont un sens. L'assimilation signifie que les francophones du Québec cesseraient massivement de parler français pour devenir anglophones. C'est gros, très gros. Le Québec, malgré son histoire tourmentée, a extrêmement bien résisté à l'assimilation. L'histoire du Canada montre que ce processus s'amorce plutôt quand une population est très minoritaire, qu'elle est privée d'outils de protection et d'institutions – par exemple l'absence d'écoles françaises – qu'elle est soumise à des lois injustes comme l'interdiction de parler français à l'école et l'impossibilité de travailler en français. Rien à voir avec le Québec, où les francophones sont et resteront très largement majoritaires, disposent d'un gouvernement, de lois, d'institutions, d'une base économique. Ça ne colle pas.

Gilles Duceppe, avec ses scénarios catastrophes, plaque un modèle acadien du XVIIIe siècle et un modèle de l'ouest du début du XXe siècle à une problématique d'immigration du XXIe siècle. Il introduit une certaine confusion entre les vieilles peurs, traditionnellement celles de l'Anglais, et les nouvelles peurs, celles de l'immigrant. C'est une confusion qu'on a pu observer dans le projet de Charte des valeurs québécoises quand les dirigeants du gouvernement Marois ont systématiquement établi un parallèle entre cette charte et la loi 101, comme si la première poursuivait le combat de la seconde.

Il y a des moments, dans leur histoire, où les francophones ont craint pour leur survie – la défaite et la domination de l'Angleterre, les projets mort-nés d'assimilation du rapport Durham, l'immigration anglo-saxonne massive, l'exode des Canadiens français vers les États-Unis, et bien sûr, le sort des Canadiens français hors Québec. Cette peur de disparaître et le sentiment d'être des victimes font ainsi partie de nos gènes, même si les causes sont disparues et cherchent à s'exprimer à travers d'autres menaces, réelles ou imaginées. Il est clair qu'inconsciemment, c'est l'immigration qui constitue cette nouvelle menace. C'est l'immigration, par exemple, qui permet de dire que les francophones sont minoritaires sur l'île de Montréal. Et c'est le chef caquiste François Legault qui, lors de la campagne électorale, a exprimé le lien le plus explicite entre les deux peurs en disant que la Charte visait à protéger notre identité.

On est d'accord pour dire que l'islam intégriste, que visait la Charte, entre en conflit avec nos valeurs, que sa position envers les femmes nous paraît inacceptable, que certains comportements intégristes sont incompatibles avec les fondements de notre société. On peut être indigné ou irrité par l'intégrisme. Mais sommes-nous menacés? Est-ce que l'intégrisme menace tellement notre identité qu'il faille la protéger, malgré le petit nombre de musulmans purs et durs? Et pourquoi les Québécois seraient-ils particulièrement menacés, davantage que les autres sociétés? Les Québécois, dans ce dossier, ont en fait gardé leurs réflexes de minoritaires même s'ils sont devenus majoritaires sur leur territoire dont ils contrôlent la destinée.

Cette phrase malheureuse révèle que la peur – le sentiment d'être menacé, la crainte de disparaître – est un vecteur de l'identité québécoise. La menace qui justifie la peur change de forme, mais la peur reste. Je cherche, dans notre histoire, les moments où la nation francophone que nous constituons a vraiment été menacée, qu'elle était si faible qu'on pouvait craindre pour sa survie. Elle a toujours été protégée par sa démographie, son territoire, son contrôle des institutions politiques, y compris souvent celles du fédéral. Ce dont les Québécois francophones ont souffert, ce n'est pas d'avoir été menacés dans leur survie, mais d'avoir été infériorisés, traités comme des citoyens de seconde zone, d'avoir été écartés du pouvoir économique. Leur combat n'était pas un combat pour la survie, mais un combat pour la justice, l'égalité et la fierté.

La peur de disparaître fait donc, d'une certaine façon, partie des mythes québécois. Un ciment collectif, une valeur commune qui n'a rien de joli parce que c'est la peur qui nourrit l'intolérance. Et il est étonnant que les discours qui nourrissent cette peur proviennent de courants politiques qui, au contraire, devraient surtout miser sur la fierté. Le sentiment d'être menacé perpétue des réflexes d'impuissance qui encouragent des comportements de perdants.

7. SOMMES-NOUS ÉGALITAIRES?

On connaît l'histoire officielle : le Québec a trop long-temps été une société traditionnelle qui n'a pas accordé la place qui leur revenait aux femmes. Mais depuis, il a comblé ses retards gênants et a fait des progrès remarquables pour promouvoir l'égalité entre les sexes et mieux intégrer les femmes sur le marché du travail. Le taux d'activité des femmes a ainsi fait un bond gigantesque, notamment grâce au vaste programme de garderies subventionnées. Tant et si bien que le Québec est devenu une société égalitaire. Comme l'a montré, en 2012, son choix d'élire une femme première ministre. La place des femmes dans la société revêt tant d'importance pour les Québécois et le Québec et est si exemplaire à cet égard que le gouvernement de Pauline Marois a voulu valoriser de façon encore plus formelle le principe de l'égalité entre les hommes et les femmes par le moyen de la Charte des valeurs québécoises, dont c'était l'un des piliers. Et maintenant, je vais vous raconter la vraie histoire.

Cette histoire plus réaliste est moins héroïque, quoiqu'elle reste assez impressionnante. Comme dans bien des choses, le portrait n'est ni blanc ni noir. Pour reprendre un moment fort de la littérature féminine, la vérité se décline plutôt en cinquante nuances de... gris ! Il est tout à fait exact que le Québec a fait des progrès considérables. Mais ces progrès ne sont ni uniques ni exceptionnels quand on les compare avec ce qui s'est fait ailleurs, notamment dans le reste du Canada. Aujourd'hui, après avoir comblé des retards, le Québec fait certainement partie des sociétés ouvertes et égalitaires. Il est toutefois loin d'être un modèle et, surtout, il lui reste encore beaucoup de chemin à parcourir.

L'égalité des hommes et des femmes constitue un des grands marqueurs de la modernité et une condition incontournable pour le succès économique et social d'une société. Nous pouvons clamer sans le moindre doute qu'il s'agit là d'une valeur non négociable. En raison de son importance, l'égalité homme-femme est un sujet sur lequel il faut avoir l'heure juste, car si on peut se réjouir des progrès accomplis, notre propension à l'autocongratulation risque de nous faire oublier tout ce qu'il reste à faire.

Comment mesurer ce progrès des femmes ? Des indicateurs classiques permettent de mesurer leur statut, tels ceux qu'utilisent le Conseil du statut de la femme (CSF), l'ISQ ou des organismes internationaux comme l'OCDE. Certains éléments concrets se mesurent facilement, comme la place des femmes sur le marché du travail. Mais il y a aussi de nombreux éléments intangibles comme les préjugés, les attitudes et les comportements – que ce soit dans la vie quotidienne ou dans les rapports amoureux – dont il faut tenir compte pour avoir l'heure juste, et qui sortent du cadre de l'exercice que je propose.

UN LOURD RETARD À COMBLER

Sans remonter à sa colonisation, le Québec, société rurale fortement marquée par le catholicisme, avait tout un boulet à traîner. Le droit de vote des femmes québécoises – peut-être le plus grand symbole du combat pour l'égalité – n'a été accordé qu'en 1940 après une longue bataille amorcée dans les années 1920. Pour nous situer dans le contexte de l'époque, ce droit, les citoyennes de pays en principe moins éclairés comme la Thaïlande, la Birmanie ou le Salvador l'ont obtenu avant les Québécoises. Par contre, dans les pays européens catholiques comme la France, l'Espagne et l'Italie, il aura fallu attendre la fin de la Seconde Guerre mondiale.

Cette révolution, nous la devons presque au hasard parce que le libéral Adélard Godbout a battu Maurice Duplessis en 1939. Godbout a profité de ses cinq années au poste de premier ministre pour mettre en œuvre cette réforme, avant que M. Duplessis revienne au pouvoir et s'y incruste pendant 15 ans. Grâce à ce court règne libéral, le retard du Québec n'a pas été trop honteux. Mais il était déjà troublant. En fait, le Québec était une anomalie au sein du Canada. Au fédéral, l'adoption du droit de vote des femmes est survenue en 1918. Ottawa fut toutefois devancé par le Manitoba, l'Alberta et la Saskatchewan qui avaient fait le saut en 1916, la Colombie-Britannique et l'Ontario, en 1917, suivis de la Nouvelle-Écosse en 1918, du Nouveau-Brunswick en 1919, de l'Île-du-Prince-Édouard en 1922 et même de Terre-Neuve, qui ne faisait pas encore partie du Canada, en 1925. Le Québec, lui, faisait cavalier seul.

Le retard du Québec était toutefois moins marqué dans d'autres domaines. Par exemple, les Québécoises jouaient un rôle marginal sur le marché du travail, mais pas vraiment plus que les autres Canadiennes. Selon des données de l'économiste Pierre Fortin, la proportion des travailleuses a longtemps été semblable au Québec et en Ontario : le rapport était de 24 femmes pour 100 hommes en 1931, de 28 femmes pour 100 hommes en 1941 et de 30 femmes pour 100 hommes en 1951.

UN DÉCOLLAGE TARDIF

Par contre, quand le vent de la modernité a commencé à souffler dans la décennie de l'après-guerre, il a oublié le Québec. En Ontario, les femmes ont investi le marché du travail. Leur participation a bondi, représentant 42 % de la population active, comparativement à 33 % au Québec, qui stagnait sur ce plan. La Révolution tranquille, dans un premier temps, ne semble pas s'être attaquée à cet enjeu : on a déconfessionnalisé et repensé l'éducation, on a construit un appareil d'État, mais un certain nombre de valeurs traditionnelles ont résisté.

Ce poids du passé, on le sentait encore et toujours en 1976, presque 15 ans après la Révolution tranquille. Je choisis 1976 comme jalon non pas parce que c'est l'arrivée au pouvoir de René Lévesque et du Parti québécois, mais parce que c'est l'année où nous avons commencé à avoir accès à des statistiques complètes. L'écart entre le Québec et le reste du Canada était encore important. Au Canada, le taux d'activité des femmes était de 45,7 %. Le Québec, avec 41,4 %, se classait au 7e rang canadien. Il faisait un peu mieux que la Nouvelle-Écosse et le Nouveau-Brunswick et ne devançait sérieusement que Terre-Neuve. Mais l'écart qui le séparait des provinces urbanisées était encore très marqué.

ÉCART HOMMES-FEMMES SUR LE MARCHÉ DU TRAVAIL
TAUX D'ACTIVITÉ FÉMININ EN %
DU TAUX MASCULIN, 1976 ET 2013

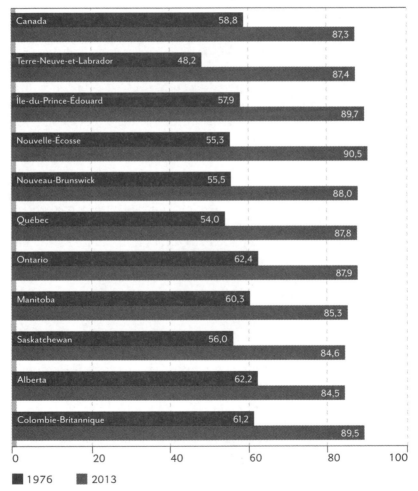

Source : Statistique Canada.

Toutefois, la participation des femmes au marché du travail n'est pas seulement un reflet des rapports hommes-femmes dans la société. Elle dépend aussi des conditions économiques. Ce taux de participation aura tendance à être élevé dans une province florissante et plus faible dans une province qui compte peu d'emplois.

On aura donc une idée plus juste de la place des femmes sur le marché du travail en examinant les différences entre leur taux d'activité et celui des hommes. Ainsi, la présence féminine au travail équivalait, au Québec, à 54 % de celle des hommes en 1976. C'est beaucoup, beaucoup moins que les 62,4 % de l'Ontario, par exemple. C'était la pire performance au Canada après celle de Terre-Neuve.

LE GRAND RATTRAPAGE

Donc, en 1976, il restait encore un énorme travail à faire. Il a été fait. Le taux d'activité des femmes a effectivement explosé. De 41,4 % en 1976, il est passé à 61,0 % en 2013. L'écart avec les hommes s'est considérablement rétréci. La participation féminine équivaut maintenant à 87,8 % de celle des hommes, alors qu'elle n'était que de 54,0 % en 1976. C'est ce progrès qu'on célèbre avec fierté au Québec.

L'histoire officielle ne nous dit toutefois pas que ce genre de progrès – on l'a enregistré partout – n'est pas spécifiquement québécois et qu'il ne se distingue même pas par la vigueur de son rattrapage. Le taux d'activité des femmes a peut-être augmenté de 47,3 % entre 1976 et 2013 au Québec, mais sa progression a dépassé 50,0 % dans les provinces atlantiques, qui avaient plus de retard à combler. Ces provinces ont mieux fait que le Québec.

C'est ainsi qu'aujourd'hui, contrairement à ce qu'on pourrait croire, le Québec reste toujours au 6e rang canadien tant pour le taux d'activité des femmes que pour la proportion de la participation féminine par rapport à celle des hommes. Un taux d'activité féminin de 61 %, c'est bien. Mais le 63,3 % du Manitoba, le 64,1 % de la Saskatchewan ou le 66,8 % de l'Alberta, c'est mieux. Une participation qui équivaut à 87,8 % des hommes, c'est bien, mais les citoyennes de l'Île-du-Prince-Édouard, de la Nouvelle-Écosse, du Nouveau-Brunswick, de l'Ontario et de la Colombie-Britannique font mieux. Ces données suscitent trois remarques.

D'abord, les statistiques sont toujours plombées par le poids du passé, car elles englobent des travailleuses plus âgées qui appartenaient à des générations où les changements de comportement étaient moins profonds. Si on s'en tient aux femmes de 25 à 44 ans, assez jeunes pour être affranchies du duplessisme, la performance québécoise devient exemplaire. Leur taux de participation au marché du travail de 84,5 % est supérieur à la moyenne canadienne de 82,7 % ; il est en outre le plus élevé au Canada après celui de la patrie d'*Anne… la maison aux pignons verts.* Au Québec, la participation de ces femmes plus jeunes équivaut à 94,3 % de celle des hommes, le meilleur résultat au Canada.

La deuxième remarque, c'est que la situation économique des provinces peut avoir des effets étonnants sur la présence des femmes. De façon générale, ce sont dans les provinces les plus pauvres que la participation féminine est la plus proche de celle des hommes. Dans les Prairies, il semble y avoir à l'inverse un plafonnement de l'activité féminine.

Pourquoi ? Parce que le type de développement défini par les ressources repose sur des emplois traditionnellement masculins et qu'il attire en plus une main-d'œuvre masculine des autres provinces ? Ou encore parce que la prospérité décourage le travail féminin, ce qui explique à l'inverse que les femmes des provinces atlantiques travaillent en plus grand nombre pour joindre les deux bouts ?

Enfin, la troisième remarque, c'est qu'on a souvent attribué les progrès québécois en la matière au développement du réseau des garderies subventionnées. Mais on voit bien que les progrès ont été aussi spectaculaires, sinon plus, dans certaines provinces comme la Nouvelle-Écosse, le Nouveau-Brunswick et la Saskatchewan, qui ne disposaient pas de tels encouragements. La thèse voulant que le développement des centres de la petite enfance ait été un facteur déterminant s'en trouve quelque peu affaiblie. Cela dit, même si le levier des CPE a joué un moins grand rôle qu'on ne le dit pour attirer les femmes sur le marché du travail, cela n'enlève rien à sa valeur et à sa pertinence en matière de qualité de vie et de conciliation travail-famille.

DES FEMMES MOINS BIEN PAYÉES…

L'autre grande mesure de l'égalité entre les hommes et les femmes, c'est la rémunération. L'écart du salaire horaire a diminué de manière significative entre 1997 et 2013, surtout au cours de la dernière décennie. En 1997, une Québécoise gagnait 84,47 % du salaire d'un homme. En 2012, elle touchait en moyenne, pour un travail à temps plein, 22,52 $ l'heure contre 25,09 $ pour les hommes. C'est 89,76 % du salaire masculin. La progression a été comparable au Canada, où l'écart est passé de 82,95 % à 87,93 %. Non seulement l'écart salarial homme-femme est-il plus faible au Québec qu'au Canada, mais le Québec semble aussi prendre un peu d'avance au fil des ans.

Ces comparaisons avec les données canadiennes sont trompeuses parce que les moyennes masquent d'importantes différences au sein du Canada. L'écart de salaire canadien est gonflé par les trois riches provinces

SALAIRE DES FEMMES EN PROPORTION DE CELUI DES HOMMES
SALAIRE HEBDOMADAIRE, TEMPS PLEIN, 2013

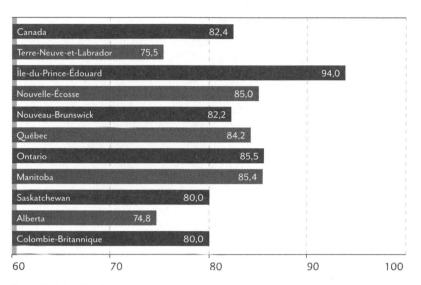

Source : Statistique Canada.

de l'Ouest où les hommes gagnent beaucoup plus: en Alberta, les femmes ne touchent que 80,2 % de ce que gagnent les hommes, en Colombie-Britannique 85,0 % et en Saskatchewan 87,2 %. Mais les écarts sont plus faibles qu'au Québec dans les trois provinces atlantiques, en Ontario et au Manitoba, ce qui place encore une fois le Québec au 6e rang. Notons que le salaire horaire des femmes de l'Île-du-Prince-Édouard dépasse même celui des hommes, ce qui à mon avis reflète moins un progrès social que la nature particulière du marché du travail.

La mesure de l'égalité est peut-être plus conforme à la réalité quand on compare le salaire hebdomadaire et quand on se concentre sur les travailleurs à temps plein. En 2013, les hommes gagnaient en moyenne 980,63 $ par semaine, comparativement à 825,47 $ chez les femmes, soit 84,2 % du salaire moyen des hommes. À cet égard, le Québec se situe encore une fois au 5e rang canadien, au-dessus de la moyenne canadienne. Il y a eu du progrès, mais d'autres provinces font mieux. Et il reste un écart sensible à combler.

... MAIS PLUS ÉDUQUÉES

Ce n'est pas du tout le cas dans le domaine de l'éducation où le rattrapage est si complet que les femmes devancent maintenant nettement les hommes. Ça commence par les résultats scolaires. Dans le classement de la dernière enquête PISA de l'OCDE menée auprès des étudiants de 15 ans, les jeunes Québécoises ont obtenu un meilleur score que les garçons en lecture, soit un score de 537 contre 502. L'écart de 35 points est le même dans le reste du Canada. Par contre, comme partout ailleurs, elles sont moins bonnes que les garçons en mathématiques (10 points d'écart) et presque nez à nez en sciences (un point derrière les garçons). Mais elles ont fait mieux que les garçons aux examens du ministère pour le secondaire, avec une moyenne de 76,7 % en 2011, devant les garçons (73,9 %). Leur taux de réussite (94,7 %) dépassait aussi celui des garçons (91,5 %).

On sait aussi qu'elles décrochent beaucoup moins que les garçons. En 2012, selon la définition fédérale de la persévérance scolaire, le taux de décrochage était de 9,4 % au Québec, de 7,4 % au Canada et de 6,2 % en Ontario. Ce qu'on constate, c'est que le taux de décrochage chez les filles était sensiblement le même partout au Canada : 5,8 % au Québec, 4,6 % en Ontario et 5,6 % au pays. C'est donc uniquement du côté masculin que le Québec se « distingue », le taux de décrochage chez les jeunes Québécois (12,8 %) étant beaucoup plus élevé qu'au Canada (9,2 %) et qu'en Ontario (7,8 %).

De la même façon – et pour les mêmes raisons – , la proportion des femmes qui comptent au moins un diplôme d'études secondaires dépasse celle des hommes : 87 % contre 84 % en 2010 pour le groupe des 25 à 64 ans. Les Québécoises dépassent les Québécois, mais elles restent au 8e rang canadien.

L'avance des femmes est encore plus marquée au sein des plus jeunes générations parce que les jeunes femmes font mieux et que les jeunes hommes font moins bien. Chez les 25-34 ans, le taux de diplomation des femmes (92 %) dépasse de cinq points celui des hommes. Une comparaison avec le Canada révèle deux différences : les taux de diplomation canadiens sont plus élevés tant chez les femmes que chez les hommes, mais les écarts hommes-femmes sont moins grands parce que le taux de décrochage est moins élevé.

L'avance des femmes s'accentue pour l'éducation tertiaire (la diplomation universitaire). Vingt-cinq pour cent des Québécoises de 25 à 64 ans sont titulaires d'un diplôme universitaire, proportion qui grimpe à 34 % chez les 25 à 34 ans et les 35 à 44 ans. Les femmes dépassent largement les hommes, dont les taux de diplomation sont respectivement de 25 % et de 27 % pour ces deux groupes d'âge. Ces écarts de neuf et sept points de pourcentage sont énormes. Exprimé autrement, une femme sur trois possède un diplôme universitaire au Québec contre seulement un homme sur quatre ! Le phénomène est le même dans le reste du Canada, avec des écarts du même ordre.

On observe aussi une nouvelle tendance : la domination des femmes à l'université est un phénomène récent. Ce n'est qu'au tournant du millénaire que la proportion des femmes titulaires d'un diplôme universitaire a dépassé celle des hommes. Mais depuis, l'écart s'agrandit rapidement. Pour les diplômes supérieurs (maîtrise et doctorat), les hommes menaient le bal jusqu'en 2012, mais ici aussi leur suprématie tire à sa fin.

LES INJUSTICES SALARIALES

Ces succès des femmes dans le réseau scolaire jettent un tout autre éclairage sur les écarts salariaux. Il y a là une injustice et un paradoxe : les femmes gagnent moins d'argent que les hommes, même si elles réussissent mieux à l'école et qu'elles sont plus éduquées.

Plusieurs facteurs peuvent expliquer ce phénomène : la discrimination pure et simple, la rémunération moindre des métiers à concentration féminine et, donc, la sous-estimation des compétences de type féminin, la présence moindre des femmes dans des domaines plus lucratifs comme le génie ou l'informatique, les grossesses et la prise en charge des enfants qui interrompent les carrières ou qui incitent les femmes à consacrer moins de temps au travail.

Ces inégalités sur le marché du travail se répercutent sur le niveau de vie et sur le taux de pauvreté. Il y a ainsi des injustices au bas de l'échelle. Selon le CSF, 76 % des chefs de famille monoparentale en 2011 étaient des femmes[19]. En 2012, 57,4 % de la main-d'œuvre travaillant au salaire minimum était féminine. Les femmes qui n'avaient pas de diplôme du secondaire étaient peut-être moins nombreuses parce qu'elles décrochaient moins, mais elles étaient plus pénalisées : 41,2 % d'entre elles gagnaient moins de 20 000 $. Les hommes sans diplôme s'en tiraient beaucoup mieux, puisque seulement 24,9 % d'entre eux gagnaient moins de 20 000 $.

Des injustices existent aussi dans le haut de l'échelle. Une étude de l'ISQ publiée en mars 2014[20] compare les salaires horaires moyens de cinq professions typiquement masculines et de cinq professions typiquement féminines. Les « jobs d'hommes » sont mieux rémunérés que les « jobs de femmes ». Il y a une tendance : le génie, l'architecture, l'arpentage et l'informatique paient autour de 40 $ l'heure, alors que les métiers féminins (enseignement, psychologie, etc.) offrent autour de 35 $ de l'heure.

D'autres données permettent de constater que les rémunérations peuvent varier au sein d'une même profession. Au Québec, en 2012, un cadre supérieur masculin touchait 51,81 $ l'heure, comparativement à 33,91 $ pour un cadre supérieur féminin, soit 65,5 % de la rémunération masculine. Il s'agit d'un cas extrême, car en général une professionnelle des soins de santé gagne l'équivalent de 93,9 % de la rémunération masculine, le même pourcentage aussi dans l'enseignement et 87,5 % en sciences sociales. Ces écarts semblent comparables à ceux des autres provinces. « Les analyses, souligne l'étude de l'ISQ, révèlent que l'écart salarial entre les hommes et les femmes existe généralement au sein d'une même profession. Cet écart salarial porte à réflexion. Même lorsque les femmes s'orientent vers une carrière typiquement masculine comme le génie, leur rémunération est moins élevée. »

Selon des données du CSF, seulement 26,6 % des femmes titulaires d'un baccalauréat touchent un revenu annuel supérieur à 80 000 $. Cette proportion atteint presque le double chez les hommes (54,3 %).

UN FÉMINISME MOINS VIGOUREUX

J'ai proposé bon nombre de comparaisons entre le Québec et le reste du Canada. Ce n'est pas le produit d'une profession de foi fédéraliste. Cela se justifie parce que nous vivons encore dans le même pays avec des institutions, des lois et des pratiques communes qui nous assurent de comparer ce qui est comparable.

Mais il y a une autre raison. Le Canada est un bon étalon parce qu'il constitue un pays avancé en ce qui a trait à l'égalité entre les hommes et les femmes. Et, pour cela, il faut dissiper un mythe manichéen, soit l'idée que le Québec serait un modèle isolé dans une mer arriérée. Les données proposées jusqu'ici montrent que le Québec se compare convenablement avec le Canada, mais qu'il ne s'en distingue pas de façon éclatante. Dans certains cas, il est en avance, dans d'autres, il accuse un retard. La même remarque serait vraie pour les États-Unis.

Cela tient au fait que le Québec n'a pas été un leader, mais une province retardataire qui a fait du rattrapage et qui ne peut pas effacer toutes les traces du passé non seulement à cause de son retard historique, mais aussi parce que son éveil a pris des formes particulières. Toute l'énergie des Québécois, dans leur élan de modernisation, a été consacrée aux questions identitaires et au débat national. Les forces vives se sont engagées dans les enjeux constitutionnels. Beaucoup de femmes qui, ailleurs, se seraient investies dans le combat pour l'égalité ont plutôt consacré leurs énergies à la bataille nationale. On a assisté au même phénomène en environnement.

Tant et si bien que s'il y a eu des pionnières du féminisme au Québec et des mouvements de revendication, on ne peut pas dire que le Québec s'est trouvé à l'avant-garde de la lutte des femmes. Le féminisme a joué un rôle beaucoup plus fondamental dans les débats politiques et les débats d'idées au Canada anglais et aux États-Unis, pays qui, malgré les préjugés, est à bien des égards un leader en la matière et en matière d'écarts de revenus notamment. Le Québec, là comme ailleurs, s'est toutefois rattrapé sur le terrain institutionnel en se dotant d'outils et de politiques qui lui ont permis de faire des pas de géant grâce à ses garderies, son régime de congés parentaux unique au Canada et sa loi sur l'équité salariale qui a certainement eu un effet et des institutions comme le CSF.

Dans les pages suivantes, je tenterai de situer le Canada et le Québec à l'échelle mondiale, ce qui n'est pas facile, les réalités n'étant pas toujours comparables.

UN DRÔLE DE CLASSEMENT

Lors de sa rencontre annuelle à Davos, le Forum économique mondial publie une étude, le *Global Gender Gap Report*, qui propose un véritable classement des pays. Dans sa version de février 2014, cet énorme document de 397 pages, très fouillé, classe le Canada au 20e rang sur un ensemble de 136 pays, riches et pauvres.

Le document est peut-être fouillé, mais sa méthodologie particulière limite les enseignements qu'on peut en tirer. Ce rapport ne mesure pas le niveau que les femmes ont atteint sous divers aspects, mais plutôt l'écart qui les sépare des hommes, ce qui donne des résultats surprenants. Pour la participation au marché du travail, c'est le Malawi qui arrive en tête parce que les femmes travaillent plus que les hommes. Le Lesotho mène pour la participation à l'école secondaire malgré ses retards spectaculaires, parce que les filles la fréquentent davantage que les garçons, 37 % contre 23 %. La Suède se retrouve au 75e rang parce que les garçons font aussi bien que les filles, grâce à une participation de 93 %.

S'il est bon de tenir ainsi compte des progrès des pays en développement, cela ne nous éclaire pas vraiment pour déterminer si le Canada fait bonne figure quand on le compare à des pays comparables. Si on limite la comparaison aux pays industrialisés, le Canada se classe au 14e rang. L'Islande est loin devant, suivie de la Finlande, de la Norvège, de la Suède, de l'Irlande, de la Nouvelle-Zélande, du Danemark, de la Suisse, de la Belgique, des Pays-Bas, de l'Allemagne, de la Grande-Bretagne et de l'Autriche. Mais le Canada devance les États-Unis, la France, l'Australie et l'Espagne. Pourquoi ? Le Canada se classe au 5e rang des pays avancés pour la première catégorie de mesures, soit la participation économique (taux d'emploi, écart salarial, présence des femmes dans des métiers techniques). En santé (taux de mortalité, naissances féminines), il est au 5e rang des pays riches, quoique je ne saisisse pas en quoi cela constitue une victoire. Il se situe au 1er rang, avec d'autres, pour l'éducation. Mais il perd tous ses points dans la catégorie de la participation des femmes à la vie politique, où il se classe au 14e rang des pays riches. J'y reviendrai.

LES INDICATEURS DE L'OCDE

Les mesures les plus utiles sont peut-être celles de l'OCDE, qui ne propose ni classement ni palmarès, mais qui tient à jour une série de données clés sur le progrès des femmes. Cela rappelle à quel point les organismes économiques accordent une très grande importance au succès des femmes dans la société, qui est une mesure de progrès, mais aussi une condition sine qua non du développement et de la prospérité. Examinons ces indicateurs un à un pour voir où se situe le Canada et où se classe le Québec (quand cela est possible).

Le taux d'emploi. En ce qui concerne la proportion des femmes de 15 à 64 ans qui travaillent en comparaison avec les hommes, le Canada, avec un taux d'emploi féminin de 69,6 %, se classe au 7e rang des quelque 40 pays mesurés par l'OCDE. L'écart avec les hommes (5,8 %) se situe dans la moyenne. Le Canada est derrière les pays scandinaves – Islande, Norvège, Suède, Danemark – la Suisse et les Pays-Bas. Le Québec fait un peu mieux, avec un taux d'emploi plus élevé (70,1 %) et un écart homme-femme plus bas (4,2 %).

Les écarts salariaux. Le Canada, avec un écart de 19 % selon les données utilisées par l'OCDE, est un pays où les écarts salariaux sont importants. Il est dans le peloton de queue, 23e sur 28 ! La situation – on ne sera pas étonné – est pire au Japon et en Corée où les écarts sont respectivement de 37 % et de 27 %, ainsi qu'en Allemagne et en Autriche (autour de 20 %). Mais la moyenne de l'OCDE est de 15 %. Les États-Unis (17 %) sont moins inégalitaires que le Canada et la plupart des pays d'Europe du Nord affichent des écarts entre 10 % et 15 %, à l'exception de la Norvège, qui se distingue avec 7 %.

Quand on sait que les écarts salariaux au Québec sont deux points de pourcentage plus bas qu'au Canada, cela placerait la province autour du 20e rang, près des États-Unis et de la Grande-Bretagne, ce qui n'a rien de glorieux.

Le travail à temps partiel. Voilà une drôle de mesure. Il y a peu de travail à temps partiel pour les femmes dans les pays plus pauvres, comme la Grèce et le Portugal. Il est par contre très implanté dans des pays prospères où il est perçu comme un progrès qui facilite la conciliation travail-famille, comme aux Pays-Bas où il touche 60 % des femmes, ou en Allemagne et au Royaume-Uni (40 %). Dans d'autres pays prospères, on associe plutôt le progrès à une faible prévalence du temps partiel féminin, symbole de l'égalité des femmes et des hommes sur le marché du travail. Il est inférieur à 20 % en Suède, aux États-Unis et en Finlande. Le Canada, pour sa part, se classe au 15e rang, près de la moyenne de l'OCDE, avec une prévalence du temps partiel féminin de 25,6 %, un peu plus du double des hommes. Les résultats sont similaires au Québec (25,4 %), où on observe deux phénomènes : la proportion des femmes travaillant à temps partiel est passée de 17,4 % en 1976 à 26,0 % en 2013, mais elle a aussi beaucoup augmenté chez les hommes, de 4,4 % à 12,8 %. Autrement dit, le travail à temps partiel était quatre fois plus fréquent chez les femmes que chez les hommes il y a une quarantaine d'années ; il est maintenant deux fois plus fréquent.

Le travail non rémunéré. Du côté des heures consacrées aux tâches domestiques, le Canada se classe assez bien (soit dans les 10 meilleurs avec les pays scandinaves) parmi les pays où les femmes consacrent 250 minutes ou moins par jour à des tâches non rémunérées et où le nombre de minutes travaillées chez les hommes ne s'éloigne pas trop de celui des femmes. Au Canada, les femmes consacrent 255 minutes par jour aux tâches domestiques, comparativement à 150 minutes chez les hommes. Cette proportion est proche de celle de la Suède (250-170), des États-Unis (250-150) et du Danemark (240-180).

Les indicateurs de l'éducation. L'OCDE accorde beaucoup d'attention aux examens du PISA (voir le chapitre 3) et surtout aux différences des résultats entre garçons et filles. Le Canada et le Québec sont dans la norme, c'est-à-dire que les filles font mieux en lecture, légèrement moins bien en sciences et moins bien en mathématiques.

L'encadrement préscolaire. En ce qui a trait à la proportion des enfants de trois à cinq ans pris en charge par le système scolaire – mesure importante pour la qualité de vie –, le Canada n'est tout simplement pas dans la course. Dans la quasi-totalité des pays civilisés, de 80 % à 100 % des enfants sont pris en charge en garderie ou en prématernelle. Au Canada, à peine 50 % le sont parce que les provinces n'ont pas de programmes universels de prise en charge des enfants d'âge préscolaire. Le Québec, avec ses CPE et la maternelle obligatoire, fait beaucoup mieux : environ 75 % des petits de trois à cinq ans sont encadrés. Cela nous place quand même derrière les pays européens qui ont des filets de sécurité sociale.

Le pouvoir économique des femmes. L'OCDE utilise à ce sujet la participation des femmes dans les conseils d'administration comme indicateur. Le Canada se classe parmi les derniers avec les Pays-Bas, le Japon et l'Allemagne. Les CA canadiens ne comptent que 7 % de femmes, contre 38 % en Norvège, 19 % en Suède et 18 % en France. Les écarts s'expliquent principalement par des choix institutionnels. En Norvège, une loi prévoit que les CA doivent compter au minimum 40 % de femmes. Au Québec, un comité mis sur pied sous le gouvernement Charest – la Table des partenaires influents – proposait plutôt des mesures incitatives auprès des entreprises.

À ce chapitre, le Québec fait un tout petit peu mieux que le Canada. Selon Catalyst[21], un organisme à but non lucratif qui fait la promotion des femmes en affaires, les CA des entreprises québécoises comptent 19,8 % de femmes en 2014, ce qui place le Québec au 3e rang canadien derrière la Nouvelle-Écosse (25,7 %) et la Saskatchewan (23,2 %). Ces données ne tiennent pas compte des sociétés d'État québécoises où une loi impose un seuil de représentation féminine. La proportion canadienne est de 15,9 %.

Selon la Table des partenaires influents, environ 15 % des postes d'administrateurs des 100 grandes sociétés canadiennes cotées en Bourse étaient occupés par des femmes en 2011, alors que 26 % des entreprises ne comptaient aucune femme au sein de leur CA. Aux États-Unis, toujours selon Catalyst, la proportion est semblable, soit 16 % de femmes pour les entreprises du Fortune 500.

Ce qui est vrai pour les CA l'est également pour les postes de haute direction. En 2011, 17,7 % des hauts dirigeants des sociétés du *Financial Post 500* étaient des femmes. Pour les sociétés dont le siège social était au Québec, 17,8 % de femmes occupaient une position semblable.

Nous sommes en retard. Les raisons sont évidemment nombreuses, elles tiennent peut-être au fait que les femmes se montrent moins désireuses de progresser dans les hiérarchies. Mais les femmes souffrent aussi de discrimination souvent inconsciente, celle des *old boys networks* qui les excluent. Le problème est assez sérieux pour se demander s'il ne serait pas souhaitable de recourir à la coercition et d'imposer des lois, comme le fait la Norvège.

Le pouvoir politique des femmes. Le Canada, avec 76 femmes sur 305 sièges au Parlement (soit 24,9 %), se retrouve au 17e rang, à peu près dans la moyenne de l'OCDE, devant les États-Unis, l'Italie, la France, le Royaume-Uni, mais encore loin derrière l'Europe du Nord.

Le Québec, avec 41 députées sur 125 (39 %) à l'Assemblée nationale aux élections de 2012, semblait faire mieux. Il devançait aussi d'autres provinces comme l'Ontario où la proportion de femmes députées est de 25,3 %, la Colombie-Britannique, 35,3 %, et l'Alberta, 26,4 %. À l'automne 2012, avec l'arrivée de Pauline Marois à la tête du gouvernement du Québec – la première femme à devenir première ministre de la province – , on avait l'impression que le Québec, tout comme le reste du Canada, était à l'aube d'une révolution.

En effet, la première ministre du Québec n'était pas seule. Sur les 12 premiers ministres des provinces et territoires canadiens, on comptait six femmes en 2013. Assez pour que les traditionnelles réunions des premiers ministres commencent à ressembler à un *ladies club*. Mais ce virage n'a pas duré longtemps, ce qui montre la fragilité des gains des femmes dans le monde du pouvoir.

Sur les six femmes premières ministres, il n'en restait que deux en juin 2014 : Kathleen Wynne, en Ontario, et Christy Clark, en Colombie-Britannique. Pauline Marois a été défaite lors du scrutin du 7 avril ; Alison Redford, première ministre conservatrice albertaine, a quitté ses fonctions au terme d'une lutte intestine au sein de son parti ; Kathy Dunderdale, première ministre de Terre-Neuve-et-Labrador, a remis sa démission ; et Eva Aariak, première ministre du Nunavut, a choisi de ne pas se représenter.

Le Québec a reculé sur un autre terrain, celui de la députation féminine. Aux élections d'avril 2014, le nombre de femmes élues a été ramené de 41 à 34, ce qui a abaissé leur proportion à 27 % de la députation. Le Québec se retrouve donc à nouveau dans la moyenne canadienne.

EN GUISE DE CONCLUSION

Que faut-il retenir ? Que nous dit ce survol ? Premièrement, qu'il manque des pièces au casse-tête. Et surtout, répétons-le, tous ces exercices de comparaison et d'évaluation reposent en général sur ce qui est chiffrable et mesurable, ce qui écarte une grande quantité d'éléments fondamentaux – tout le non-dit, les conversations derrière des portes closes, le sexisme au quotidien, les attitudes des hommes envers les femmes, la pauvreté, le partage des tâches, la violence, les biais des institutions, des lois et des systèmes de justice, les comportements sociaux, etc.

Deuxièmement, que le Québec, si on le compare au reste du Canada, n'est pas exceptionnel. Il est, en gros, dans la moyenne canadienne, un peu derrière dans certains cas, un peu devant dans d'autres.

Mais aussi, comme on le voit avec l'évolution récente de la place des femmes en politique, les gains que réalisent les femmes sont encore terriblement fragiles.

Et si on regarde comment le Canada et le Québec se comportent à l'échelle mondiale, on découvre que le Québec est une société de type anglo-saxon comme le Canada, les États-Unis et le Royaume-Uni, où la place des femmes est plus enviable que dans bien des pays, comme la France à laquelle on aime à se comparer. On découvre aussi que ni le Canada ni le Québec ne font partie des sociétés résolument égalitaires qu'on retrouve surtout dans le nord de l'Europe. Et, donc, qu'il nous reste beaucoup de travail à faire.

8. SOMMES-NOUS SOLIDAIRES?

« Solidaire ». Voilà certainement l'un des mots par lequel se définit le Québec. Il truffe les discours de nos dirigeants, toutes couleurs confondues, il a donné son nom à un courant dans le vaste débat public entre « lucides » et « solidaires », puis à un petit parti politique. Tout le monde parle de solidarité, tout le monde s'en réclame. Mais le passage des paroles aux actes est plus laborieux. Le Québec est peut-être solidaire, mais il n'est pas évident que les Québécois le sont.

Le terme est tellement au cœur de notre définition de nous-mêmes qu'on le retrouve au deuxième paragraphe du « Portrait du Québec », dans le site Web du gouvernement québécois : « Société moderne et solidaire, dotée d'un système de santé universel et gratuit et d'un réseau d'éducation bien développé, le Québec est reconnu pour sa qualité de vie exceptionnelle et pour son système politique démocratique. Son économie diversifiée repose sur d'innombrables ressources naturelles et croît au rythme des technologies de l'information et des autres secteurs de pointe. »

Que signifie, dans les faits, le terme « solidaire » ? Pas toujours évident d'en connaître le sens. Chose certaine, ce mot veut dire différentes choses pour différentes personnes. Pour le parti qui en a fait son nom – Québec solidaire – , c'est une façon détournée de dire socialiste. Pour les autres, il décrit l'esprit de générosité et d'ouverture d'une société qui prône l'entraide et qui n'abandonne pas ses citoyens à leur triste sort.

Les libéraux ont intégré ce terme à leur vocabulaire. Le ministre des Finances, Raymond Bachand, avait déposé, avec son budget 2012-2013, un fascicule sur la réduction des inégalités intitulé « Le Québec et la lutte à la pauvreté : pour un Québec solidaire », où on pouvait lire : « Une meilleure répartition des richesses et la réduction de la pauvreté correspondent à une vision de la société faisant consensus au Québec : nous devons faire en sorte que le produit de la croissance économique bénéficie à tous, et surtout qu'il permette d'améliorer le bien-être des moins favorisés de notre collectivité ».

Son successeur péquiste, Nicolas Marceau, dans son propre budget de 2014-2015, écrivait quant à lui : « La solidarité est une valeur fondamentale des Québécois. Il s'agit de l'un des piliers de l'action gouvernementale. Avec le budget 2014-2015, le gouvernement agit pour renforcer la solidarité ».

Le mot est manifestement très consensuel. Est-ce qu'il correspond à la réalité ? À plusieurs égards, oui. La société québécoise est l'une des sociétés nord-américaines les plus égalitaires. Ses politiques sont plus redistributives. Mais la solidarité, ce n'est pas que des politiques fiscales et des transferts, c'est aussi un esprit de justice, de générosité, d'ouverture et de tolérance.

De façon générale, je dirais que la société québécoise se caractérise par une forme de solidarité passive à travers le système fiscal, mais qu'elle se distingue beaucoup moins pour la solidarité active, celle qui exige des efforts, un engagement ou des sacrifices.

UNE SOCIÉTÉ PLUS ÉGALITAIRE

Je dois avouer que le résultat de mes recherches m'a un peu étonné. Je pensais sincèrement que, avec tout ce que j'ai lu et entendu depuis des lustres, le Québec était vraiment la Mecque de l'égalité des revenus en Amérique du Nord. Ce n'est pas tout à fait exact. La plupart des provinces canadiennes font mieux que le Québec à ce chapitre.

Le coefficient de Gini constitue la grande mesure de l'égalité des revenus. Il est obtenu au moyen de calculs complexes, qui donnent 1 à une société complètement inégalitaire où une seule personne capte tous les revenus, et 0 à une société complètement égalitaire où tous les individus ont le même revenu. C'est un indicateur universellement reconnu qui fait autorité et qui est largement utilisé dans les comparaisons internationales. Pour mémoire, plus le chiffre est bas, mieux c'est pour ceux, bien sûr – et j'en suis – qui souhaitent que le Québec soit égalitaire.

Quand on le compare à la moyenne canadienne, le Québec fait bonne figure. Le coefficient de Gini, pour l'ensemble des unités familiales, était de 0,378 au Québec en 2011, contre 0,395 dans le reste du Canada. Toutefois, quand on regarde plus en détail, la performance québécoise est moins probante. Contrairement à ce qu'on pourrait croire, le Québec n'est pas au 1er rang des provinces. Il se retrouve au 6e rang canadien pour l'égalité des revenus ! La distribution des revenus est plus égalitaire dans les trois provinces atlantiques ainsi que dans deux provinces des Prairies, le Manitoba et la Saskatchewan. Qui l'aurait cru ?

Pourquoi les provinces atlantiques et les Prairies réussissent-elles mieux que nous ? N'y a-t-il pas quelque chose d'étonnant à ce que le Québec, avec sa fiscalité plus lourde qu'ailleurs, ses programmes sociaux et son culte de la solidarité, ne réussisse pas à bâtir une société plus juste que le Manitoba ou le Nouveau-Brunswick ? Il y a à cela quelques éléments d'explications.

L'inégalité s'explique par la distribution initiale des revenus à travers la société, ce que les familles touchent et gagnent, et ensuite par les mécanismes de redistribution qui réduisent ces écarts. Au Canada, il y a tout simplement moins de contribuables à hauts revenus dans les provinces pauvres que dans les provinces riches. Donc, au départ, la distribution des revenus comporte moins d'inégalités. Ensuite, les mécanismes de redistribution sont plus puissants dans les provinces pauvres, notamment à cause du poids des transferts fédéraux – supplément de revenu garanti, assurance emploi, prestations familiales. Enfin, dans les Prairies, n'oublions pas le vieux fond socialiste néo-démocrate.

Le Québec n'est donc pas le champion qu'on dit, mais il est plus égalitaire que les trois autres grandes provinces industrialisées et urbanisées que sont l'Alberta, l'Ontario et la Colombie-Britannique, rejointes maintenant par Terre-Neuve.

En comparant le Québec à une province qui lui ressemble davantage comme l'Ontario, on peut voir l'effet des politiques sur la répartition des revenus. Quand on examine le revenu du marché, celui que touchent les familles grâce à leur activité économique et avant que l'État n'intervienne, on découvre que le degré d'inégalité initial est plus élevé au Québec qu'en Ontario. Le coefficient de Gini pour le revenu de marché au Québec atteint 0,517, soit plus qu'en Ontario (0,512). Mais les transferts gouvernementaux, plus élevés au Québec grâce à ses propres politiques mais aussi grâce à Ottawa, font passer le coefficient de Gini du Québec à 0,418, sous celui de l'Ontario (0,430), et suffisent ainsi à redonner à

LES INÉGALITÉS AU CANADA
COEFFICIENTS DE GINI, 2011

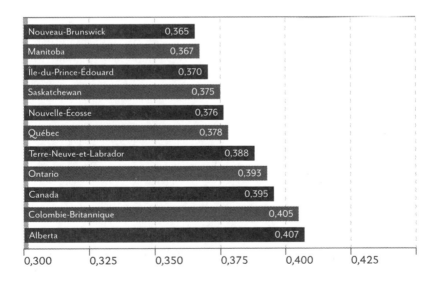

Source : Statistique Canada.

notre province une distribution de revenus plus égalitaire. Enfin, l'impôt fait le reste. Le coefficient de Gini du Québec pour le revenu après impôt passe à 0,378, ce qui est nettement moins élevé qu'en Ontario (0,393).

On sait aussi que le degré d'inégalité a eu tendance à augmenter partout depuis trois décennies, y compris dans les pays scandinaves, notamment en raison de la mondialisation et d'une tendance à l'allègement de la fiscalité. Cela ne s'est pas produit au Québec. Le coefficient de Gini a surtout augmenté avant le tournant du siècle, passant de 0,345 en 1981 à 0,378 en 2001, mais il est resté assez stable depuis, ce qui est bon signe.

Bref, sans être un champion et sans être unique au sein du Canada, le Québec est néanmoins une société égalitaire à l'échelle nord-américaine. Plus égalitaire que la moyenne canadienne et, on s'en doute, beaucoup plus égalitaire que les États-Unis, le pays industrialisé le plus inégalitaire de la planète. La comparaison devient toutefois moins élogieuse quand on regarde outre-mer. Une comparaison avec les pays de l'OCDE, en utilisant des données un peu différentes, montre que le Québec, dans un classement de 22 pays, serait au milieu de la distribution avec un coefficient de Gini de 0,304, tout juste derrière la France au 12e rang avec 0,303 et devant la Nouvelle-Zélande au 13e rang avec 0,317.

Ce qui frappe, dans ce classement, c'est la division du monde industrialisé en deux camps distincts. Il y a d'abord celui des pays égalitaires, surtout les pays scandinaves, mais aussi les autres pays d'Europe du Nord qui forment un groupe presque homogène avec des coefficients de Gini allant de 0,249 pour le champion (la Norvège) à 0,288 pour les Pays-Bas. On peut noter que tous ces pays, sans exception, sont germaniques ou comptent une langue officielle germanique. Cela ne décrit pas un phénomène linguistique, mais une réalité sociologique qui transcende les idéologies politiques, l'existence d'une culture commune et d'une conception de la société sans doute colorée par le protestantisme.

De l'autre côté, il y a le camp des pays moins égalitaires avec des coefficients de Gini qui vont de 0,317 pour la Nouvelle-Zélande à 0,380 pour les États-Unis, qui sont dans une catégorie à part. Ce groupe est moins homogène. On y retrouve tous les pays anglo-saxons sans exception, le Japon et les pays méditerranéens. Dans le cas des pays anglo-saxons, surtout les États-Unis, mais à un degré moindre le Royaume-Uni et ses anciennes colonies dont le Canada, la répartition des revenus est influencée par une culture valorisant davantage l'initiative individuelle. Dans les pays méditerranéens, plus pauvres, on observe une autre dynamique, celle de la persistance des hiérarchies sociales traditionnelles.

LES INÉGALITÉS DANS LE MONDE
COEFFICIENTS DE GINI, 2010

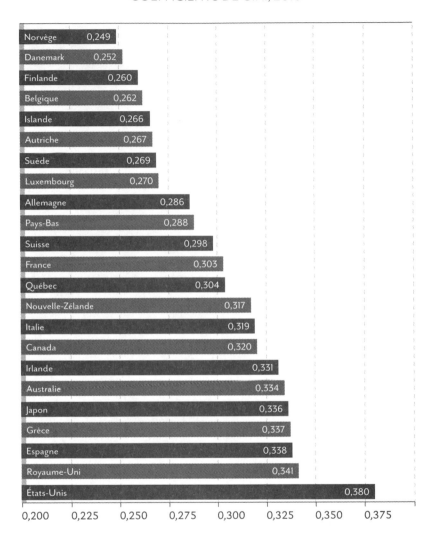

Norvège	0,249
Danemark	0,252
Finlande	0,260
Belgique	0,262
Islande	0,266
Autriche	0,267
Suède	0,269
Luxembourg	0,270
Allemagne	0,286
Pays-Bas	0,288
Suisse	0,298
France	0,303
Québec	0,304
Nouvelle-Zélande	0,317
Italie	0,319
Canada	0,320
Irlande	0,331
Australie	0,334
Japon	0,336
Grèce	0,337
Espagne	0,338
Royaume-Uni	0,341
États-Unis	0,380

0,200   0,225   0,250   0,275   0,300   0,325   0,350   0,375

Source : OCDE.

Le Québec, avec la France et la Suisse, fait partie d'un petit groupe qui, avec des coefficients de Gini autour de 0,300, n'est ni dans un camp ni dans l'autre. On pourrait dire de la France qu'elle a un pied dans le nord de l'Europe et l'autre dans le sud. Dans le cas du Québec, le métissage est encore plus complexe : une société hybride, à la fois nord-américaine

et européenne, à mi-chemin entre l'individualisme anglo-saxon et l'inter-
ventionnisme des États providence, à la fois nordique et latine.

LA PAUVRETÉ

La solidarité ne se mesure pas seulement à travers la répartition des
revenus. Il faut aussi regarder ce qui se passe aux deux extrémités de
l'échelle, chez les riches et chez les pauvres. Et là, le Québec, sans battre
des records, se distingue. D'abord au bas de l'échelle, en étant, avec
l'Alberta et la Saskatchewan, la province où la prévalence de la pauvreté
est la plus faible. On utilise un taux de faibles revenus fondé sur la
mesure du panier de consommation qui définit les niveaux de revenu
nécessaires pour couvrir les besoins essentiels.

Avec cette approche, le taux de faibles revenus du Québec, en 2011,
était de 7,4 % pour les familles, nettement sous la moyenne canadienne
de 8,8 %. Seule l'Alberta compte moins de familles dans le besoin. Du
côté des personnes seules où les ravages de la pauvreté sont plus grands
parce que les mécanismes d'aide sont moins généreux et parce que
c'est là qu'on retrouve les cas de détresse les plus criants – santé mentale,
itinérance, isolement –, le taux de faibles revenus au Québec est de 27,1 %,
au 4ᵉ rang canadien, mais encore là bien au-dessous de la moyenne

TAUX DE FAIBLES REVENUS AU CANADA
MESURE DU PANIER DE CONSOMMATION, 2011

	FAMILLES	PERSONNES SEULES	TOTAL
Canada	8,8	30,1	12,0
Terre-Neuve-et-Labrador	8,9	31,8	11,8
Île-du-Prince-Édouard	10,2	30,9	13,0
Nouvelle-Écosse	10,6	32,8	14,3
Nouveau-Brunswick	9,2	27,9	12,0
Québec	7,4	27,1	10,7
Ontario	8,8	33,0	12,0
Manitoba	9,5	22,9	11,5
Saskatchewan	7,7	20,7	9,8
Alberta	6,8	24,6	9,4
Colombie-Britanique	12,5	36,2	16,5

Source : Statistique Canada.

canadienne de 30,1 %. Pour l'ensemble de la population, le Québec est au 3e rang après l'Alberta et la Saskatchewan, avec un taux de faibles revenus de 10,7 %.

Est-ce bien ? Ce ne l'est jamais. Mais on peut dire que le Québec, sans pouvoir compter sur la prospérité des deux provinces des Prairies dont les taux de faibles revenus sont plus bas, réussit très bien dans son combat contre la pauvreté, une préoccupation qu'ont partagée tous ses gouvernements. Les efforts des politiques de lutte contre la pauvreté ont porté leurs fruits. Le taux de faibles revenus est en baisse. Pour les familles, il est passé de 8,5 % en 2002 à 6,0 % en 2009, un progrès significatif stoppé par la crise : il est remonté à 7,4 % en 2011. On note aussi que pour l'incidence des faibles revenus chez les enfants (les moins de 18 ans) – une mesure absolument cruciale –, le Québec est encore une fois l'une des deux provinces qui combattent le mieux ce fléau avec un taux de 10,7 %, pas loin du taux albertain de 10,4 %. La moyenne canadienne est beaucoup plus élevée, à 13,7 %, et ce taux atteint des seuils intolérables dans plusieurs provinces et dépasse même 20 % en Colombie-Britannique et en Nouvelle-Écosse. Il est à noter qu'avec d'autres mesures de la pauvreté, les résultats du Québec sont moins heureux.

Une comparaison avec les pays industrialisés nous permet toutefois de réaliser qu'il y a moyen de faire beaucoup mieux. L'OCDE utilise un concept de pauvreté qui ne se base pas sur les besoins, mais sur la pauvreté relative des individus en calculant la portion de la population dont les revenus sont inférieurs à la moitié du revenu médian. Avec cette approche, le taux de pauvreté canadien, à 11,4 %, est tout juste au-dessus de la moyenne de 11,3 %, au 21e rang sur 36, encore une fois dans le groupe des pays anglo-saxons, des pays méditerranéens et des pays pauvres comme la Corée, le Mexique ou le Chili. Le Québec, à 10,2 %, serait un peu sous la moyenne et se retrouverait au 18e rang. Mais un grand nombre de pays européens affichent des taux de pauvreté significativement plus bas que le nôtre : l'Allemagne, 8,9 %, la France, 7,2 %, et le Danemark, 6,1 %. Ils devraient être nos modèles.

LES « 1 % »

Si le Québec réussit relativement bien, dans un contexte nord-américain, à lutter contre les inégalités au bas de l'échelle, on y trouve aussi moins d'excès dans le haut de l'échelle. On sait à quel point les écarts de revenus et, surtout, la part disproportionnée de la richesse dans les mains des plus riches ont fait l'objet d'un vaste débat, notamment après le grand mouvement Occupy Wall Street et sa dénonciation des « 1 % ».

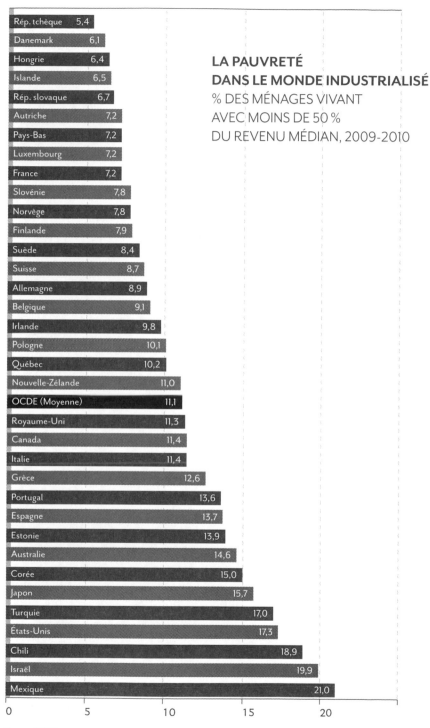

LA PAUVRETÉ DANS LE MONDE INDUSTRIALISÉ
% DES MÉNAGES VIVANT AVEC MOINS DE 50 % DU REVENU MÉDIAN, 2009-2010

Pays	%
Rép. tchèque	5,4
Danemark	6,1
Hongrie	6,4
Islande	6,5
Rép. slovaque	6,7
Autriche	7,2
Pays-Bas	7,2
Luxembourg	7,2
France	7,2
Slovénie	7,8
Norvège	7,8
Finlande	7,9
Suède	8,4
Suisse	8,7
Allemagne	8,9
Belgique	9,1
Irlande	9,8
Pologne	10,1
Québec	10,2
Nouvelle-Zélande	11,0
OCDE (Moyenne)	11,1
Royaume-Uni	11,3
Canada	11,4
Italie	11,4
Grèce	12,6
Portugal	13,6
Espagne	13,7
Estonie	13,9
Australie	14,6
Corée	15,0
Japon	15,7
Turquie	17,0
États-Unis	17,3
Chili	18,9
Israël	19,9
Mexique	21,0

Source : OCDE.

Les écarts de revenus excessifs constituent une source de grande préoccupation pour plusieurs économistes comme Thomas Piketty, dont l'essai *Le Capital au XXIᵉ siècle* a suscité un très vaste débat, ainsi qu'à la Banque mondiale et à l'OCDE, qui a publié une vaste étude sur le sujet en 2014[22]. Cette étude montre à quel point les écarts entre les 1 % les plus riches et le reste de la population se sont considérablement accrus dans la plupart des pays entre 1981 et 2012, y compris les pays scandinaves. Le phénomène est plus marqué dans les pays anglo-saxons : la part des revenus détenus par ces 1 % a plus que doublé aux États-Unis, passant de 8,2 % à 19,3 %.

Au Canada, la part des revenus qui va à ces 1 % a quand même moins augmenté qu'aux États-Unis. Selon Statistique Canada, le revenu du marché obtenu par cette petite minorité est passé de 7,6 % des revenus totaux en 1982 à 12,0 % en 2011. Au Québec, la progression est plus modeste, mais elle est réelle, de 6,8 % à 10,5 %. À ce chapitre, le Québec n'est pas un champion canadien de l'égalité : il se trouve au 5ᵉ rang derrière les quatre provinces atlantiques et le Manitoba, mais derrière les quatre provinces riches.

Mais quelques nuances s'imposent. D'abord, il y a riche et riche. Au Québec, le seuil à partir duquel un citoyen fait partie du 1 % est bas : 174 600 $ en 2011. C'est 21,4 % de moins qu'en Ontario, où le seuil est de 221 600 $. Au Québec, dans ce petit groupe sélect, on trouve donc, à côté des millionnaires, des professionnels et même des salariés. Et si le seuil d'entrée dans le club des riches est plus bas au Québec, leurs revenus sont aussi plus bas : le revenu médian des 1 % y est de 241 000 $ contre 319 700 $ en Ontario.

Si le Québec est plus égalitaire que le Canada, il se classe néanmoins dans les sociétés où la disparité des revenus est élevée. Avec 10,4 % des revenus dans les mains des 1 %, le Québec devance le Japon, l'Italie, l'Australie (où cette proportion n'est que de 10 %), la France, l'Espagne et la Norvège à 8 %, la Finlande, la Nouvelle-Zélande et la Suède à 7 %, le Danemark et les Pays-Bas à 6 %.

L'inégalité, en soi, n'est pas un drame tant que le taux de pauvreté est bas, que la situation de la majorité est confortable, que son sort s'améliore et que les écarts ne sont pas excessifs. Mais, depuis un quart de siècle, on a basculé du côté de l'excès et on a rompu un contrat social. Quand la majorité ne profite pas du progrès économique, en plus du problème de justice sociale que cela pose, ce sont les fondements mêmes des sociétés comme la nôtre qui sont remis en question, le principe voulant que le travail doive être récompensé et que la finalité des efforts de création de richesse est de tendre vers une société meilleure et une amélioration des conditions de vie.

UN ÉTAT TRÈS PRÉSENT

On ne peut pas, à la lumière de toutes ces comparaisons, décrire le Québec comme un îlot de justice sociale isolé dans une mer d'inégalité. En gros, pour ce qui est des inégalités dans la répartition des revenus, du taux de pauvreté et des distorsions concernant les riches, le Québec se situe dans la moyenne canadienne. Ce qui le distingue, ce sont plutôt les moyens qu'il déploie et ses pratiques uniques sur le continent. Le Québec a misé sur un rôle beaucoup plus grand de l'État, il taxe plus qu'ailleurs et ce fardeau fiscal est plus progressif, ce qui contribue à réduire les inégalités. C'est également l'endroit où les dépenses publiques sont les plus importantes, ce qui permet un plus grand nombre d'interventions pour réduire les écarts entre riches et pauvres.

Les dépenses publiques au Québec équivalent à 47 % du PIB tous gouvernements confondus, selon les données du Centre sur la productivité et la prospérité de HEC Montréal[23]. Ce niveau dépasse nettement la moyenne de l'OCDE – 39 % – où se situe le Canada. Il dépasse également l'Ontario – 38 % – ainsi que toutes les autres provinces. À l'échelle internationale, le Québec fait partie du peloton de tête, pas loin derrière le champion toutes catégories qu'est le Danemark avec 49 % et la Suède avec 48 %, et à égalité avec la France.

Dans la même logique, les revenus fiscaux sont aussi très élevés à 37,5 % du PIB, au même niveau que l'Allemagne ou les Pays-Bas, mais quand même nettement derrière le Danemark (47,8 %) ou la France (42,5 %). On notera qu'au Québec il y a un grand écart entre le poids des dépenses de l'État et le poids de ses revenus. Cela s'explique par le fait qu'une partie des revenus de l'État ne proviennent pas d'impôts, par exemple les profits d'Hydro-Québec, mais aussi parce qu'une partie des dépenses publiques proviennent de transferts fédéraux financés par des impôts dans d'autres provinces.

Mais le résultat est là. Le ministère des Finances, dans le plan budgétaire qui accompagnait le budget 2024-2015, a estimé que le niveau des dépenses du gouvernement du Québec dépassait de 11,3 milliards celui de l'ensemble des provinces canadiennes.

On commettrait toutefois une sérieuse erreur en déduisant que ces 11,3 milliards de dépenses supplémentaires constituent l'enveloppe de la solidarité québécoise. Une portion de ces dépenses additionnelles va au service de la dette – plus élevé au Québec – , au financement de programmes et d'organismes qui n'existent pas ailleurs, à une lourdeur de

DÉPENSES PUBLIQUES
% DU PIB, 2009

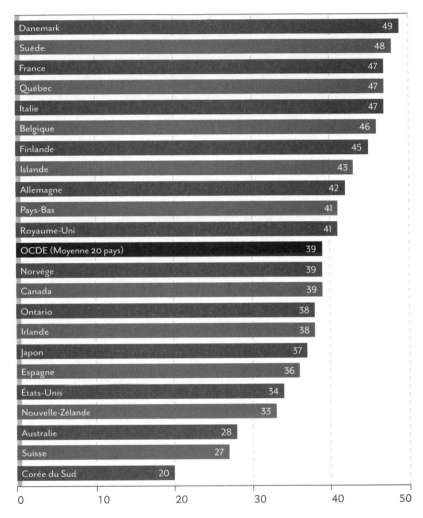

Source : Centre sur la productivité et la prospérité, HÉC Montréal.

l'administration publique, à la multiplication des structures comme en santé et en éducation, aux subventions aux entreprises plus généreuses qu'ailleurs, sans compter les cas de gaspillage éhonté dévoilés dans le sillage du scandale de la construction. En outre, le Québec s'est doté de coûteux programmes universels, comme l'assurance médicaments ou les garderies subventionnées, qui ne comportent aucune forme de transfert entre riches et pauvres.

Si la composante de la solidarité n'est pas toujours évidente du côté des dépenses publiques, malgré leur poids, elle est toutefois très présente du côté de la fiscalité, manifestement plus progressive qu'ailleurs sur le continent. La fiscalité est progressive quand les plus riches, qui jouissent d'une plus grande marge de manœuvre, versent au fisc une proportion plus grande de leurs revenus que les plus pauvres. La progressivité est difficile à calculer, quoique plusieurs indices pointent en ce sens, par exemple, le fait que 37,2 % des contribuables québécois ne paient pas d'impôt sur le revenu, ou encore que le taux maximal d'imposition est élevé au Québec (49,97 %), ce qui le classe bien au-dessus de la moyenne de l'OCDE (41,0 %). Le Québec compte en outre davantage sur l'impôt sur le revenu que tous les pays du G7.

Le fiscaliste de l'Université de Sherbrooke Luc Godbout et ses collègues[24] ont développé pour le Québec des mesures de la charge fiscale nette, une méthodologie mise au point par l'OCDE qui tient compte des impôts et des cotisations, mais aussi des prestations en espèces, comme les allocations familiales et les crédits d'impôt remboursables. Les comparaisons se font pour diverses situations familiales – couples sans enfant, familles monoparentales, familles biparentales avec enfants – et pour divers niveaux de revenu en fonction du salaire moyen. L'avantage de cette approche, c'est de tenir compte des ponctions fiscales, élevées au Québec, mais aussi de ce que la population reçoit en contrepartie, ce qui donne une image plus juste de leur fardeau fiscal réel.

Ce que montrent ces comparaisons, c'est que la charge fiscale nette du Québec est la plus forte au Canada pour les revenus élevés, peu importe la situation familiale, qu'elle est la plus faible pour les familles avec enfants, qu'elles soient monoparentales ou biparentales et dont les revenus sont faibles ou moyens. Autrement dit, le système fiscal a un préjugé très favorable pour les enfants et un préjugé très défavorable pour les plus hauts revenus, signe clair de progressivité. Sur le plan international, pour les mêmes raisons, la charge fiscale nette des Québécois sera inférieure pour les mêmes catégories de contribuables.

Un autre calcul des mêmes auteurs montre que lorsque le revenu augmente, le taux de la charge fiscale s'accentue plus rapidement au Québec que dans les pays du G7, ce qui indique que la progressivité du régime fiscal québécois est plus grande.

UN QUÉBEC GÉNÉREUX ?

Il y a une autre façon de mesurer le degré de solidarité d'une société, et c'est par la générosité et le don de soi de ses citoyens. Ce n'est pas une digression, car il s'agit de deux volets d'une même réalité qui se complètent.

On imagine mal une société solidaire sur le plan collectif, mais dont les principes et les valeurs ne se vérifient pas sur le plan individuel. Pourtant, c'est un peu ce à quoi mène notre caractère hybride. Les Québécois ne font pas preuve de cette générosité, du moins celle qui peut se mesurer par les dons de charité.

À ce chapitre, les comportements québécois sont franchement désolants. En 2012, les Québécois ont distribué 858 millions en dons de charité, à peine 10,3 % des 8,3 milliards récoltés au Canada. Le don médian des Québécois a été de 130 $, ce qui classe le Québec au dernier rang au pays, très loin derrière tous les autres Canadiens. Partout ailleurs, les dons médians varient entre 300 $ et 400 $. Cela signifie que les Québécois donnent deux fois et demie moins que les Néo-Brunswickois, ou trois fois moins que les Albertains. Les Québécois ne sont pas moins nombreux à faire des dons : 20,7 % des citoyens donnent selon ces chiffres de Statistique Canada colligés à travers les statistiques fiscales comparativement à, par exemple, 23,5 % en Ontario. Mais ils donnent beaucoup moins.

On pourra chercher toutes sortes d'explications. La première, c'est parce que le fardeau fiscal est plus lourd au Québec, les Québécois estimant avoir déjà donné et avoir exprimé leur générosité à travers le fisc et l'État. Ou que les dons sont souvent canalisés à travers des organisations

LA CHARITÉ AU CANADA
DONS MÉDIANS, % DE DONATEURS

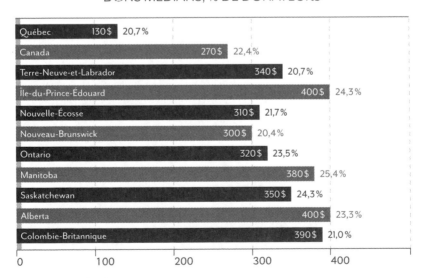

	Don médian	% donateurs
Québec	130 $	20,7 %
Canada	270 $	22,4 %
Terre-Neuve-et-Labrador	340 $	20,7 %
Île-du-Prince-Édouard	400 $	24,3 %
Nouvelle-Écosse	310 $	21,7 %
Nouveau-Brunswick	300 $	20,4 %
Ontario	320 $	23,5 %
Manitoba	380 $	25,4 %
Saskatchewan	350 $	24,3 %
Alberta	400 $	23,3 %
Colombie-Britannique	390 $	21,0 %

Source : Statistique Canada.

religieuses, maintenant moins présentes au Québec. Ou encore que les Québécois exprimeraient leur générosité à des causes qui ne donnent pas de reçus d'impôt et qui n'apparaissent donc pas dans les données fiscales. Une étude de l'ISQ, qui ne se limite pas aux dons donnant droit à un reçu, montre par exemple que les Québécois ont versé 1,2 milliard en 2010 à des organismes de charité, soit beaucoup plus que dans les enquêtes de Statistique Canada. Mais rien ne permet de croire qu'on n'assisterait pas au même phénomène ailleurs.

Mais si, à la limite, on accepte l'explication que les Québécois sont moins enclins à faire des dons en argent parce qu'ils paient plus d'impôt, cela ne devrait pas les empêcher de donner du temps à leur collectivité, aux gens dans le besoin et aux causes auxquelles ils croient. Et pourtant, là aussi, les Québécois ne sont pas au rendez-vous. Dans ce cas, les arguments fiscaux ne tiennent pas la route. Et pourtant, selon une autre étude de Statistique Canada, 37 % des Québécois déclaraient avoir fait du bénévolat en 2010[25]. La moyenne canadienne était de 47 %, mais elle était tirée vers le bas par le Québec. Partout ailleurs au Canada, le taux de bénévolat variait de 48 %, en Ontario, à 58 % en Saskatchewan.

Et ces bénévoles québécois, manifestement moins nombreux, consacraient en outre beaucoup moins d'heures aux causes qu'ils soutenaient : 128 heures en moyenne au Québec, contre 156 au Canada, 164 en Ontario

LE BÉNÉVOLAT AU CANADA
NOMBRES D'HEURES ET % DE BÉNÉVOLES, 2010

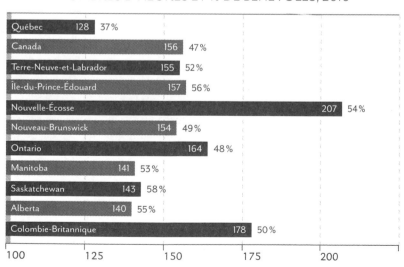

Source : Statistique Canada.

et 207 en Nouvelle-Écosse. Quelle est l'explication? Les Québécois seraient-ils trop occupés? Pas selon les statistiques sur les heures de travail. Difficile d'y voir autre chose qu'une moins grande implication et une moins grande sensibilité.

LES QUÉBÉCOIS SONT-ILS OUVERTS?

La solidarité, c'est aussi la capacité d'être solidaires avec ceux qui sont différents de nous, soit l'ouverture aux autres. C'est un attribut qu'on associait souvent au Québec, celle d'une société ouverte et accueillante. Mais cette idée d'un Québec accueillant a subi un rude coup avec le débat autour de la Charte de la laïcité, projet présenté par le gouvernement Marois à l'automne 2013 qui a révélé l'existence d'un courant ethnocentriste, de repli sur soi et de méfiance des autres, plus important qu'on ne pouvait l'imaginer.

On sait maintenant que le Québec se démarque. L'interdiction du port de signes religieux ostentatoires dans le secteur public – qui était l'élément litigieux du projet du gouvernement Marois, mais qui était aussi sa marque de commerce – est inconcevable au Canada anglais ou aux États-Unis, des pays qui se définissent comme des terres d'immigration. Dans ce cas-ci, on peut difficilement dire que l'exception québécoise constitue un signe de modernité.

Le Québec s'est comporté dans ce dossier comme une minorité en oubliant ses devoirs de majorité. Il s'est aussi comporté comme une société homogène et craintive des menaces extérieures en oubliant qu'il est lui aussi, depuis sa fondation, une société d'immigration comme le reste du continent, et non pas une société homogène de type européen. D'ailleurs, pour valider sa dérive, le Québec a dû aller chercher ses exemples outre-mer, notamment en France, pays aux prises avec son passé colonial et son Front national, ou dans les pays nordiques où le débat a invariablement été mis sur la table par des partis d'extrême droite.

Le gouvernement Marois a voulu présenter son projet de charte comme une expression d'ouverture et de modernité, une défense des grands principes de la laïcité de l'État et de l'égalité des hommes et des femmes, ce qui explique l'appui obtenu dans certains milieux féministes. Mais on a pu voir aussi que le gouvernement péquiste, dans ce dossier, prenant le relais de la défunte ADQ, a trouvé ses plus forts appuis dans les milieux moins urbains et moins éduqués. Un sondage CROP, publié dans *La Presse* en mars 2014, montrait très clairement que l'appui à la Charte, majoritaire chez les francophones, exprimait d'abord et avant tout un malaise devant l'immigration.

Si 68 % des francophones étaient pour l'interdiction du port de signes religieux ostentatoires, 52 % d'entre eux toléreraient le crucifix, mais ils seraient beaucoup moins nombreux à accepter la kippa (37 %), le hijab (35 %) ou le turban sikh (29 %). On est donc moins motivé par la laïcité que par la méfiance à l'égard des religions non chrétiennes.

Cinquante-neuf pour cent des francophones trouvaient qu'«il y a trop d'immigrants au Québec», et un peu plus (61 %) chez les partisans de la Charte. Trente-deux pour cent des non-francophones partageaient cet avis. Seuls 53 % des francophones se disaient à l'aise quand ils sont «dans un quartier où habitent beaucoup d'immigrants», un peu moins chez les partisans de la Charte (51 %).

Quant à la vraie peur identitaire – «la population immigrante affaiblit l'unité du Québec» – , elle s'exprimait chez 57 % des francophones, contre à peine 19 % chez les non-francophones. Elle était plus forte chez les partisans de la Charte (62 %).

Bref, il y a une corrélation nette entre l'appui à la Charte et la crainte de l'immigration. On pourra dire que ce malaise existe aussi en Europe, mais on compare alors des pommes avec des oranges. Aucun pays européen n'est une véritable terre d'immigration comme les États-Unis, le Canada et le Québec. Le Québec francophone semble se distinguer – mais pas de la bonne façon   du reste du continent auquel il appartient.

Sans vouloir caricaturer les partisans de cette charte, on a pu noter qu'on y retrouve un grand nombre de Québécois francophones vivant hors des grands centres urbains encore attachés au catholicisme, qui manifestent une certaine crainte de l'immigration, encore plus quand elle est musulmane.

Mais dans ce débat, il fallait tenir compte d'un autre trait de l'âme canadienne-française : une société conviviale, peu violente, qui privilégie l'harmonie collective et la gentillesse dans les rapports interpersonnels. Il y a ici extrêmement peu de manifestations de racisme violent, pas de Ernst Zündel, pas de Front national, pas de Dieudonné, pas de Tea Party.

Ce trait de caractère, un sondage Léger Marketing du printemps 2013 le mesurait bien en demandant si un employé du secteur public refusant de retirer un symbole religieux devrait perdre son emploi. À peine 35 % des Québécois croyaient que oui et 51 % s'y opposaient. Chez les francophones, 40 % étaient en faveur du congédiement et 49 % contre. Plus on entrait dans les détails et plus le débat était difficile. Car les Québécois, qui exprimaient un malaise face à l'immigration, ne souhaitaient pas pour autant un affrontement.

Le projet de charte est mort avec la défaite du PQ aux élections d'avril 2014, mais ce débat laissera des cicatrices.

QUELLE SOLIDARITÉ ?

Le Québec, en somme, en termes de répartition des revenus, réussit bien dans l'ensemble. On a toutefois vu que sa performance n'est pas exceptionnelle à l'échelle mondiale et que d'autres provinces canadiennes affichent même un bilan supérieur à celui du Québec. On a vu aussi que les Québécois ne manifestent pas plus que les autres Canadiens des comportements d'ouverture ou d'entraide qui les classeraient dans une catégorie à part.

Il n'est donc pas exact de dire que le Québec est unique et qu'il est un modèle en la matière ; on ne peut pas le définir, comme on le fait souvent, par ses valeurs de solidarité. Il semble y avoir une brisure entre le discours – les professions de foi de tous les partis politiques qui en font une valeur première, des mesures symboliques comme la loi sur la pauvreté adoptée par l'Assemblée nationale – et la réalité. D'autres provinces semblent réussir mieux sans en parler autant. On note aussi un écart entre l'importance des efforts déployés en matière de dépenses et de revenus fiscaux et les résultats concrets. Pourquoi, par exemple, le Québec, avec un fardeau fiscal aussi élevé que le Danemark, ne réussit-il pas à être aussi égalitaire et à combattre aussi bien la pauvreté ? Voilà pourquoi il me paraît important d'essayer de comprendre la nature de ce qu'on décrit comme de la solidarité, ses origines et ses limites.

Il me paraît évident que les efforts réels pour réduire les inégalités ne reposent pas sur une culture politique de gauche, comme on en trouve dans certains pays influencés par le socialisme. Le Québec, sur le plan politique, s'inscrit plutôt dans une tradition très conservatrice. Pas de « Commune de Paris », pas de guerre civile comme en Espagne. Notre ADN est plus duplessiste que socialiste. Et depuis la Révolution tranquille, notre vie politique est davantage définie par la question nationale. Nos deux principaux partis, ceux qui se partagent le pouvoir depuis plus de 40 ans, sont des coalitions formées sur une base constitutionnelle où coexistent des éléments de gauche et de droite.

Il y a certainement d'autres mécanismes qui expliquent l'existence d'un certain consensus, notamment au sujet de la lutte contre la pauvreté menée avec autant de constance par tous nos gouvernements, qu'ils aient été libéraux ou péquistes. Et ce sont sans doute les réflexes d'entraide d'une société minoritaire qui se serrait les coudes, pendant longtemps à travers l'Église catholique et, ensuite, quand l'influence de celle-ci s'est effondrée, à travers l'État qui a pris le relais. Les Québécois trouvent normal que l'État aide les gens aux prises avec des difficultés et ils auront le réflexe d'exiger qu'il leur vienne en aide et qu'il crée des programmes quand ils ont des problèmes. À cela s'ajoute le fait que le développement de cet État lors de la Révolution tranquille a servi de rempart à la minorité francophone et de tremplin pour sa réussite. Cela a créé chez les Québécois un attachement à leur gouvernement, une tendance à s'appuyer sur celui-ci, une crainte que le poids de l'État soit réduit, et des sentiments qui reposent moins sur des tendances socialistes que sur des réflexes identitaires. Les Québécois ne sont pas à gauche, ils sont plutôt étatistes. Ce qui définit le Québec, ce n'est pas la générosité de l'État, mais plutôt sa taille.

On peut par exemple noter que jamais, dans les débats publics ou dans les sondages réalisés durant des campagnes électorales, les citoyens ne font une priorité des questions liées aux inégalités ou à la pauvreté. On ne sort pas dans la rue – sauf les groupes directement concernés – pour réclamer plus de logements sociaux ou une augmentation des barèmes de l'aide sociale. D'ailleurs, un rapport du Conseil national du bien-être social[26] révélait que pour 2009, les montants d'aide pour les bénéficiaires québécois de l'aide sociale dans la plupart des situations familiales n'étaient pas les plus généreux au Canada, mais plutôt dans la moyenne. De la même façon, ce n'est pas au Québec que le salaire minimum est le plus élevé, mais en Ontario, au Manitoba et en Nouvelle-Écosse.

La solidarité qu'expriment les Québécois peut davantage être décrite comme une solidarité passive, qui ne repose pas sur un engagement personnel ou sur le fait d'être prêts à des sacrifices. On n'observe pas, au Québec, de révolte fiscale comme on en a vu ailleurs au Canada et aux États-Unis. Les Québécois acceptent de payer plus de taxes et d'impôts que les autres Canadiens et ils le font sans trop rechigner, sachant que cet argent servira, entre autres, à aider les personnes dans le besoin. Cette absence de révolte, il faut cependant le dire, s'explique en partie par l'absence de mobilité des Québécois qui les empêche de voter avec leurs pieds.

Cette solidarité passive, on peut aussi la décrire comme une solidarité indirecte. L'absence de révolte fiscale tient aussi, du moins en partie, à la nature de notre régime fiscal, plus progressif que celui des autres provinces, et au fait que 37,2 % des contribuables ne paient pas d'impôt sur le revenu. Il est plus facile d'être spontanément partisan d'une intervention accrue de l'État et d'une augmentation du fardeau fiscal quand on n'en fait pas les frais. Et dans l'ensemble, sans ironiser, les Québécois sont pour des impôts plus élevés à la condition que ce soit d'autres qui paient. On le voit, par exemple, aux réponses d'un grand sondage CROP commandité par Cogeco en novembre 2013, qui montre que 54 % des répondants sont pour des impôts plus élevés pour les contribuables plus fortunés, ou encore que 59 % des sondés estiment qu'il y a assez de richesse au Québec et qu'il faut mieux la répartir. Bref, dans ce cas, la solidarité, c'est les autres.

Il y a un autre mécanisme politique au Québec qui mène à valoriser des interventions sociales. Dans la plupart des mouvements d'opinion publique en faveur d'un soutien de l'État, les citoyens ne réclament pas d'aide pour les plus démunis, ils veulent plutôt améliorer ou maintenir des services dont ils sont eux-mêmes les bénéficiaires. Parlons d'auto-solidarité. Les grandes batailles sociales du Québec portent invariablement sur des programmes universels qui n'ont pas de fonction redistributive, dont l'essence consiste à fournir les mêmes services ou le même niveau d'aide à tous, et où les plus démunis n'obtiennent pas davantage que les autres. C'est le cas des services de garde à contribution réduite, des droits de scolarité universitaire, de l'accès aux services de santé ou des tarifs d'électricité subventionnés. Dans tous ces cas, les batailles, souvent faites en principe au nom des démunis, profitent bien davantage à une majorité, les classes moyennes. Disons que solidarité bien ordonnée commence par soi-même...

Un dernier mécanisme semble être en jeu, soit le caractère hybride de la société québécoise, bien visible dans les classements internationaux sur la pauvreté ou les inégalités. Je disais plus tôt que nous sommes un hybride entre l'Europe et l'Amérique dans nos politiques et notre filet de sécurité sociale, ou encore un hybride entre les valeurs latines et les valeurs nordiques. Mais la synthèse n'est pas toujours heureuse. En puisant à droite et à gauche, on risque parfois de choisir le pire des deux mondes. Et c'est ainsi qu'en ce qui a trait aux principes de solidarité, nous semblons bien scandinaves et collectivistes quand il s'agit de recevoir, mais plutôt nord-américains et individualistes quand il s'agit de donner, et nous sommes latins dans nos comportements sociaux.

Ce qui manque, c'est l'absence de réciprocité sur laquelle reposent les sociétés vraiment solidaires, où on s'attend à un soutien de la collectivité mais où, en retour, on a des obligations envers cette même collectivité. C'est l'essence même d'un contrat social. Il y a des failles évidentes dans cette nécessaire réciprocité au Québec. On les voit dans l'importance de l'évasion fiscale chez les riches, bien sûr, mais aussi chez tous les autres qui tolèrent collectivement le travail au noir, les paiements sous la table et les achats sans facture pour éviter la TPS et la TVQ. On le voit au fonctionnement d'industries au complet, comme celle de la construction. Et on a découvert l'étendue de la collusion et de la corruption dans l'attribution des contrats publics qui font du Québec une société plus typique des rives de la Méditerranée que de la mer du Nord. Toutes ces dérives ébranlent la confiance dans le contrat social et jettent le doute sur la légitimité des dépenses faites avec notre argent. Notre équilibre est donc fragile et le Québec ne pourra pas devenir une Suède ou un Danemark d'Amérique s'il ne règle pas ce problème.

9. SOMMES-NOUS EN SANTÉ?

Le thème de la santé est difficile à traiter parce que s'il touche à la science, à la politique et aux finances publiques, il est également lié à des émotions très fortes : la maladie, la peur de la souffrance et de la mort. Le débat public sur ce thème, déjà complexe et potentiellement explosif, devient carrément ingérable quand on y ajoute des préjugés et des idées fausses. Je suis convaincu qu'il serait infiniment plus facile de réformer ce système si les gens étaient mieux informés et si les gouvernements étaient moins paralysés par les mouvements imprévisibles de l'opinion publique. Si nous étions un peu plus lucides, les débats déraperaient moins et seraient plus fructueux.

Il s'écrit des livres et des livres sur notre système de santé, il s'est publié je ne sais combien d'études, il s'est déposé des kilos et des kilos de rapports de commissions d'enquête. Je n'ai certainement pas la prétention de poser un diagnostic fin sur notre système de santé et de proposer les solutions qui, enfin, le feraient sortir de son état de crise permanente. J'ai écrit une quarantaine de chroniques sur le sujet depuis trois ou quatre ans, assez pour remplir la moitié de ce livre, sans avoir l'impression d'avoir fait plus qu'effleurer le sujet. Mon objectif sera donc beaucoup plus modeste. Il s'inscrit dans la logique de ce livre, celle de confronter aux faits les idées préconçues et les mythes qu'on entretient sur notre système de santé.

Je suis convaincu qu'il serait infiniment plus facile de réformer ce système si les gens étaient mieux informés et si les gouvernements étaient moins paralysés par les mouvements imprévisibles de l'opinion publique. Si nous étions un peu plus lucides, les débats déraperaient moins et seraient plus fructueux. Voici donc une réflexion sur sept mythes qui, pourtant, ont la vie dure.

Le premier grand mythe, auquel je ne consacrerai que quelques lignes tant il est facile à dégonfler, consiste à croire que les soins de santé sont gratuits. Ce n'est pas le cas. Ils coûtent de l'argent. Ils coûtent même cher. Et nous payons la facture à travers nos impôts, même si nous ne les payons pas directement de notre poche. L'utilisation du terme « gratuit » a toutefois un effet pernicieux, car il nous empêche d'avoir pleinement conscience de la réalité des coûts du système de santé.

UN SYSTÈME QUÉBÉCOIS ?

Le deuxième grand mythe, c'est de croire que notre système de santé est québécois, qu'il est une incarnation des valeurs propres à notre société, qu'il est l'un des fleurons de la Révolution tranquille et, donc, qu'à ce titre, il est important de le préserver tel qu'il est.

Historiquement, c'est faux. Notre système de santé s'est créé en deux temps. D'abord, l'assurance hospitalisation, dans les années 1960. Ensuite, l'assurance maladie, dans les années 1970. Dans les deux cas, ce sont des initiatives du gouvernement du Canada qui a voulu étendre à toutes les provinces le régime conçu en Saskatchewan, en promettant aux provinces d'en financer une bonne partie. Comme la santé, sur le plan constitutionnel, est de ressort provincial, chaque province a créé sa propre formule qui devait toutefois respecter les critères établis par Ottawa. Au Québec, elle est née du rapport Castonguay-Nepveu dont l'un des auteurs, Claude Castonguay, est devenu ministre du gouvernement Bourassa pour mettre en place le régime qu'il avait conçu. Ce système, au départ, est une variante du système canadien, avec quelques différences notables à l'époque, comme la création des CLSC.

Ce qui est canadien dans notre système de santé, ce sont les règles qui encadrent les systèmes provinciaux, imposées par Ottawa comme conditions aux subventions fédérales. Ces règles ont été renforcées par le gouvernement Trudeau et sont inscrites dans une loi – la Loi canadienne sur la santé – dont la surveillance est assurée par le gouvernement central qui en est le gardien. Elle définit les cinq conditions que doivent respecter les provinces pour recevoir des subventions d'Ottawa : la gestion publique, l'intégralité, l'universalité, la transférabilité et l'accessibilité.

Derrière cette loi, il y a un grand principe qu'il faut défendre farouchement : un citoyen ne devrait jamais être privé de soins de qualité parce qu'il n'en a pas les moyens. Mais en enchâssant ce principe dans une loi et en l'articulant autour de cinq critères précis et immuables, le gouvernement fédéral a postulé qu'il n'y a qu'une seule façon acceptable d'atteindre ce grand objectif et de gérer un système de santé. Cela a mené à trois postulats. D'abord, que la justice ne pouvait être assurée que dans un système public. Ensuite, que le régime devait absolument être gratuit. Enfin, que la création de ce système public était incompatible avec l'existence de soins privés.

Ces trois éléments ont mené à un système de santé où l'unique façon d'assurer la justice sociale a été perçue comme l'obligation d'offrir des services identiques à tout le monde. C'est le principe, illusoire, de la médecine à une vitesse qui, au Canada et au Québec, est devenu un dogme et une obsession. Nous savons – on y reviendra – que la quasi-totalité des pays industrialisés, qui croient aux mêmes valeurs que nous, n'ont pas choisi cette formule pour arriver aux mêmes fins.

Cette façon d'encadrer le système de santé est très rigide et devient un dogme, parce qu'elle laisse peu de place aux initiatives et n'encourage pas le changement. Elle a un autre grand défaut, soit de consacrer une forme de tutelle du gouvernement fédéral qui surveille les provinces dans un domaine de leur propre compétence, qui peut les punir si elles ne respectent pas les conditions en retirant ses subventions, et qui, dans les faits, devient le gardien de la vertu.

La force de ce dogme canadien se nourrit de plusieurs malentendus. Tout d'abord, en faisant référence à une loi, on peut croire, à tort, que toute transgression est illégale. En fait, c'est une loi de nature politique promulguée par le gouvernement Trudeau. Transgresser cette loi n'a rien d'illégal, c'est seulement non conforme aux critères d'admissibilité fédéraux. Mais parce qu'on parle de loi, cela donne au respect des normes fédérales une forme d'obligation morale.

Pourquoi une telle rigidité ? Parce qu'au Canada, le système de santé joue le même rôle identitaire que la langue au Québec. La santé, c'est un des éléments centraux qui distinguent les Canadiens anglais des Américains. Il y a donc une grande crainte chez les nationalistes canadiens que toute dérogation au dogme fasse dériver notre système vers celui des États-Unis. Les exemples de déclarations émues sur le système de santé sont nombreux. Roy Romanow, par exemple, ancien premier ministre de la Saskatchewan à qui le premier ministre du Canada Jean Chrétien avait confié une commission d'enquête sur le système de santé, avait déclaré : « Nous sommes à un moment charnière de l'histoire canadienne. Parce que l'assurance maladie est aussi essentielle à l'unité et à l'identité de notre nation qu'elle l'est à la santé de nos citoyens. » Ou encore, Michael Ignatieff, alors chef du Parti libéral du Canada, qui avait critiqué l'idée d'un ticket modérateur en santé proposée par le ministre québécois des Finances Raymond Bachand : « This is the spine of Canadian citizenship that is at stake. » Traduction libre : « C'est l'essence de l'identité canadienne qui est en jeu. » Toucher à la santé, c'est toucher à l'âme du pays. Pas le pays du Québec. Le pays du Canada.

Bref, le système de santé québécois est un système de santé canadien, avec une architecture canadienne et des critères canadiens. Sa conformité est sous le contrôle du gouvernement canadien. Ce qui est le plus étonnant, c'est que les Québécois, même les plus nationalistes, même les dirigeants du Parti québécois, ont repris à leur compte, dans ce dossier, des valeurs identitaires essentiellement canadiennes.

UN SYSTÈME UNIQUE ?

Le système canadien, tout comme ses variantes provinciales, est parfaitement unique dans le monde industrialisé. Aucun autre pays ne s'est donné un système de ce genre, menotté par cinq conditions et encadré par une loi. Dans ce cas, il ne s'agit donc pas d'un mythe. Tous les systèmes de santé étrangers seraient illégaux selon la loi canadienne, aucun ne trouverait grâce aux yeux des politiciens fédéraux qui, tous sans exception, défendent l'intégrité du système.

Les entorses à la loi canadienne qui font l'objet de débats, par exemple un ticket modérateur ou des activités privées en médecine, évoquent dans les médias et chez les politiciens le spectre de ce que l'on appelle la « médecine à deux vitesses ». Partout ailleurs, ces pratiques existent sans susciter les débats enflammés que nous connaissons et sans empêcher ces pays d'atteindre un grand degré de justice et d'équité en santé, souvent mieux qu'ici. Ces pays acceptent des pratiques absolument interdites au Canada, soit des hôpitaux privés, des médecins qui pratiquent à la fois dans le public et le privé, des tickets modérateurs.

L'OCDE, dans son « Étude économique du Canada, 2010 », consacrait le tiers des 179 pages du document au système de santé canadien. Et ce n'était pas pour faire l'apologie émue d'un système modèle, mais pour proposer des changements profonds au système actuel.

Ce qui était peut-être le plus intéressant dans cette étude, c'était sa description du régime de santé canadien. Les auteurs devaient expliquer notre système de soins à des lecteurs d'autres pays. C'est là qu'on voit à quel point notre système, qui interdit la participation financière des patients et qui exclut le privé, est non seulement atypique, mais difficile à comprendre pour un observateur étranger. Exemple : les vifs débats dénonçant la coexistence d'une pratique médicale privée et d'une pratique publique. Les médias ont fait grand cas du fait que des médecins ayant choisi de se désaffilier du régime public travaillaient dans le même établissement que des médecins du système public, comme s'il y avait un risque de contagion. Ou encore que des médecins spécialistes passent à la pratique purement privée quelques semaines par année pour revenir ensuite dans le secteur public.

La mixité de la pratique médicale, où les médecins peuvent à la fois travailler dans le système public gratuit et dans le secteur privé payant, est interdite au Canada. Elle est donc perçue comme sulfureuse. On craint que les médecins pratiquant aussi dans le secteur privé déplacent les cas lourds vers le réseau public ou attirent les patients vers leur pratique privée, ou encore que leur participation au privé affaiblisse le réseau public.

Ce qu'on sait moins, c'est que le Canada est le seul pays industrialisé à l'interdire. La mixité du privé et du public est acceptée dans tous les pays. Le Canada est le seul pays qui, au lieu de gérer le problème, comme on le fait ailleurs avec succès, a choisi une approche juridique, celle de l'interdiction. Dans ce débat, ce simple fait devrait nous inciter à la retenue.

La crainte d'une médecine à deux vitesses et la méfiance à l'égard du privé ont aussi mené à une étrange disposition qui interdit à un citoyen de s'assurer auprès d'une compagnie d'assurances pour des soins qui seraient prodigués au privé si ces soins sont offerts dans le réseau public. Voilà une mesure absurde qui interdit aux gens intègres de dépenser leur argent de façon honnête. Un Québécois peut flamber son argent au casino et dépenser son argent à l'étranger, mais il ne peut pas investir quelques milliers de dollars pour assurer la santé de sa famille. Voilà un interdit qui, quand le système public, monopolistique, est incapable de fournir des services essentiels, transforme les Québécois en otages de leur régime public.

Par ailleurs, l'idée de tickets modérateurs fait frémir tant au Québec qu'au Canada parce qu'elle suppose que des gens paient pour des services de santé qui devraient être gratuits et qu'elle risque de dissuader les moins fortunés d'aller chez le médecin. On y verra une taxe sur la maladie. Mais il y a des tickets modérateurs dans plusieurs pays. En France et en Belgique, ils équivalent à 30 % du coût de la visite. En Suède, pays social-démocrate, il faut débourser autour de 30 $. En Allemagne et aux Pays-Bas, les citoyens couverts par des assurances privées doivent payer une franchise comme ici pour les médicaments.

Les cliniques et les hôpitaux privés existent à peu près partout et coexistent parfois avec le système public. C'est le cas de la France, de l'Espagne, de l'Italie, du Portugal, de la Belgique, des Pays-Bas, de l'Irlande, de la Grande-Bretagne, du Danemark, de la Suisse, de la Suède, de la Norvège, de l'Allemagne, de l'Autriche, de l'Australie, du Japon et de la Nouvelle-Zélande.

Il y a quand même un mythe. Il est vrai que notre système de santé est unique. Le mythe, c'est de croire que le fait d'être unique constitue une vertu. À moins, bien sûr, que l'Occident entier ait tort et que nous soyons les seuls à détenir la vérité...

UN SYSTÈME PUBLIC ?

Même si nous sommes les seuls à avoir le pas, nous pourrions être fiers que notre système soit plus pur, qu'il soit plus public que les autres, une valeur importante dans le monde de la santé. Mais c'est faux ! Le système canadien, malgré toute sa rigidité, malgré tous les grands principes qu'il est censé défendre, est l'un des moins publics d'Occident ! Joli paradoxe !

Au Canada, en 2013, 29,9 % des dépenses de santé n'étaient pas assumées par l'État, mais par les citoyens eux-mêmes, soit de leur poche, soit par leurs assurances. La proportion québécoise, à 28,7 %, est un peu plus faible. Le Québec est en milieu de peloton, car dans cinq provinces la part du privé est moindre.

Ce poids du privé est nettement plus important que dans la plupart des pays auxquels on peut se comparer. En moyenne, dans les pays de l'OCDE, la part du privé était de 26,6 % en 2011. Cette part était deux fois moins importante qu'au Canada aux Pays-Bas (14,4 %), au Danemark (14,7 %) et en Norvège (15,1 %). Le Royaume-Uni, malgré les réformes de Margaret Thatcher, compte moins sur le privé (17,2 %), tout comme la Suède (18,4 %) ou la France (23,2 %). Seuls deux pays riches reposent davantage sur le privé, la Suisse avec 35,1 % et les États-Unis, toujours dans une classe à part, avec 52,2 %. Tout comme le Canada, le Québec est au-dessus de la moyenne pour la part des dépenses privées dans son système de santé. Il se retrouverait au 12e rang d'un classement de 30 pays de l'OCDE.

N'est-ce pas fascinant ? Un pays qui tente de débusquer toute manifestation du privé dans son système, qui en fait une valeur fondamentale et qui, finalement, compte moins sur les dépenses publiques que la plupart des pays auxquels il se compare ?

Il y a une explication à cela, qui n'est pas une excuse. Cette présence marquée du privé s'explique par le fait que si l'hospitalisation et les soins médicaux sont presque totalement assumés par l'État, de très nombreux services sont incomplètement couverts. Le privé est très peu présent dans le réseau de la santé proprement dit : 90,9 % des dépenses hospitalières sont publiques au Canada, ainsi que 98,9 % des honoraires médicaux. Par contre, les consommateurs, ou leurs assureurs, paient 91,9 % des dépenses pour les autres professionnels ou 61,9 % des médicaments.

Il y a en quelque sorte deux régimes de santé parallèles au Canada. Le premier, c'est celui qui a été créé dans les années 1960. Les soins curatifs, les médecins et les hôpitaux ont été intégrés à un régime public, gratuit et universel encadré par une loi très sévère. C'est un système public presque parfait, le plus pur et dur d'Occident, où la présence du privé est minime et ses incursions, dénoncées. Le problème, c'est que les frontières de ce régime public ont été fixées il y a 30 ans et n'ont pas changé pour tenir compte de l'évolution de la problématique de la santé.

L'autre régime, c'est tout ce que le système de santé public initial ne couvrait pas, ou couvrait de façon imparfaite: les médicaments, les soins dentaires, les soins de la vue, une bonne partie des soins psychologiques, la physiothérapie, plusieurs tests diagnostiques ou le bien-être des personnes âgées. Et c'est là que le privé joue un grand rôle.

Un citoyen canadien a le droit inaliénable que sa petite grippe ou son prurit anal soient pris en charge par un système public et gratuit. Mais s'il n'a pas d'argent pour un médicament coûteux (sauf au Québec), s'il perd ses dents ou s'il veut rapidement un soutien de qualité pour un parent âgé ? Tant pis !

Si on veut parler de vraie double vitesse, elle est là. Le système canadien, tout comme sa variante québécoise, est schizophrène. D'un côté, il est presque cubain pour la médecine classique. Mais le reste – soins dentaires, lunettes, médicaments, tests diagnostiques, physiothérapie, psychologues, soins des aînés – est peu ou mal couvert par le public et devient le royaume du *free for all* à l'américaine.

Notre système, figé dans le temps, est donc hypocrite. Il est public et gratuit, mais pas vraiment universel. On défend avec passion son caractère public en oubliant commodément que l'État ne joue pas correctement son rôle et que la couverture est moins complète ici que dans la plupart des pays avancés. D'ailleurs, dans son étude sur le Canada, une des grandes recommandations de l'OCDE, à qui on accole une étiquette de droite, était l'élargissement important de la couverture de notre système de santé pour couvrir les «produits pharmaceutiques essentiels et, à terme, les soins à domicile, une sélection de thérapies et les services infirmiers». L'OCDE propose au Canada d'élargir son système public, pas de le rapetisser.

Ce n'est pas tout. On oublie aussi qu'une part importante des dépenses assumées par l'État finance des activités hors du secteur public, soit la rémunération des médecins – plus de 5 milliards sur les 30 milliards de l'enveloppe de la santé. En général, les médecins ne sont pas des employés de l'État, mais des professionnels indépendants, le plus souvent rémunérés à l'acte – comme des consultants et des fournisseurs –, souvent propriétaires ou partenaires de cliniques privées. L'existence d'un réseau privé au sein d'un système public ne semble déranger personne. Sauf quand il s'agit de chirurgies.

Il y a une grande confusion quant à la façon dont les activités du secteur de la santé se répartissent entre les sphères publique et privée. Si on ne sait pas clairement ce qui est déjà privé et public, il est difficile d'avoir une conversation sereine et éclairée sur ce qui devrait être privé ou public.

UN SYSTÈME PERFORMANT ?

Ce serait moins troublant si, grâce à son caractère unique, le système de santé canadien était le meilleur du monde. Ce n'est pas vraiment le cas selon les nombreuses comparaisons faites entre le système de santé québécois et celui des autres provinces, ou entre le système canadien et celui des autres pays. Dans l'ensemble, le système canadien, sans être mauvais, est moyen à l'échelle du monde industrialisé. Et celui du Québec est moyen à l'échelle canadienne.

Il y a une dizaine d'années, le gouvernement canadien et les provinces ont fait le grand pari de ne pas trop bouleverser leur système de santé et d'y injecter beaucoup d'argent pour améliorer les soins. Appelons cela la logique du statu quo enrichi. C'est ainsi que de 2003 à 2012, les dépenses de santé au Canada sont passées de 124 milliards à 207 milliards, hausse à peu près trois fois plus rapide que l'inflation. Au Québec, le rythme annuel de croissance a été de 5,6 %. Qu'a-t-on obtenu à la suite de cette injection de 83 milliards ? Presque rien.

C'est le constat que faisait le Conseil canadien de la santé, organisme consultatif indépendant mis sur pied par Ottawa pour suivre et mesurer les progrès du système de santé après les accords fédéral-provinciaux de 2004[27] : « Une décennie de réforme en vertu des accords sur la santé n'a mené qu'à des améliorations modestes en matière de santé et de soins de santé. La transformation que nous attendions ne s'est pas produite. Il est temps de se recentrer. » Ce n'est pas un cri d'alarme, mais plutôt un cri de désespoir.

Le rapport comparait le Canada à 10 pays riches dont les institutions sont semblables : la Nouvelle-Zélande, les Pays-Bas, les États-Unis, le Royaume-Uni, la France, l'Australie, l'Allemagne, la Suède, la Suisse et la Norvège. Avec des dépenses qui équivalent à 11,2 % de son PIB, le Canada est l'un des pays qui consacrent le plus de ressources à la santé avec les États-Unis, la France et les Pays-Bas. S'il est en tête de peloton pour ses dépenses, il ne l'est pas pour la performance de son système. C'est le grand paradoxe canadien.

Selon le rapport, pour les résultats en santé, le Canada se situe dans la médiane des pays retenus pour la comparaison : par exemple, 5e sur 11 pour l'espérance de vie, 7e sur 11 pour la prévalence des maladies chroniques multiples, 7e sur 11 pour les cas de mortalité liés au cancer, mais 2e sur 11 pour les mortalités cardiaques.

Le secteur où le Canada domine, c'est celui de la perception de la qualité des soins. Il est 3e sur 11, derrière la Nouvelle-Zélande, et ex æquo avec l'Australie. Les Canadiens sont satisfaits des soins qu'ils reçoivent, fait étonnant à la lumière d'autres résultats. Cela reflète, selon moi, le fait qu'ils expriment leur sentiment de fierté nationale et que leur point de comparaison sont les États-Unis, le cancre de l'Occident en santé.

C'est paradoxal parce que là où le Canada soutient mal la comparaison, c'est pour les services dispensés aux citoyens, où il est carrément déclassé : 9e sur 10 pour un rendez-vous le jour même ou le lendemain, 9e sur 10 pour des soins hors des heures de service, 11e sur 11 quant aux délais pour les chirurgies électives, 10e sur 11 pour la non-disponibilité des résultats lors de rendez-vous, 7e sur 11 pour le partage d'informations entre urgences et médecins et 9e sur 10 pour les dossiers électroniques.

En résumé, le système est médicalement correct, mais il ne s'intéresse pas aux patients.

L'Institut canadien d'information sur la santé, un organisme inter-provincial, s'est aussi livré à un exercice d'analyse comparative dont la conclusion mérite d'être soulignée[28] : «Aucune tendance claire ne se dégage des résultats canadiens. Pour beaucoup d'indicateurs, le Canada se situe dans la fourchette des pays affichant une performance moyenne (entre les 25e et 75e percentiles). Il affiche quelquefois une meilleure performance, mais parfois la pire. Les autres pays de l'OCDE affichent aussi des résultats variables, mais aucun pays ne dépasse le Canada dans tous les indicateurs.»

Les résultats sont assez semblables à ceux publiés par le Conseil canadien de la santé. Le Canada se distingue (au-dessus du 75e percentile) pour la mortalité cardiovasculaire et pour l'état de santé perçu par les citoyens. Il fait mauvaise figure (sous le 25e percentile) pour la mortalité par cancer du poumon, la mortalité infantile et la prévalence du diabète. Pour les déterminants de la santé, il se classe bien au chapitre de la lutte contre le tabagisme, de l'activité physique et de la consommation de légumes, mais pas pour ce qui est de l'obésité.

En ce qui a trait à l'accès aux soins, le Canada est nettement au-dessus de la moyenne (au-dessus du 75e percentile) pour trois opérations – cataracte, hanche, genou – qui avaient été ciblées par les gouvernements. Mais il est sous la barre du 25e percentile pour le dépistage du cancer du sein, les soins dentaires (non couverts), la consultation d'un médecin généraliste, et il obtient la pire note pour la consultation d'un médecin spécialiste.

Une troisième étude, celle-ci réalisée par le Fonds du Commonwealth[29], compare 10 pays aux États-Unis dans le but explicite de démontrer que le pays de l'Oncle Sam faillit à la tâche. On y trouve le Canada, l'Australie, la France, l'Allemagne, la Belgique, les Pays-Bas, la Norvège, la Suisse, la Suède et le Royaume-Uni.

Le Royaume-Uni se retrouve au 1er rang, suivi de la Suisse et de la Suède. Les États-Unis arrivent au dernier rang, 11e sur 11. Et le Canada? À l'avant-dernier rang. Il est 9e sur 11 pour la qualité des soins, 8e pour la coordination des soins, 9e pour la capacité de mettre le patient au cœur du système, 9e pour l'accès aux soins, 11e pour les délais, 10e pour l'efficience et, insulte suprême pour un pays qui justifie les règles de son système par le désir de justice, 9e pour l'équité.

Bref, le Canada, au sein des pays industrialisés, est un pays moyen dont les résultats (espérance de vie, etc.) sont bons sans être exceptionnels, mais qui est en peloton de queue pour tout ce qui touche à l'accès et à ce que l'on pourrait appeler la « qualité du service ».

Et le Québec? C'est comme le Canada, mais en pire. Les comparaisons interprovinciales montrent que le Québec se situe dans la moyenne des provinces, mais qu'il traîne la patte pour l'accès! C'est ce que l'on peut constater entre autres dans une étude de l'Institut C.D. Howe[30], qui applique au Québec et à l'Ontario les résultats de l'enquête du Fonds du Commonwealth, et qui compare ces deux provinces à quatre pays européens (France, Allemagne, Pays-Bas et Royaume-Uni).

Quinze pour cent des Québécois interrogés n'ont pas de médecin de famille, contre 4 % en Ontario et 5 % dans les quatre pays européens. Soixante-huit pour cent des Québécois trouvent difficile d'avoir un accès aux soins en dehors des heures normales de bureau, contre 58 % des Ontariens et 46 % des Européens. Quarante-deux pour cent des Québécois et 40 % des Ontariens peuvent obtenir un rendez-vous le jour même, comparativement à 62 % en Europe. Le recours à l'urgence pour des soins primaires est beaucoup plus fréquent au Québec et en Ontario (24 %) qu'en Europe (à peine 6 %). Mais, une fois à l'urgence, 40 % des Québécois ont attendu plus de quatre heures, contre 23 % des Ontariens et 5 % des Européens.

Le Conference Board du Canada, de son côté, a publié en 2013 une analyse comparative détaillée des systèmes de santé provinciaux[31]. Les trois provinces riches de l'Ontario, de la Colombie-Britannique et de l'Alberta obtiennent la note A. Le Québec se retrouve en milieu de peloton avec la note B, tout comme le Nouveau-Brunswick et la Nouvelle-Écosse. Le Québec se distingue pour les facteurs liés au style de vie (alcool, surpoids, tabagisme, consommation de légumes, mais pas pour l'activité physique où il est le seul à obtenir la note D). Le Québec obtient une bonne note, un B, pour l'état de santé basé sur 30 indicateurs, la note A pour les ressources en santé, la note C pour le rendement, mais il est la seule province à obtenir la note D pour la capacité de mettre le patient au cœur du système de santé.

Toutes ces comparaisons demeurent imparfaites. D'abord, parce que les données diffèrent selon les endroits. Ensuite, parce que dans bon nombre de cas, les résultats dépendent de facteurs propres à un pays ou à une région, comme l'offensive canadienne visant à accroître la performance reliée à certaines chirurgies ciblées. Aussi parce que ces résultats ne dépendent pas uniquement du système de santé lui-même, mais également de facteurs sociétaux, de la génétique, du mode de vie, de l'inégalité sociale et des efforts politiques en santé publique. L'importance des maladies chroniques dépend beaucoup de la prévalence de la pauvreté.

ANALYSE COMPARATIVE
DES SYSTÈMES DE SANTÉ PROVINCIAUX

PROVINCE	RENDEMENT GLOBAL	FACTEURS LIÉS AU STYLE DE VIE (5 indicateurs)	ÉTAT DE SANTÉ (30 indicateurs)	RESSOURCES DU RÉGIME DE SANTÉ (8 indicateurs)	RENDEMENT DU RÉGIME DE SOINS DE SANTÉ (47 indicateurs)
Colombie-Britannique	A	A	A	C	C
Alberta	A	B	B	C	B
Saskatchewan	D	C	D	D	C
Manitoba	D	C	D	C	C
Ontario	A	B	B	D	A
Québec	B	B	B	A	C
Nouveau-Brunswick	B	C	D	A	A
Île-du-Prince-Édouard	D	D	D	C	D
Nouvelle-Écosse	B	C	D	A	A
Terre-Neuve-et-Labrador	D	D	D	A	D

Source : Conference Board Canada.

L'espérance de vie dépend aussi de la sécurité routière et du taux de criminalité. Enfin, plusieurs indicateurs reflètent les effets cumulatifs de plusieurs années : les cancers du poumon d'aujourd'hui sont dus à des cigarettes fumées il y a des décennies. À l'inverse, il faudra des années avant que la détérioration d'un système de santé soit perceptible dans les statistiques.

Ce qu'il faut retenir pour le Canada, et encore plus pour le Québec, c'est que le problème du système de santé canadien et du système de santé québécois n'est pas attribuable à la qualité des soins et à la pratique médicale ou encore à la compétence des professionnels, mais bien à l'organisation de ces deux mêmes systèmes, à leur philosophie et à leurs attitudes envers les patients.

UN SYSTÈME ÉCONOMIQUE ?

Maintenant, les coûts. Ici, nous sommes moins en présence d'un mythe que d'un paradoxe. Le système de santé canadien et sa variante québécoise se situent grosso modo dans la moyenne en ce qui a trait à leur performance et à leurs résultats. Mais il en est tout autrement de leurs coûts. Nos soins de santé sont parmi les plus coûteux du monde.

Il existe deux façons de comparer les coûts de santé d'une société à l'autre. La première façon consiste à évaluer la part des ressources affectées à la santé, ce qui se mesure très bien en examinant le total des dépenses de santé en proportion du PIB. La seconde façon consiste aussi simplement à regarder combien de dollars on dépense et, pour permettre les comparaisons, combien de dollars par personne.

Curieusement, les deux mesures peuvent envoyer des messages contradictoires. Dans le cas du Québec, les dépenses de santé sont très élevées quand on les mesure en fonction du PIB. Elles sont relativement basses quand on regarde les dollars dépensés par habitant. Cela s'explique tout simplement par le fait que le Québec est relativement pauvre et, donc, que son PIB est moins important que celui d'autres sociétés auxquelles il se compare. Pour dépenser le même nombre de dollars que l'Ontario, par exemple, il doit consacrer à la santé une proportion plus importante de ses ressources.

Au Québec, en 2013, les dépenses de santé en pourcentage du PIB étaient nettement au-dessus de la moyenne canadienne, soit 12,2 % contre 11,2 %, et au-dessus de l'Ontario, soit 11,5 %. Il s'agit là d'une mesure qui tient compte de la capacité de payer de chaque province. Ainsi, le Manitoba et les provinces atlantiques consacrent une part plus importante de leurs ressources à la santé, soit entre 14 % et 16 %. Pour la même raison, mais à l'inverse, les provinces de l'Ouest consacrent une part moins importante de leur PIB à la santé, soit entre 8 % et 9 %, non pas parce qu'elles négligent la santé de leurs citoyens, mais parce qu'un niveau de dépenses comparable à celui des autres provinces est moins lourd à supporter.

Si on regarde les dépenses par habitant, le portrait devient très différent. Le Québec est la province où ces dépenses sont les plus basses, 5 531 $ par personne. Seules la Colombie-Britannique, 5 775 $, et l'Ontario, 5 835 $, se trouvent aussi sous la barre des 6 000 $. La moyenne canadienne est de 5 988 $. L'écart de 8 % avec le Canada semble indiquer que le Québec fait preuve d'une grande efficacité. Mais la moitié de cet avantage tient au fait que le Québec paie moins ses médecins, ses autres professionnels de la santé ainsi que le personnel du réseau, entre autres parce que la faible mobilité continentale des francophones ne force pas le Québec à hausser

DÉPENSES EN SANTÉ DANS LE MONDE
% DU PIB, 2011

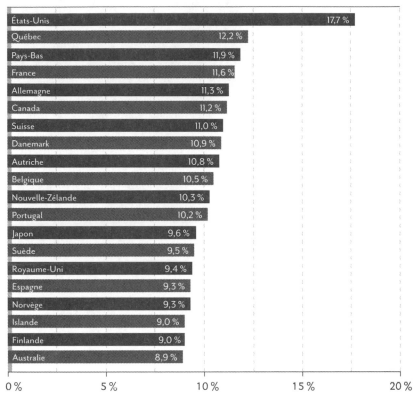

États-Unis	17,7 %
Québec	12,2 %
Pays-Bas	11,9 %
France	11,6 %
Allemagne	11,3 %
Canada	11,2 %
Suisse	11,0 %
Danemark	10,9 %
Autriche	10,8 %
Belgique	10,5 %
Nouvelle-Zélande	10,3 %
Portugal	10,2 %
Japon	9,6 %
Suède	9,5 %
Royaume-Uni	9,4 %
Espagne	9,3 %
Norvège	9,3 %
Islande	9,0 %
Finlande	9,0 %
Australie	8,9 %

Source : Institut canadien d'information sur la santé.

les salaires pour éviter un exode vers les autres provinces ou vers les États-Unis comme c'est le cas ailleurs au Canada. Le niveau de dépenses plus bas tient aussi au rationnement des soins plus élevé dans le système québécois, qui s'observe notamment avec les listes d'attente.

Dans une perspective internationale, le Canada fait partie de la poignée de pays dont les dépenses de santé sont très élevées. Selon l'OCDE, les États-Unis arrivent en tête avec la plus forte part du PIB consacrée à la santé, soit 17,7 %. C'est énorme. Un pays hors norme, le seul pays qui n'a pas un véritable système public, qui dépense une fortune en santé, mais sans réussir à bien s'occuper de l'ensemble de sa population. Un pays aux contrastes gênants avec une médecine privée de luxe, un réseau public beaucoup plus étendu qu'on ne le croit pour les pauvres et les personnes âgées, mais avec un gros trou dans le milieu pour les citoyens modestes ou ceux qui ne sont pas assurables.

Mise à part cette exception, parmi le groupe de pays qui se caractérisent par un haut niveau de dépenses en santé, entre 10 % et 12 % du PIB, on retrouvait en 2011 les Pays-Bas (11,9 %), la France (11,6 %), l'Allemagne (11,3 %), le Canada (11,2 %), la Suisse (11,0 %) et le Danemark (10,9 %). Le Québec (12,2 %) était évidemment derrière les États-Unis, mais devant tous les autres pays industrialisés, sans exception !

On doit constater aussi que plusieurs pays réussissent à avoir de très bons systèmes de santé, avec d'excellents résultats, en y consacrant nettement moins de ressources, comme la Suède 9,5 %, le Royaume-Uni 9,4 %, la Norvège 9,3 %, la Finlande 9,0 % et l'Australie 8,9 %.

Le portrait change quand on regarde les dépenses en dollars, dans ce cas-ci en dollars US pour 2011, à partir des données de l'OCDE (voir page 156). Les États-Unis sont toujours sur une autre planète avec 8 508 $. La Norvège suit avec 5 669 $, la Suisse 5 643 $, les Pays-Bas 5 099 $, l'Autriche 4 546 $, le Canada 4 522 $, qui se retrouve au 5e rang. C'est une dépense très élevée quand on la compare à celle de la Suède 3 925 $, l'Australie 3 800 $ ou le Royaume-Uni 3 405 $. Rappelons-nous que, dans le classement du Fonds du Commonwealth, le pays qui se classait premier était le Royaume-Uni, que la Suède était au 3e rang et l'Australie au 4e rang. Cela semble indiquer qu'il y a moyen d'avoir un bon système et de payer moins cher.

Dans cette comparaison, le Québec, avec une dépense de 4 176 $ US, serait au 10e rang, devant la France, l'Australie, le Royaume-Uni et la Suède, des pays qui font mieux à meilleur coût.

Il faut, bien sûr, apporter quelques nuances pour mieux comprendre les classements des pays. Par exemple, le National Health Service, au Royaume-Uni, n'est pas réputé pour son luxe. Le système français est généreux mais déficitaire. Les résultats dans certains pays, comme la Suède, dépendent beaucoup des habitudes de vie qui améliorent le niveau de santé et rendent moins nécessaire le recours aux services de santé. Moins d'obèses, par exemple, veut dire beaucoup moins de visites chez le médecin. On ne peut donc pas faire de déductions mécaniques à partir des dépenses totales de santé des différents pays et croire, par exemple, que le Québec pourrait atteindre facilement un niveau comparable à celui de la Suède, soit 9,6 % du PIB. Mais ces comparaisons nous disent quand même qu'il y a d'autres façons d'améliorer l'état de santé d'une population que de pomper des milliards et qu'il y a moyen de contrôler l'explosion des coûts sans sacrifier la qualité.

DÉPENSES EN SANTÉ PAR HABITANT
$ US, 2011

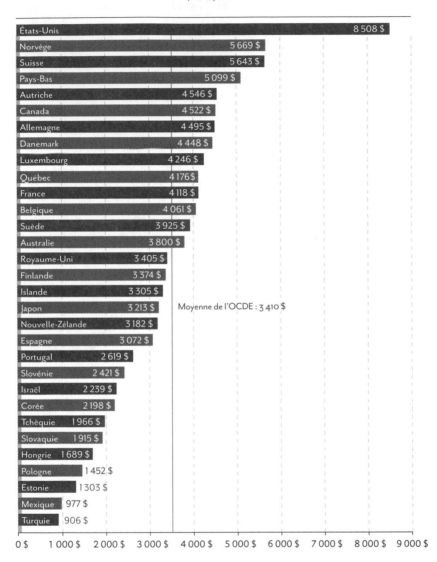

États-Unis	8 508 $
Norvège	5 669 $
Suisse	5 643 $
Pays-Bas	5 099 $
Autriche	4 546 $
Canada	4 522 $
Allemagne	4 495 $
Danemark	4 448 $
Luxembourg	4 246 $
Québec	4 176 $
France	4 118 $
Belgique	4 061 $
Suède	3 925 $
Australie	3 800 $
Royaume-Uni	3 405 $
Finlande	3 374 $
Islande	3 305 $
Japon	3 213 $
Nouvelle-Zélande	3 182 $
Espagne	3 072 $
Portugal	2 619 $
Slovénie	2 421 $
Israël	2 239 $
Corée	2 198 $
Tchèquie	1 966 $
Slovaquie	1 915 $
Hongrie	1 689 $
Pologne	1 452 $
Estonie	1 303 $
Mexique	977 $
Turquie	906 $

Moyenne de l'OCDE : 3 410 $

0 $ 1 000 $ 2 000 $ 3 000 $ 4 000 $ 5 000 $ 6 000 $ 7 000 $ 8 000 $ 9 000 $

Sources : OCDE, ICIS.

UN SYSTÈME SOLIDAIRE ?

Reste à voir si le Québec serait capable d'y parvenir. Résumons les enjeux. La province fait face à deux problèmes. Le premier problème, c'est le développement des soins de première ligne : l'accès à un médecin de famille, la possibilité de parler rapidement à un professionnel de la santé et les temps d'attente dans les salles d'urgence. Selon l'Institut de la statistique du Québec, 21 % des Québécois n'ont pas de médecin de famille, même si le Québec est la province qui compte le plus de médecins par habitant après Terre-Neuve et la Nouvelle-Écosse. Le second problème est, comme ailleurs, l'explosion des coûts. La croissance naturelle des dépenses totales de santé au Québec est de 5,6 % par année. Elles croissent plus vite que l'économie et plus vite que les revenus du gouvernement québécois, tant et si bien qu'elles représenteront une part croissante des dépenses gouvernementales, au détriment des autres missions, et qu'elles maintiendront les dépenses publiques dans une dynamique déficitaire.

Ces problèmes, on les connaît, ils sont bien identifiés. En outre, on connaît les solutions. Elles ne sont pas faciles à mettre en œuvre, mais on sait ce qui pourrait aider. Et pourtant, on ne les applique pas, ou on les applique si lentement que les choses continuer à empirer. Cela reflète la rigidité de notre système de santé, son incroyable inertie, mais aussi la réticence de la société dans son ensemble et de sa classe politique à aborder de façon adulte les questions liées à la santé.

Pour développer la première ligne, le Québec a bien posé les premiers jalons, en ajoutant des places dans les facultés de médecine pour augmenter le nombre de médecins. On a également mis sur place une bonne formule, celle des groupes de médecine familiale (GMF), une façon d'organiser le travail des omnipraticiens pour qu'ils puissent, en équipe, voir plus de patients et ouvrir leurs portes plus longtemps. Mais cette réforme plafonne, entre autres parce que plusieurs de ces GMF ne réussissent pas à respecter leurs objectifs de prise en charge et parce que leur implantation est inégale. En région, ça va. Mais à Montréal, là où le problème est pire, puisque 51 % des citoyens n'y ont pas de médecin de famille selon l'Agence de santé et des services sociaux de la métropole, on observe une réticence des médecins à s'organiser en GMF. Pour 400 cliniques privées, on compte à peine 42 GMF et une trentaine de cliniques-réseau sur l'île.

Le développement de la première ligne passe aussi par la multidisciplinarité, la création d'équipes, la délégation, qui permettent aux médecins de partager leurs responsabilités pour avoir plus de temps afin de prendre en charge plus de patients. On a ainsi développé le concept d'infirmières cliniciennes, plus formées, pouvant prendre plus de responsabilités. Mais cette réforme, beaucoup moins avancée qu'en Ontario, se heurte encore à de grandes réticences. On a aussi augmenté les responsabilités des pharmaciens pour le renouvellement d'ordonnances et la prise en charge de certains problèmes afin de dégager les médecins et offrir aux citoyens un plus grand accès à un professionnel de la santé. Mais là aussi, le Québec est encore en retard sur le reste du Canada, il fait du surplace notamment parce que le gouvernement refuse de rémunérer adéquatement les pharmaciens. Dans les deux cas, la résistance du corps médical a constitué un frein.

Derrière la lenteur du développement des soins de première ligne se cache un autre problème. Les réformes qui piétinent, comme la croissance des GMF et le partage des responsabilités, exigent un changement dans la pratique médicale. Pour éviter les ratés, il faudrait aussi modifier les modes de rémunération des médecins, pour les encourager à changer leur façon de faire, et adapter ces modes à la nature nouvelle de leurs activités. La meilleure façon d'y parvenir consisterait à intégrer des éléments de capitation où les médecins seraient rémunérés en fonction de leur bassin de clientèle, et non à l'acte comme maintenant. Cette approche favorise la réorganisation du travail, la délégation intelligente des tâches et l'utilisation d'Internet. C'est une réforme essentielle qui, au mieux, est timidement évoquée.

En matière de contrôle des coûts, le réseau de la santé vit à l'heure de l'efficience et de l'efficacité depuis deux décennies, souvent prisonnière d'une logique comptable de coupures. L'ex-ministre de la Santé du gouvernement Charest, Yves Bolduc, a beaucoup misé sur des approches de gestion modernes, comme la méthode Toyota. Mais la plupart du temps, le réseau vit d'une vague de compressions à l'autre, auxquelles il réagit souvent par des mesures arbitraires.

Il existe toutefois des façons de contrôler les dépenses autrement qu'avec des compressions. À cet égard, la réforme la plus prometteuse n'est pas spectaculaire, elle ne sera pas visible pour le patient, mais elle aura de profonds impacts. Elle consiste à repenser le financement des hôpitaux pour que l'argent suive le patient, comme dans le cas des médecins. À l'heure actuelle, les hôpitaux sont subventionnés sur une base historique, indépendamment de leur volume d'activités, sauf dans les cas de quelques chirurgies. Ce mode de financement ne comporte aucune incitation à mieux performer et peut même pénaliser les bonnes initiatives. Le financement basé sur les activités, au contraire, encourage l'innovation et le dépassement. C'est devenu une norme internationale. Le Québec est très en retard sur ce point et il aura du mal à rattraper le temps perdu, faute de volonté politique et faute d'un élément essentiel pour y parvenir, soit une bonne connaissance des coûts des activités de ses hôpitaux. Un groupe de travail, dirigé par l'économiste de l'Université McGill Wendy Thomson, a remis en février 2014 un rapport sur la question. Intitulé « Pour que l'argent suive le patient », ce rapport propose des projets pilotes pour rattraper le temps perdu. Cette approche, bien reçue par les ministres des Finances, n'avait toutefois pas la cote chez leurs collègues de la Santé. On verra bien si le Québec osera enfin bouger.

Une autre solution pour améliorer le système de santé, tant en termes de coûts que de qualité des soins, c'est son informatisation et son recours aux technologies de l'information et des communications (TIC). Ici aussi, le Québec est très en retard sur le Canada et sur le monde, même s'il dépense des fortunes pour cela. Selon Wendy Thomson, le Québec a dépensé 485 millions en 2012-2013 pour les TIC. Pourtant, le développement d'un dossier de santé informatisé est devenu une sorte de tragi-comédie avec ses retards et ses dépassements de coûts. On commence à implanter, après une décennie d'efforts infructueux, un système, région par région, qui n'est pas un véritable dossier informatisé mais qui permet aux médecins un accès aux résultats des tests. On est très loin du véritable dossier patient électronique, qui est maintenant la norme dans à peu près toutes les facettes de l'activité humaine. C'est un énorme handicap, mais aussi le symptôme d'un système qui vit dans sa bulle, à l'abri des lois économiques normales, devenu incapable de faire les bons choix.

Le contrôle des coûts peut aussi se faire par le biais du prix des médicaments. Le Québec, traditionnellement, offrait une meilleure protection aux médicaments d'origine des compagnies de recherche pharmaceutique, notamment pour encourager leur développement dans la province. Les normes québécoises ne sont pas complaisantes, elles respectent mieux les pratiques internationales que celles du Canada. Mais pour les génériques, ces copies qui peuvent être produites après l'expiration des brevets, le Québec s'est montré passif et s'est contenté de profiter des initiatives plus musclées prises dans d'autres provinces. C'est étonnant, parce que le Québec est la seule province à avoir instauré un système universel d'assurance médicaments et, donc, celle qui dépense le plus d'argent pour les médicaments. En toute logique, il aurait aussi dû être le leader dans le contrôle des coûts. Le gouvernement du Québec a été cependant encore une fois passif et inefficace pour contrôler comme il faut ce qui représente le deuxième poste en importance de dépenses en santé après les hôpitaux. Par exemple, le vérificateur général a découvert des écarts majeurs entre les prix payés par les différents établissements du réseau, ou encore une absence de concertation avec les assureurs privés, qui assurent pourtant la moitié des Québécois.

Le financement des hôpitaux à l'activité, la rémunération des médecins par capitation, la gestion des prix des médicaments et l'informatisation font partie des solutions qui font consensus chez les économistes et que l'OCDE recommandait dans son rapport sur l'économie canadienne en

2011. Il y a toutefois deux autres de ses recommandations qui seront moins populaires. D'abord, l'instauration d'un ticket modérateur ou d'une franchise, appliqués dans la plupart des pays et comme le Québec le fait avec les médicaments. La mesure, interdite par la Loi canadienne sur la santé, a été timidement évoquée dans un budget de l'ex-ministre libéral des Finances Raymond Bachand, qui a dû abandonner l'idée avant même que le débat ait lieu. L'autre recommandation, c'est le recours au secteur privé. Non pas pour remplacer le réseau public, non pas pour priver les citoyens de leur accès gratuit et universel, mais plutôt pour confier certaines tâches aux cliniques privées dans le but de créer de la concurrence et de l'émulation et pour désengorger le réseau.

Il y a eu des expériences en ce sens, notamment une entente entre l'Hôpital Sacré-Cœur et une clinique privée, Rockland MD. Les chirurgiens de l'hôpital louaient à la clinique des locaux et du personnel de soutien pour y réaliser les chirurgies que l'hôpital ne pouvait pas accueillir, pour réduire les listes d'attente et pour épargner aux patients les pénibles reports de chirurgie. Ça a marché. En huit ans, on a réalisé 13 000 interventions chirurgicales à un coût moindre, 2 456 $ contre 2 679 $, dans un cadre qui respecte les principes de la gratuité et de l'équité. Le gouvernement Couillard a néanmoins mis fin à l'entente au terme d'une véritable croisade du ministère et de l'Agence de santé de Montréal contre ce projet pilote.

Des expériences comme celle de Rockland MD ne constituent pas de la privatisation, mais plutôt de la sous-traitance où les choix restent publics et le financement reste public. L'important, en santé, ce n'est pas tant de savoir qui fait quoi, mais plutôt qui décide quoi et qui paie quoi.

Mon hypothèse, c'est qu'en grattant un peu, on découvrira que le blocage relève moins de l'idéologie que des symboles. Les hôpitaux sont les assises de notre système public de santé et l'incarnation de sa qualité. Déplacer vers l'extérieur des activités associées à l'hôpital est perçu comme une hérésie même si la technologie le permet et que cela s'inscrit dans la nouvelle architecture qu'on veut donner au réseau de la santé. Cette conception traditionnelle de l'hôpital jouit d'un énorme soutien des administrations hospitalières, de la bureaucratie de la santé et du monde syndical.

La première source de résistance à ce projet et à bien d'autres est tout à fait révélatrice des forces qui freinent les processus d'adaptation et de changement. D'abord, le corporatisme puissant d'un réseau qui n'est pas un vrai réseau, mais un assemblage de silos imperméables. Le corporatisme est partout – omnipraticiens, spécialistes, infirmières, syndicats et établissements. Mais il y a un autre pôle corporatiste en santé : la caste des bureaucrates, qui jouent un rôle important dans l'immobilisme du réseau de la santé.

La seconde source de résistance vient de la dynamique qu'engendre la Loi canadienne sur la santé – une loi rigide qui est un repoussoir – que le Québec a si bien internalisée. Cela s'explique par le fait que le Canada (et le Québec, qui, à cet égard, n'a rien de distinct) est le seul pays au monde où ce ne sont pas des grands principes, des objectifs collectifs ou des traditions qui définissent les paramètres du système, mais bien une loi, la Loi canadienne sur la santé. Inévitablement, cela nous amène à aborder les changements structurels en termes légaux, avec des avocats, des juges, et même, dans le cas de l'arrêt Chaoulli, avec la Cour suprême. Ce qui mène aussi à poser les questions en termes de bien et de mal. Au lieu de se demander si une mesure améliorera les soins de santé, on se demande si elle est légale.

Sans compter le fait que cette loi, avec ses principes, a alimenté une phobie pathologique du privé qui, par exemple, explique pourquoi le ministère a tant de mal à composer avec les assureurs, les compagnies pharmaceutiques ou les pharmaciens parce que ces acteurs, avec leurs activités marchandes, ne sont pas perçus comme des partenaires, mais comme des corps étrangers.

Cette défense du système et des principes du système a une lourde conséquence, très bien identifiée dans les comparaisons internationales. Dans tous les pays, les systèmes de santé en crise cherchent, changent et expérimentent pour améliorer les soins. Ici, la première chose qu'on demande, c'est invariablement: «Est-ce légal? Est-ce que ça respecte la loi?» au lieu de poser les seules questions qui comptent: «Est-ce bon pour les patients? Est-ce que ça améliore la santé des Québécois?» Le titre dont j'avais coiffé la chronique commentant la décision de Québec de mettre fin à l'entente avec Rockland MD résumait bien cela: «Système 1, Santé 0».

À quoi sert le système de santé? Pour qui doit-il travailler? Les fonctionnaires? Le réseau? Une conception de la société? Ou plutôt le bien-être des patients? C'est ce que disait l'ex-ministre Claude Castonguay dans son rapport sur la santé. La première de ses 13 propositions de réforme consistait à orienter le système sur la personne. Cela semble une évidence, mais ce serait une révolution majeure dans un réseau construit pour les besoins de ses artisans plutôt que pour ceux qu'il doit servir. Ce serait un renversement radical de la finalité et du fonctionnement du système de santé.

À force de défendre des valeurs et un système, au lieu de penser aux gens, on finit par prendre des décisions qui pénalisent les gens, les font attendre ou leur imposent une égalité par le bas. Au bout du compte, à force de penser au réseau plutôt qu'aux patients, ce système en principe épris de justice finit par compromettre l'accessibilité et finit par être de moins en moins solidaire.

10. SOMMES-NOUS VERTS?

Le 29 mars 2014, à 20 h 30 pile, les lumières de l'hôtel de ville de Montréal se sont éteintes. Pour la métropole, c'était sa façon de participer au mouvement mondial « Une heure pour la Terre ». Pour l'occasion, des monuments de partout dans le monde – notamment la tour Eiffel, l'Opéra de Sydney et le Burj Khalifa à Dubaï – ont été plongés dans l'obscurité pendant une heure, à 20 h 30 de leur fuseau horaire. L'idée, on le devine, était de faire un petit geste d'économie d'énergie pour réduire, même de façon symbolique, les émissions de gaz à effet de serre (GES). Un moment d'obscurité pour réfléchir au réchauffement climatique. Mais malgré son apparente noblesse, ce geste était creux. Et cela résume de façon admirable les rapports des Québécois avec l'environnement et l'énergie.

L'initiative cherche à rappeler que les petits gestes de la vie quotidienne ont des répercussions sur l'environnement. Les Français, par exemple, comptent sur une production d'électricité provenant largement du nucléaire. Dans de nombreux pays – que ce soit les États-Unis, la Suède ou la Grande-Bretagne – ainsi que dans plusieurs provinces canadiennes, l'électricité provient souvent de sources thermiques (gaz, pétrole ou charbon) qui produisent des GES.

Ce n'est toutefois pas le cas au Québec, dont l'électricité est exclusivement produite à partir de ressources renouvelables, surtout l'hydraulique et un peu d'éolien. Donc, lorsqu'on éteint les lumières, cela n'a strictement aucun impact sur les émissions de GES. On peut, à la limite, dire qu'une consommation moindre d'électricité ferait augmenter le niveau d'eau des réservoirs des barrages, ce qui nous permettrait d'exporter davantage dans des États américains où notre énergie remplacera une énergie moins propre. Mais le lien est très indirect. Voilà pourquoi on peut dire sans se tromper que lorsque le maire Denis Coderre actionne l'interrupteur, il pose un geste creux.

Mais, dira-t-on, il ne faut pas interpréter ces initiatives de façon littérale. En éteignant certaines lumières, Montréal – tout comme Sherbrooke, Trois-Rivières ou Rimouski qui participaient à l'événement – fait un geste symbolique utile, s'inscrit dans un mouvement mondial et exprime sa préoccupation quant à l'enjeu du réchauffement climatique. Or, les gestes symboliques ne sont pas neutres, ils ont des effets qui peuvent être pervers. Dans ce cas-ci, ce geste n'exige aucun sacrifice et n'a aucune conséquence concrète. Il a surtout pour résultat de donner aux Québécois qui participent à ce rituel l'impression qu'ils ont fait quelque chose d'utile pour la planète et de créer chez eux un rassurant sentiment du devoir accompli. Ils auront la conscience tranquille quand, le lendemain matin, ils remonteront dans leurs véhicules utilitaires sport.

Nous sommes très portés sur les symboles et les gestes creux, mais nous le sommes beaucoup moins sur les véritables transformations et les résultats. Il y a une dichotomie entre la fierté des Québécois, persuadés d'être un modèle en matière d'environnement, et notre retard dans l'adoption de comportements qui feraient de nous une société verte. C'est un domaine où nous sommes de grands parleurs et de petits faiseurs.

J'ai beaucoup écrit sur ce sujet. Nos succès s'expliquent essentiellement par notre géographie. Au lieu d'être assis, comme les Albertains, sur des réserves de pétrole, de gaz et de sables bitumineux, le Québec englobe une portion du Bouclier canadien tapissé de lacs et de rivières qui nous offrent un potentiel hydroélectrique colossal. C'est cette électricité qui nous permet d'afficher un meilleur bilan environnemental que nos voisins. Mais le fait que nous émettons moins de GES que le Canada ou les États-Unis est le fruit du hasard géographique. Ce succès, les citoyens québécois n'y sont pour rien. Ils sont écologistes dans les sondages, mais pas dans leur vie quotidienne.

Mon collègue de *La Presse* François Cardinal a écrit un livre très éclairant à ce sujet, *Le mythe du Québec vert*[32], qui déboulonne l'image que les Québécois ont de leur performance environnementale et démontre que, dans leurs comportements et leurs choix, ils ne sont pas verts. Je ne réinventerai donc pas la roue. Sa démonstration, qui date de 2007, reste vraie comme le montrent les données plus récentes que je propose.

LE CARACTÈRE UNIQUE DU QUÉBEC

Grâce à la Manicouagan, mais surtout grâce à l'apport de Churchill Falls et ensuite de la baie James, le Québec a disposé d'une quantité importante d'hydroélectricité qui a eu un impact majeur sur ses habitudes énergétiques : d'une part, en encourageant le développement d'industries consommatrices d'électricité, comme les alumineries, attirées par des prix avantageux et, d'autre part, en incitant les consommateurs à recourir au chauffage électrique, une anomalie en Amérique du Nord.

C'est ainsi qu'en 2009, l'électricité constituait 40 % de toute l'énergie utilisée au Québec, un tout petit peu plus que le pétrole qui comptait pour 39 % de la consommation. Le gaz naturel représentait 13 % du total et la biomasse, comme les résidus de bois, 7 %. Le charbon, marginal, comptait pour 1 %. En somme, 47 % de l'énergie que nous consommons est d'origine renouvelable (électricité et biomasse), et 53 %, d'origine fossile (charbon, gaz et pétrole). Ce tableau, appelé bilan énergétique, est radicalement différent de ce qu'on retrouve ailleurs.

À l'échelle mondiale, les énergies fossiles représentent 81 % de la consommation, les énergies renouvelables, à peine 13 %, et l'énergie nucléaire, 6 %. Le bilan énergétique du Québec se distingue également de celui de l'ensemble canadien qui, avec 33,2 % de gaz naturel, 32,5 % de pétrole, 21,6 % d'électricité et 7,8 % de charbon, dépend à 73,5 % des énergies fossiles.

Le Québec se distingue aussi par la façon qu'on y produit l'électricité. Pour nous, l'électricité, c'est de l'eau et un peu de vent depuis quelques années, surtout que notre seule centrale nucléaire, Gentilly 2, est maintenant fermée et que notre centrale au gaz sert très peu. Assez pour qu'électricité et énergie renouvelable soient synonymes. Ailleurs, ce n'est pas le cas. Bien que l'Ontario ait fermé ses centrales au charbon, l'énergie nucléaire assure 59 % de ses besoins en électricité, comparativement à 11 % pour le gaz. La part de la production d'électricité provenant de sources renouvelables n'y est que de 28 %. En Alberta, 40 % de la production de l'électricité vient du charbon et 41 %, du gaz.

Le fait qu'Hydro-Québec produise de l'énergie en abondance – c'est un des plus importants producteurs d'électricité renouvelable du monde – a eu un impact important sur les habitudes de consommation. La majorité des Québécois se chauffent à l'électricité, situation qu'on ne retrouve qu'en Islande et en Norvège. Et cela a des effets, car le chauffage compte pour 64 % de la consommation des ménages et l'eau chaude, 12 %. Au Québec, 85 % des maisons sont chauffées à l'électricité, ce qui nous permet d'être dans une classe à part. En Ontario et dans l'ouest du pays, les habitations sont presque exclusivement chauffées au gaz, alors que dans l'Est, c'est le mazout qui prédomine.

UN QUÉBEC PROPRE...

Tout cela a une conséquence. Le Québec, grâce à toute cette hydro-électricité, est relativement propre en ce qu'il émet moins de GES que ses voisins. Le Québec, sans trop d'efforts – j'exagère un peu parce que les gouvernements québécois ont lancé d'ambitieux programmes de réduction des GES – , affiche un bilan fort honorable.

Cela a permis à Jean Charest et à Pauline Marois de respecter l'accord de Kyoto et de faire la leçon au Canada anglais, même si leur tâche était quand même plus facile que celle des dirigeants albertains, bien conscients que la prospérité de leur province repose sur la production de pétrole.

Cela permet aussi au Québec d'avoir la cote à l'échelle mondiale, ce qui n'est pas rien quand on sait à quel point les Québécois sont sensibles aux hommages venus d'ailleurs. L'ex-vice-président américain, Al Gore, recyclé en globe-trotter de la cause environnementale, a déjà dit : « Le Québec est la conscience du Canada en environnement. » Lors du Sommet de Nairobi, en 2011, la ministre française de l'Énergie et du Développement durable, Nelly Olin, qui dénonçait l'inaction canadienne, avait déclaré : « Je suis quand même heureuse de savoir qu'au Canada, tout le monde ne suit pas et que nous avons le Québec qui, notamment, engage une politique extrêmement forte, et je salue leur politique et

ÉMISSIONS DE GES AU CANADA
TONNES D'ÉQUIVALENT DE CO_2 PAR HABITANT, 2011

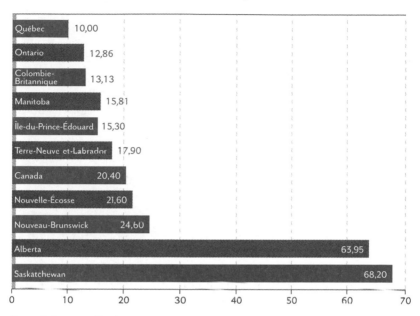

Québec	10,00
Ontario	12,86
Colombie-Britannique	13,13
Manitoba	15,81
Île-du-Prince-Édouard	15,30
Terre-Neuve et-Labrador	17,90
Canada	20,40
Nouvelle-Écosse	21,60
Nouveau-Brunswick	24,60
Alberta	63,95
Saskatchewan	68,20

Source : Environnement Canada.

leur courage. [...] Je dois dire [...] bravo parce qu'eux, ils comprendront et ils entraîneront aussi derrière eux d'autres personnes.»

Cette conscience, on la retrouve dans de nombreux sondages où les Québécois semblent exprimer des préoccupations environnementales. Ils ne s'écartent pas de façon significative des Canadiens sauf sur une question, celle des sables bitumineux. En 2012, cette énergie n'obtenait l'appui que de 36 % des Québécois, mais de 63 % des Canadiens. C'est un autre exemple de ce que j'appellerais le syndrome des «bébés phoques» en vertu duquel rien n'est plus facile que de dénoncer les travers des autres.

Dans les faits, il est tout à fait exact, comme le montre le graphique ci-dessus, que les Québécois émettent moins de GES que les autres provinces. Le Québec, grosse province industrialisée, émettait quand même 80 mégatonnes d'équivalent de dioxyde de carbone en 2011, au 3e rang canadien. Mais les émissions par habitant sont nettement les plus faibles au Canada – 10 tonnes – la moitié de la moyenne canadienne, six fois moins qu'en Alberta et en Saskatchewan.

Étant donné la nature du bilan énergétique québécois, ces plus faibles émissions ne sont pas, en soi, très impressionnantes. Ce qui l'est toutefois, c'est que le Québec a réussi à réduire ses émissions de façon significative depuis deux décennies, tâche plus ardue parce qu'il ne peut pas compter sur des façons simples d'y parvenir comme, par exemple, l'Ontario qui peut fermer de très polluantes centrales thermiques au charbon.

Entre 1990 et 2012, selon Environnement Canada, le Québec a réduit ses émissions de GES de 6,8 %[33]. Il a ainsi dépassé l'objectif qu'il s'était fixé pour respecter le protocole de Kyoto, où les pays signataires s'engageaient à réduire leurs émissions à 6 % sous le niveau de 1990.

Ce succès du Québec est celui du gouvernement de Jean Charest, qu'on n'associait pas naturellement à la cause environnementale. Il s'explique en partie par des interventions qui ont permis de réduire la consommation de mazout tant dans l'industrie que dans les résidences. Il tient aussi au ralentissement économique à la suite de la crise de 2009 et à l'affaiblissement de secteurs énergivores, comme les pâtes et papiers. Mais dans l'ensemble, l'intensité des émissions, c'est-à-dire leur importance en fonction de l'activité économique, a diminué de 30 % depuis 1990.

Le contraste est saisissant avec le Canada, dont les émissions se sont accrues de 18,3 % pendant cette période, même s'il était signataire du protocole de Kyoto. Le Canada a ensuite annoncé une nouvelle cible plus modeste – une réduction de 17 % en 2020 –, mais sous les niveaux de 2005.

L'ensemble des provinces de l'est du pays a légèrement réduit ses émissions sous le niveau de 1990. L'Ontario, avec une baisse de 5,6 %, attribuable surtout à l'élimination des centrales au charbon, a presque aussi fait belle figure que le Québec, alors que toutes les provinces situées plus à l'Ouest ont augmenté leurs émissions depuis 1990.

Mais avant de triompher, il faut voir comment le Québec se comporte à l'échelle mondiale. Un document de consultation de la Commission sur les enjeux énergétiques du Québec, publié par le gouvernement Marois en 2013, affirmait: «Il va de soi que le niveau de consommation d'énergie influence les bilans d'émissions de GES. Ainsi, les émissions du Québec sont deux fois plus importantes (10,5 t CO_2) que celles de la Suède (5,3 t CO_2), un pays qui lui ressemble à bien des égards.» Ce document[34] – déséquilibré – ne révélait qu'une partie de la vérité. Des données de l'OCDE indiquent que le Québec, s'il était un pays, serait parmi les pays qui émettent le moins de GES, comme on le voit dans la page ci-contre. Il fait meilleure figure que les pays scandinaves, qu'on voit souvent comme des modèles, sauf la Suède, qui est le champion des faibles émissions. Le Québec se classe 7e sur 19. Les pays qui contrôlent le mieux leurs émissions de GES sont les grandes économies matures du sud de l'Europe – France, Italie, Espagne et Royaume-Uni. Notre bilan, à l'échelle mondiale, est bon.

UN QUÉBEC GOURMAND

Ce bilan pourrait vraiment être meilleur parce que si les Québécois – toutes proportions gardées – sont propres, ils demeurent néanmoins très gourmands. Nous sommes, à l'échelle mondiale, de très gros consommateurs d'énergie d'une planète qui mise de plus en plus sur sa conservation et sur un changement des habitudes.

Dans leurs comparaisons internationales, la Banque mondiale, l'Agence internationale de l'énergie et l'OCDE évaluent la consommation canadienne d'énergie à 7,4 tonnes d'équivalent pétrole (tep) par habitant. Le *Guide statistique de l'énergie* d'Environnement Canada établit la consommation québécoise à 86 % de la consommation canadienne, soit 6,4 tep.

ÉMISSIONS DE GES DANS LE MONDE
TONNES D'ÉQUIVALENT DE CO$_2$ PAR HABITANT, 2011

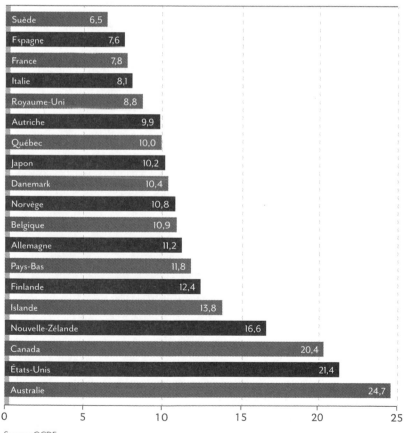

Source : OCDE.

Si on limite la comparaison avec les pays industriels avancés, des pays comparables, le Québec se retrouverait au 5ᵉ rang sur 20, comme l'illustre le graphique de la page suivante, derrière l'Islande, pays hors normes qui consomme trois fois plus, le Luxembourg, autre pays hors normes, les États-Unis et le Canada. Le Québec serait ex aequo avec la Finlande et tout juste devant la Norvège, qui consomme 5,7 tep par habitant. La Suède n'est pas très loin derrière, à 5,2 tep. La plupart des pays européens se maintiennent toutefois sous la barre des 4 tep.

Que peut-on déduire de ces données? Que le Québec consomme beaucoup d'énergie, à l'exemple de l'Amérique du Nord. Que les pays nordiques consomment davantage (le Québec se compare à la Finlande et consomme seulement 12 % plus d'énergie que la Norvège). Que les grands pays producteurs d'énergie consomment plus d'énergie que ceux qui doivent payer cher pour une énergie rare, comme la France ou l'Allemagne, qui souffrent cruellement d'une absence de ressources énergétiques. Et que les pays plus pauvres consomment moins d'énergie que les pays riches (on le voit avec l'Espagne, tout au haut du graphique ci-contre, et avec d'autres pays que je n'ai pas inclus qui consomment encore moins, comme le Portugal ou la Grèce).

Le même raisonnement vaut pour la consommation d'électricité, dont nous sommes évidemment des champions. En 2010, selon le ministère des Ressources naturelles, la consommation totale d'électricité au Québec a été de 179,7 térawattheures (TWh), soit l'équivalent de 22,663 kilowattheures (kWh) par personne. Selon les données de la Banque mondiale, cela placerait le Québec au 3ᵉ rang mondial des grands consommateurs des pays riches, derrière l'Islande (52,370 kWh par personne) et la Norvège (23,174 kWh par personne). Le Québec consomme plus d'électricité que le Canada, soit 16,406 kWh par personne. La Finlande et la Suède suivent avec 15,738 et 14,030 kWh. La consommation de la plupart des autres pays industrialisés est de beaucoup inférieure, soit trois ou quatre fois moins qu'au Québec, dans la fourchette des 5 000 à 8 000 kWh par personne.

Et là aussi, le premier message qu'on peut retenir, c'est que les pays qui consomment le plus d'électricité sont ceux qui produisent le plus d'hydroélectricité, qui est à la fois propre et abordable.

Je tiens à ajouter que l'argument utilisé le plus souvent pour culpabiliser le Québec est le fait que les autres pays nordiques, qui ont un climat et une géographie comparables à la nôtre, consomment beaucoup moins. D'abord, il est faux d'affirmer que leur consommation s'écarte beaucoup de la nôtre, sauf pour le Danemark. Ensuite, il est également faux de prétendre que les conditions climatiques sont les mêmes. La nuit, en janvier, la température moyenne est de -6,8 °C à Oslo, comparativement à -14 °C à Montréal. Quand on sait que 64 % de la consommation d'énergie des ménages québécois est consacrée au chauffage, cela change la donne. L'étalement de notre territoire influe aussi sérieusement sur les besoins en transport.

Ces remarques ne cherchent pas à justifier les comportements des Québécois, mais bien à les mettre en situation de la façon la plus précise possible pour s'en tenir aux faits plutôt qu'aux légendes urbaines.

Car notre bilan n'a quand même rien d'impressionnant. De 1990 à 2009, la consommation d'énergie a augmenté de 11 % au Québec, soit au même rythme que la population. Il n'y a pas eu de véritable progrès. Par habitant, on consomme autant d'énergie qu'il y a 20 ans, malgré Kyoto,

CONSOMMATION D'ÉNERGIE DANS LE MONDE
TONNES D'ÉQUIVALENT PÉTROLE PAR HABITANT, 2012

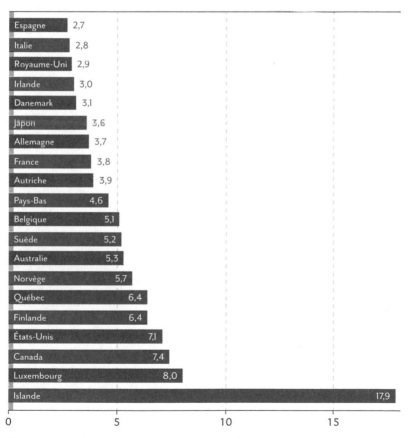

Source : Agence mondiale de l'énergie.

malgré le réchauffement climatique et malgré tout ce qu'on nous incite à faire pour modifier nos comportements.

C'est encore plus inquiétant quand on va dans le détail et qu'on regarde de plus près les quatre principaux secteurs de consommation. La consommation résidentielle est demeurée stable entre 1990 et 2009. En revanche, la demande en énergie du secteur commercial et institutionnel a bondi de 43 % au cours de la même période, notamment en raison du développement de l'économie tertiaire. Celle de l'industrie a diminué, surtout en raison de problèmes touchant les secteurs des pâtes et papiers et de la pétrochimie. Mais le véritable problème, c'est le transport – 29 % de la demande – qui est le plus nocif et qui est en pleine explosion. De ce côté, la demande en énergie a augmenté de 30 % par habitant en 20 ans, en hausse de 15 %. Contrairement aux autres pays, c'est le transport qui est le principal producteur de GES au Québec, avec 44 % des émissions. La consommation d'énergie explose parce qu'il y a plus d'autos et plus de VUS sur nos routes, malgré l'efficacité énergétique des véhicules. Le développement de la distribution ponctuelle (en anglais, *just in time*), qui repose sur une forte croissance du camionnage, contribue également à cette explosion de la demande.

On ne peut pas excuser le fait que le Québec soit un grand consommateur d'énergie en raison de ses besoins industriels, car ils sont en baisse. Il est vrai que le Québec, en raison de son abondance d'électricité, a misé pour son développement sur son avantage énergétique et offert des rabais importants à des industries énergivores, comme celle de l'aluminium. Cette stratégie comporte toutefois des conséquences, notamment ce qu'on appelle l'intensité énergétique : le Québec consomme beaucoup d'énergie pour stimuler son activité économique. Pour augmenter son PIB d'un million de dollars, le Québec doit consommer beaucoup plus d'énergie que certains autres pays, soit 60 % de plus que les États-Unis et 50 % de plus que la Suède. Il s'agit d'un coût élevé pour des résultats moindres, au moment où la plupart des pays tentent davantage de réduire leur consommation d'énergie comme levier.

Bref, malgré son image verte, le Québec est un grand consommateur d'énergie, qui n'a pas réussi à contenir sa demande et à modifier sa consommation.

LES BUVEURS D'EAU

On retrouve sensiblement la même dynamique dans nos rapports avec la source de vie qu'est l'eau. Les façons qu'on utilise l'eau, qu'on la consomme et qu'on la pollue constituent l'une des mesures les plus importantes pour évaluer si une société est soucieuse de l'environnement.

Une enquête d'Environnement Canada publiée en 2009[35] montre que le Québec est une des provinces qui consomment le plus d'eau, soit 706 litres par habitant par jour. Le Québec se classe au 3e rang derrière le Nouveau-Brunswick et Terre-Neuve, mais bien au-dessus de la moyenne canadienne de 510 litres. En Ontario, province très industrialisée, la consommation n'est que de 409 litres. C'est un écart considérable : les Québécois consomment 72,6 % plus d'eau que les Ontariens.

On pourrait croire que c'est à cause de notre structure industrielle ou de nos besoins spécifiques, par exemple en agriculture, mais ce n'est pas le cas. Du côté de la consommation résidentielle, le Québec se classe toujours au 3e rang, derrière le Nouveau-Brunswick et Terre-Neuve, avec une consommation de 386 litres, bien supérieure à la consommation canadienne de 274 litres. Et encore là, la comparaison avec l'Ontario fait sursauter, car l'utilisateur résidentiel moyen n'y consomme que 225 litres d'eau par jour, soit 71,5 % de moins qu'au Québec.

Que se passe-t-il donc? Est-ce que les Québécois ont plus de piscines, plus de pelouses? Plus d'allées en asphalte ou en pavé à rincer au boyau d'arrosage? Lavent-ils leurs voitures plus souvent? Ont-ils une obsession particulière de leur hygiène personnelle? Rien de tout cela. Une partie de l'explication vient de la désuétude de nos réseaux d'aqueduc. Les fuites font partie du paysage de la distribution de l'eau. Elles représentent, selon Environnement Canada, 14 % de l'eau distribuée dans les grandes villes et 7 % dans les petites collectivités. Mais c'est au Québec que le taux de fuite est le plus élevé, soit 22,1 %.

Cela explique l'écart en partie. Le reste de l'explication tient à nos habitudes de consommation. Il n'y a aucune espèce de spécificité – économique, sociale, géographique ou climatique – qui puisse justifier la différence, sinon que les Québécois s'en soucient moins. Et derrière cela, une cause toute simple : la très faible pénétration des compteurs d'eau et la non-facturation à l'utilisation. C'est gratuit ou, plutôt, on a l'impression que c'est gratuit. Alors, on s'en fout.

En principe, le mécanisme de contrôle par les prix ne devrait pas être nécessaire si, naïvement, on croyait que ce sont les grands principes qui provoquent les changements de comportement. Dans ce cas-ci, il est possible que l'abondance d'eau douce au Québec incite les citoyens à la voir comme une ressource inépuisable qu'on n'a pas besoin d'économiser. Il est vrai que nos réserves d'eau ne sont pas menacées. Notre consommation élevée, la plupart du temps, ne vide pas les nappes phréatiques ou ne fait pas baisser le niveau de nos plans d'eau. L'eau de Montréal provient du lac Saint-Louis, de la rivière des Prairies et du fleuve Saint-Laurent. L'eau qu'on prélève pour nos besoins ne représente qu'une infime partie de l'eau qui coule vers le golfe Saint-Laurent et l'océan Atlantique. Le problème n'est pas là, mais dans le coût de transport, de filtration de l'eau qu'on gaspille, dans le coût du traitement des eaux usées et des effets de celles-ci sur la nature.

Selon des données de l'OCDE qui reposent sur un autre concept – celui de la gestion des prélèvements de l'eau –, le Canada est le cinquième plus gros consommateur d'eau du monde après le Chili, les États-Unis, l'Estonie et la Nouvelle-Zélande. En faisant une simple règle de trois pour s'en donner une idée, le Québec, qui consomme 38 % plus d'eau que le Canada, se retrouverait au 3e rang mondial avec une consommation colossale, soit trois fois plus que le Danemark, trois fois plus que la France et quatre fois plus que l'Allemagne.

C'est énorme, mais il faut apporter une nuance, comme dans le cas de l'énergie : dans un endroit regorgeant d'eau, il n'est pas anormal qu'on consomme plus d'eau, qu'on se développe en profitant des ressources dont on dispose (du moins tant qu'on ne nuit pas à l'environnement) et qu'on ne s'impose pas des coûts prohibitifs pour y avoir accès mais il est clair qu'à ce chapitre, le Québec est franchement négligent et, encore une fois, les Québécois montrent qu'ils ne sont pas très verts.

« LA POUBELLE PROVINCE »

Le volume des déchets constitue l'autre grande mesure des comportements durables. Le chiffre connu, c'est que le Canada produit 25 millions de tonnes de déchets par année. Selon ces mêmes données de Statistique Canada, le Québec en produit 5,8 millions de tonnes, soit 11 tonnes à la minute.

À l'échelle canadienne, le Québec se classe au 2e rang en matière de volume de déchets parce qu'il constitue la deuxième plus grosse province au pays. Par habitant, le Québec se retrouve au 5e rang avec une production de 733 kilos par personne par année, tout juste au-dessus de la moyenne canadienne de 729 kilos, écrasé par l'Alberta et la Saskatchewan, deux importants producteurs de déchets industriels.

Par contre, si on se limite aux déchets domestiques – un meilleur indicateur du comportement des citoyens –, les Québécois, avec 356 kg par personne, se classent dans une catégorie à part. Leur production de déchets est supérieure à la moyenne canadienne de 272 kg, au 2e rang des provinces derrière Terre-Neuve. L'Ontario, notre voisine, produit 242 kg de déchets, soit 50 % de moins que le Québec, un écart énorme.

On peut se consoler en se disant qu'il y a une tendance à la baisse. Recyc-Québec, un organisme public chargé de la récupération et du recyclage, se réjouissait dans son bilan de 2011 d'une baisse importante de la production de déchets, qui est passée de 872 kg en 2008 à 746 kg en 2011.

Dans l'« univers des vidanges », il y a deux enjeux : la quantité de déchets produits – qui est liée aux habitudes de consommation, au gaspillage, à l'emballage – et ce qu'on en fait, soit la proportion de déchets qu'on réussit à réutiliser plutôt que d'engorger les lieux d'enfouissement et de recourir à l'incinération. En 2010, le Canada a recyclé huit millions de tonnes de déchets, soit 24,5 % du total des déchets. Le taux de recyclage au Québec, avec des données un peu différentes, était supérieur à la moyenne canadienne, avec 28,7 %.

Un documentaire accablant intitulé « La poubelle province » diffusé à Radio-Canada en 2012 décrivait le Québec comme un champion du gaspillage. Les comparaisons internationales sont difficiles à établir en ce qui a trait à la production de déchets et encore davantage pour le recyclage. Mais une étude du Conference Board du Canada publiée en 2009 estimait que le Canada était le plus grand producteur de déchets municipaux sur un échantillon de 16 pays. Avec les données dont on dispose, le Québec, s'il était un pays, se classerait au 1er rang, devant le Canada.

L'AUTOMOBILE

Il y a toutefois un domaine en environnement où les Québécois ne sont pas « champions », c'est celui de l'automobile. Mais notre comportement environnemental en la matière ne nous permet pas de nous distinguer pour autant.

Le Québec est sous la moyenne canadienne pour ce qui est de son parc automobile. Avec 0,59 voiture par personne – dans la mesure où on peut découper un véhicule ! –, le Québec se classe au 6e rang, ex aequo avec la Colombie-Britannique et la Nouvelle-Écosse. Deux provinces se distinguent en haut de l'échelle – l'Alberta et la Saskatchewan – et une en bas, l'Ontario. Pour le nombre de véhicules par ménage, le Québec se trouve vraiment au bas de la liste avec 1,35 automobile par famille, bien au-dessous de la moyenne canadienne de 1,47. Ces résultats dépendent évidemment d'une foule de facteurs qui échappent en partie au contrôle des individus, comme la géographie, l'urbanisation et la disponibilité du transport en commun. Mais le Québec fait mieux.

Cette comparaison masque toutefois un phénomène observé au Québec, mais aussi ailleurs : il s'agit de l'augmentation troublante du nombre de véhicules. En 1987, première année où des données ont été colligées de cette façon, il y avait 3 649 979 véhicules en circulation au Québec, selon la Société de l'assurance automobile du Québec. Ce nombre est passé à 5 985 463 en 2011, soit 2,3 millions de véhicules de plus en 24 ans. Il s'agit d'une augmentation phénoménale de 64 %. Pendant ce temps, la population n'augmentait que de 18 %. Le nombre de véhicules a ainsi augmenté trois fois et demie plus vite que le nombre de citoyens.

Cette hausse s'explique par une augmentation du niveau de vie et par des changements de comportement. Ce qui est encore plus étonnant, c'est que le processus s'est accéléré au cours des dernières années. Ces données couvrant presque un quart de siècle, on pourrait se dire qu'à l'époque, la conscience environnementale n'était pas ce qu'elle est maintenant, que la population n'était pas encore consciente de l'impact des GES et, donc, que l'accroissement du parc automobile pouvait s'expliquer par l'ignorance. Mais, en fait, la hausse du nombre de véhicules a été plus marquée ces dernières années, quand on ne pouvait pas ne pas savoir. La moitié de l'augmentation a été enregistrée au cours des 10 dernières années.

Il y a toutefois une note positive : les Québécois consomment moins de carburant qu'ailleurs au Canada, en moyenne 9,9 litres aux 100 km, contre une moyenne canadienne de 10,7. C'est le meilleur résultat après la Nouvelle-Écosse. Cette plus faible consommation s'explique néanmoins par le prix de l'essence, plus élevé au Québec, et par des choix de véhicules différents même si le nombre de VUS et autres gros véhicules a augmenté, passant de 29 % à 35 % du parc automobile entre 2003 et 2011.

Les véhicules préférés des Québécois sont en effet moins énergivores. Selon le *top 25* des ventes de véhicules neufs du magazine *Protégez-vous*, on retrouve sur les cinq véhicules les plus vendus quatre voitures compactes – la Honda Civic, la Hyundai Elantra, la Toyota Corolla et la Mazda 3 – et un seul camion – le Ford Serie 3 – qui se classe au 3e rang. Au Canada, la logique est inversée. Les deux véhicules qui dominent leurs concurrents, et de loin, sont deux camions, le Ford F et le Dodge Ram. Pourquoi ? Parce que les Québécois sont plus verts ou parce qu'ils sont moins ruraux ?

Mais ce qui est clair, à part le fait que les Québécois sont moins *country*, c'est que la culture de l'automobile, un fléau en termes environnementaux, ne semble pas ébranlée au Québec. Un autre clou dans le cercueil des illusions.

LA CONSOMMATION RESPONSABLE

Parmi les dizaines, voire les centaines de petits gestes que nous pouvons faire dans notre vie quotidienne pour être plus « verts », le plus symbolique est certainement l'abandon des sacs de plastique à l'épicerie ou au magasin.

Ce fut un véritable succès au Québec. Selon une étude du ministère de l'Environnement datant de 2012, les Québécois ont réduit de 52 % leur utilisation de sacs d'emplettes à usage unique entre 2007 et 2010. Ils ont fait usage de plus de 2,2 milliards de ces sacs pour faire leurs emplettes en 2007, comparativement à un milliard en 2010. La réduction du nombre de sacs à usage unique aurait même chuté de 60 % dans la catégorie des commerces de biens courants. Et ce, avec un programme où les entreprises ont adhéré de façon volontaire et dans lequel les consommateurs ont emboîté le pas avec un certain enthousiasme, les droits de 0,05 $ par sac ayant suffi pour faire le travail.

Grâce à ce programme, le Québec est de toute évidence le champion canadien des sacs réutilisables. Quatre-vingt-quinze pour cent des Québécois les utilisent, beaucoup plus que la moyenne canadienne de 74 %, devant l'Ontario (77 %), le Manitoba et la Colombie-Britannique (66 %). Les provinces de l'Ouest y sont encore réfractaires, peut-être parce que les sacs de plastique sont fabriqués avec des dérivés du pétrole.

C'est le genre de pratique environnementale que les Québécois adorent : un beau geste qui ne demande pas beaucoup d'efforts. Parce que quand on regarde de plus près, les Québécois, dès que ça fait mal, cessent d'être des champions. Statistique Canada, dans ses enquêtes sur les ménages, a posé une foule de questions sur les comportements durables. En gros, les Québécois sont pas mal dans la moyenne pour leurs comportements responsables – abaissement de la température la nuit, ampoules fluocompactes, électroménagers homologués Energy Star, etc. – et au-dessus de la moyenne pour les pommeaux de douche à faible débit et l'achat local.

Comment codifier tout cela ? L'Observatoire de la consommation responsable de l'Université de Sherbrooke, avec le concours du magazine *Protégez-vous*, a créé un indice de la consommation durable à partir de 49 indicateurs et un algorithme très complexe. Cette analyse montre qu'il y a des comportements très enracinés : le recyclage que disent pratiquer plus de 80 % des répondants, la réduction de la consommation d'énergie et l'achat local dans une proportion de 60 %. Le transport alternatif, par contre, reste boudé. Trente-neuf pour cent des répondants ont cité la marche et le vélo, 28 %, le covoiturage, et seulement 28,2 %, le transport public.

Toutefois, une comparaison avec l'Ontario révèle que nos voisins immédiats, avec un indice de 68,9 % en 2012, font mieux que les Québécois, dont l'indice est de 62,3 %. Les Ontariens ont raison des Québécois pour le compostage, le transport durable, la déconsommation (moins consommer par souci environnemental), la consommation citoyenne et la protection de l'environnement. Ce n'est que pour le recyclage et la consommation locale que les Québécois font meilleure impression quoique, dans ce dernier cas, on ne sache pas si ce sont des facteurs environnementaux qui les motivent ou plutôt des considérations identitaires et culinaires.

LA GRANDE HYPOCRISIE

Le fait que les Québécois ne paient pas l'eau qu'ils consomment a une influence déterminante sur leur niveau de consommation. Il est assez évident que le même raisonnement vaut aussi pour l'électricité. Le prix de l'électricité étant très bas au Québec, il constitue un facteur déterminant qui explique pourquoi les Québécois sont de très gros consommateurs d'électricité, des champions mondiaux et, par conséquent, de gros consommateurs d'énergie.

C'est un non-sens environnemental parce que les bas prix, par définition, encouragent la surconsommation et découragent les efforts d'efficacité énergétique et, donc, vont à l'encontre de toutes les tendances qui se manifestent sur la planète.

C'est également un non-sens économique parce que le prix de notre électricité, produite par une société d'État, est inférieur aux prix pratiqués ailleurs. Cette politique de prix équivaut à une subvention et mène à une mauvaise allocation des ressources. Elle prive en outre le principal actionnaire, le gouvernement, de revenus importants soit pour réduire notre dette, soit pour financer des programmes. La perte de revenus pour Hydro-Québec et, donc, pour le gouvernement qui en est le propriétaire, est colossale. Si les tarifs résidentiels d'électricité étaient doublés pour atteindre un niveau que nous pourrions qualifier de « normal », les revenus annuels de la société augmenteraient de 4,6 milliards. Cela changerait complètement la face des finances publiques. Et cela nous rappelle que le fait de se priver ainsi de revenus collectifs, quand on connaît l'importance de nos besoins collectifs, est un véritable non-sens social.

Hydro-Québec est très fière, dans ses documents et sur ses pages Web, d'afficher ses bas prix. Le graphique ci-contre montre à quel point l'écart est important. Pour un consommateur résidentiel, un kWh coûtait, en 2013, 6,87 ¢ à Montréal avant taxes (comme partout au Québec). Nos voisins immédiats, souvent dans des juridictions qui achètent de l'électricité au Québec et qui ont des interconnexions avec le Québec, payaient en général au moins le double : 12,48 ¢ à Toronto, 12,39 ¢ à Ottawa, 15,45 ¢ à Halifax, 11,82 ¢ à Moncton et 16,50 ¢ à Boston. À New York et à San

Francisco, c'était trois fois plus cher. La facture d'électricité pour les familles québécoises est ainsi la plus basse d'Amérique du Nord, selon les données d'Hydro-Québec. Et, donc, peut-être aussi la plus basse du monde industrialisé. Est-ce normal?

Je suis allé voir du côté de la Norvège, autre grand pays producteur d'hydroélectricité. La Norvège produit moins d'électricité que le Québec, mais sa production par habitant de 30 000 kWh est plus importante que la nôtre, à 24 000 kWh. Les Norvégiens, malgré cette abondance et des coûts

INDICE DU PRIX DE L'ÉLECTRICITÉ
CLIENTS RÉSIDENTIELS, 2013

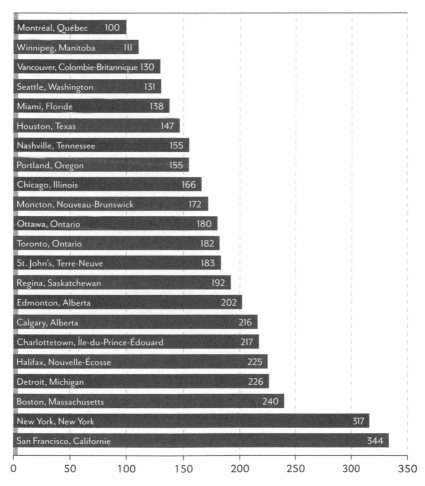

Source : Hydro-Québec.

de production semblables aux nôtres, payaient 86,4 øre par kWh à la fin de 2013, soit 14,84 ¢/kWh, le double d'ici. En mars 2014, le prix s'établissait à 89,3 øre, une hausse de 3,2 % en trois mois et de 7,5 % en 12 mois[36].

La Suède est un pays producteur d'énergie nucléaire et d'hydroélectricité. Elle s'est intégrée à un réseau – le Nord Pool – avec les pays scandinaves et la Pologne où l'énergie s'échange et se négocie.

Les consommateurs paient un prix « spot », qui peut varier d'heure en heure. Le prix de l'électricité peut donc fluctuer beaucoup en fonction de la demande ou des conditions météorologiques. En 2012, selon Eurostat, le prix du kWh s'établissait à 0,134 €, soit 20 ¢, trois fois plus élevé qu'ici. Le Danemark, qui a peu de ressources électriques, exigeait 0,298 €, soit 45 ¢. La France, avec ses importantes ressources nucléaires, demandait de son côté 0,102 €, soit 15,3 ¢.

Partout dans le monde, des pays prospèrent grâce à leurs ressources énergétiques. La meilleure recette pour s'enrichir, c'est évidemment de gagner le gros lot en trouvant du pétrole sur son territoire. Et comment ces régions réussissent-elles à devenir riches avec leur or noir ? Pas en le donnant ni en le cédant au rabais, mais en le vendant au meilleur prix possible et, donc, en profitant au maximum des hausses des prix du brut.

Au Québec, nous sommes aussi à notre façon des scheiks..., ceux de l'or bleu. Malgré la petite taille de notre économie, nous sommes un très important producteur d'hydroélectricité. Nous produisons 190 milliards de kWh d'électricité par année. Nous occupons le 4e rang mondial derrière les géants que sont la Chine, le Brésil et les États-Unis. Et que faisons-nous avec cette richesse fabuleuse ? Nous la donnons presque, nous la cédons au rabais.

Le Québec est tout seul dans le monde industrialisé avec sa politique de prix. En plus de son illogisme économique, cette politique a des impacts environnementaux. L'éolien n'est pas rentable vendu à 6,87 ¢/kWh ; la plupart des mesures d'économie d'énergie non plus. Et pourtant, aucun organisme environnemental n'a réclamé une hausse des prix de l'électricité pour réduire la consommation.

Nous sommes en présence de ce qu'on pourrait appeler la « grande hypocrisie ». Une société qui choisit sciemment de vendre sa principale source d'énergie à un prix inférieur à tout ce qu'on trouve ailleurs ne peut pas faire semblant de se présenter comme une société verte.

Notre position envers les tarifs d'électricité résume de façon admirable notre attitude envers les enjeux environnementaux : beaucoup de contradictions et beaucoup d'esbroufe.

11. SOMMES-NOUS TRAVAILLANTS ?

En 2006, l'ancien premier ministre Lucien Bouchard avait lancé une petite bombe dans le paysage politique québécois, en contestant l'idée que le peuple québécois est travaillant. « D'abord, disait-il dans une entrevue au réseau TVA, il faut travailler plus. On ne travaille pas assez. On travaille moins que les Ontariens, infiniment moins que les Américains. Il faut qu'on travaille plus ! » Il avait raison. Nous ne sommes plus les vaillants héritiers des colons et des défricheurs comme Louis Hébert.

Les réactions avaient été extrêmement vives, notamment du côté des centrales syndicales, unanimes à dénoncer l'ex-premier ministre. « L'esclavage, c'est fini », avait dit Roger Valois, vice-président de la CSN, tandis que la présidente de la centrale, Claudette Charbonneau, qualifiait son analyse d' « un peu superficielle ». Selon elle, le Québec souffre d'un problème de répartition – plutôt que de création – de la richesse. Le président de la FTQ, Henri Massé, rétorquait que la solution ne se trouvait pas dans un plus grand effort de travail, mais plutôt dans la recherche et l'innovation. « M. Bouchard, je le trouve très inquiet. Il devrait aller se promener avec le monde ordinaire. Ça, c'est une déclaration qui offusque passablement le monde ordinaire au Québec. »

Même l'ancien premier ministre Jacques Parizeau, qui avait des comptes à régler avec son successeur, avait mis de côté ses connaissances d'économiste pour enfourcher un cheval plus politique. « Une fois de plus, nous, les Québécois, on déçoit M. Bouchard. Une fois de plus. Je trouve ça dommage. »

Et pourtant, si M. Parizeau avait examiné les chiffres, il aurait bien vu que M. Bouchard avait tout à fait raison. Les Québécois travaillent moins que leurs voisins ontariens. Cela se vérifie et se mesure avec des données qui ne laissent aucune place au doute. Le vrai débat ne consiste pas à savoir si les Québécois travaillent moins – c'est le cas – ou plus, mais à essayer de comprendre pourquoi, d'en mesurer les conséquences et de se demander jusqu'à quel point cela pose vraiment un problème.

LES HÉRITIERS DE LOUIS HÉBERT ?

Les données sont en effet limpides. En 2012, on travaillait en moyenne 35,4 heures par semaine au Québec. C'est moins que la moyenne canadienne de 36,6 heures et derrière toutes les provinces sans exception, et très loin derrière l'Alberta où on travaille 39 heures par semaine. En Ontario, notre principal partenaire avec lequel on se compare habituellement, on travaille 36,5 heures par semaine. Une petite heure de rien du tout, dira-t-on. En fait, 1,1 heure de plus. Mais il s'agit d'un écart de 3 %, ce qui n'est pas rien. Cela donne à la fin de l'année une différence de 57,2 heures, soit presque deux semaines de travail.

Il est vrai que le style de M. Bouchard a amplifié la vigueur de la réaction. Son ton cassant et ses élans moralisateurs ont incité bien des gens à mal interpréter ses propos et à y voir une attaque personnelle, comme si on les avait accusés d'être des paresseux quand ils ont l'intime conviction de travailler fort. Ses propos ont aussi été déformés par une autre confusion, très fréquente dans le débat public, entre l'effort personnel et la productivité.

Cette réaction tient sans doute aussi à l'image que les Québécois se font d'eux-mêmes. L'histoire du Québec, c'est celle de colons dont la vie a été difficile, qui ont dû trimer dur pour s'établir, défricher, survivre et nourrir leur famille nombreuse ; certains ont dû s'exiler vers l'Ouest, vers l'Abitibi ou vers les États-Unis et travailler encore plus dur. Le Québec, c'est Louis Hébert, c'est un peuple de gens vaillants. Cette image d'eux-mêmes, les Québécois l'ont toujours même si, au fil des ans, ils ont changé et que leur vie s'est adoucie. Jusqu'en 1976, les Québécois travaillaient plus que les Ontariens. Mais ce n'est plus le cas depuis presque 40 ans.

HEURES TRAVAILLÉES PAR ANNÉE, 2012

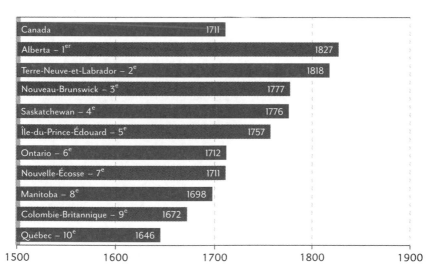

Source : Statistique Canada.

Maintenant, ils sont plutôt des travailleurs syndiqués protégés par des conventions collectives.

Une autre façon de mesurer la même chose, et davantage utilisée dans les comparaisons internationales, c'est le nombre moyen d'heures travaillées dans une année, ce qui permet entre autres de tenir compte des congés et des vacances. Avec cette mesure, l'écart entre le Québec et le reste du Canada est encore plus important. Les Québécois travaillent 1 646 heures par année, sous la moyenne canadienne de 1 711 heures. L'écart avec l'Ontario, où on travaille 1 712 heures, est de 3,9 %. Aux États-Unis, on travaille 1 790 heures : on ne peut pas dire que les Québécois travaillent infiniment moins, mais l'écart de 8,1 % est quand même significatif.

Les Québécois ne se distinguent pas seulement par le nombre d'heures où ils travaillent dans une année, mais aussi par le nombre d'années où ils travaillent dans leur vie. L'âge moyen de la retraite au Québec est de 60 ans. Il est de 62 ans en Ontario et de 65 ans aux États-Unis. En conséquence, la proportion de la population de travailleurs plus âgés participant au marché du travail – soit comme travailleurs, soit comme chômeurs – devient beaucoup plus faible au Québec qu'ailleurs au Canada. Pour l'ensemble de la population, avec un taux d'activité de 65,2 % à la fin de 2013, le Québec se classe au 6e rang canadien, un peu sous la moyenne canadienne de 66,5 %. La participation au marché du travail est également un peu plus faible qu'en Ontario – notre base habituelle de comparaison – à 66,4 %.

L'écart s'accroît sensiblement avec l'âge. Pour les 60-64 ans, le taux d'activité est de 46,3 % au Québec, au 10e rang canadien, loin derrière celui de l'Ontario, qui est de 54,9 %. Et pour les 65-69 ans, encore beaucoup moins de personnes travaillent au Québec – 18,8 % – alors que la proportion est de 27,4 % en Ontario et encore plus dans les Prairies. Bref, bien des Québécois ont arrêté de travailler quand, ailleurs au Canada, les gens du même âge continuent d'être professionnellement actifs. Ce n'est pas une bonne nouvelle, car cela accroît l'impact du vieillissement de la population sur l'économie.

Mais ce qui était intéressant dans le débat suscité par la sortie de M. Bouchard, c'était l'incrédulité d'un très grand nombre de Québécois à l'égard d'affirmations rigoureusement exactes. Quand il a largué sa bombe, seuls 39 % des Québécois interrogés dans un sondage Léger Marketing étaient d'accord avec M. Bouchard et estimaient, comme lui, que les Québécois devaient travailler plus. Quarante-trois pour cent des répondants étaient en désaccord avec sa proposition. L'appui à sa thèse reculait à 29 % chez les plus jeunes, les 18-34 ans. Parce qu'ils travaillent davantage ou parce qu'ils ne veulent pas travailler plus ? L'histoire ne le dit pas.

Ce clivage entre le mythe et la réalité, on le voit à d'autres indices. Une vaste enquête de Statistique Canada – l'Enquête sociale générale portant sur l'emploi du temps – montrait en 2006 que c'était au Québec qu'on trouvait la plus forte proportion de gens se considérant comme des bourreaux de travail, 28,5 % contre une moyenne canadienne de 23,8 % !

En 2006, un sondage CROP réalisé pour l'Ordre des conseillers en ressources humaines agréés révélait que 23 % des répondants estimaient que leur charge de travail était trop élevée.

Notons toutefois que les données sur le taux d'activité montrent qu'il y a plus de Québécois sur le marché du travail que d'Américains, par exemple. Cela ne signifie pas que ceux-ci travaillent davantage. Travailler moins, ce n'est pas la même chose que travailler en moins grand nombre. Ce taux d'activité peut être affecté par plusieurs facteurs n'ayant aucun lien avec le désir de travailler, par exemple les mauvaises conditions économiques qui découragent la recherche d'emploi. Ou encore le fait que dans certains pays, la présence des femmes sur le marché du travail est encore faible, comme au Japon.

Par ailleurs, personne, à ma connaissance, n'a dit que les Québécois travaillaient moins que les autres Occidentaux, mais plutôt qu'ils travaillaient moins que les autres Nord-Américains. On sait bien que les semaines de travail sont courtes dans d'autres pays, notamment la France avec ses 35 heures.

TRAVAILLER MOINS, UNE CATASTROPHE ?

Les comparaisons internationales peuvent d'ailleurs nous amener à tenir une discussion plus intéressante. Elles montrent que des semaines de travail moins longues ne constituent pas nécessairement une catastrophe, loin de là. On assiste, partout dans le monde industrialisé, à une baisse graduelle de la semaine de travail, phénomène qu'on associe à juste titre au progrès économique et social et à une recherche de qualité de vie. On veut consacrer plus de temps aux loisirs, à la vie familiale, on ne veut plus être esclave du travail, on ne veut plus que le labeur use le corps et l'esprit, notamment pour ceux qui sont astreints à un travail physiquement épuisant ou à des tâches répétitives et non valorisantes.

Il n'y a pas si longtemps, en 1946, juste après la Seconde Guerre mondiale, les Québécois travaillaient autour de 42 à 44 heures par semaine. En 1976, la semaine de travail était passée à 38,9 heures. En 2012, on ne travaillait pas plus que 35,4 heures, une baisse de 3,5 heures en une trentaine d'années, soit presque 10 % de moins. Cette réduction de la semaine de travail s'est produite au moment où le niveau de vie augmentait. Elle tient aux changements de valeurs, aux pressions syndicales et aux lois, mais aussi aux bienfaits de la prospérité.

Ces tendances lourdes, par ailleurs, ne connaissent pas de pause. La présence plus grande des femmes sur le marché du travail, notamment au Canada et au Québec, force la discussion sur la conciliation travail-famille. Les jeunes semblent aussi dans bien des cas adopter des valeurs qui ne sont pas celles de leurs aînés par rapport au travail.

On observe le même phénomène à l'échelle mondiale. Il y a un lien très clair entre la longueur de la semaine de travail et la pauvreté relative des pays : plus les pays sont pauvres, plus les gens travaillent. Au sein des pays de l'OCDE, tandis que le Canada a une charge de travail de 1 710 heures par année, cette charge dépasse le seuil des 2 000 heures dans des pays comme le Chili (2 029), la Grèce (2 034), la Corée (2 090) et le Mexique (2 226).

On remarque surtout que dans plusieurs économies avancées, on travaille beaucoup moins qu'au Canada ou qu'au Québec : en Belgique, 1 574 heures, au Danemark, 1 546, en France, 1 479, en Allemagne, 1 397, aux Pays-Bas, 1 381, et en Norvège, 1 420 heures. En fait, le Canada se comporte comme les autres pays anglo-saxons – États-Unis, Royaume-Uni, Australie, Nouvelle-Zélande –, où on a tendance à travailler plus. Et le Québec, encore une fois, est un peu plus européen.

On retrouve plusieurs pays très performants parmi ceux dont la semaine de travail est courte. Il n'y a donc pas de lien de cause à effet entre l'effort exigé des travailleurs et la réussite économique. Et il n'y en a pas parce qu'une autre variable entre en ligne de compte : dans les pays où les gens ont une charge de travail moindre et où, en fin de compte, il y a moins d'heures travaillées dans l'ensemble de l'économie, il faut, pour que la prospérité soit au rendez-vous, que la contribution de chacune de ces heures soit plus grande, qu'on produise plus pour chaque heure. C'est une évidence : pour générer une activité économique aussi forte en travaillant moins, il faut que le travail soit plus performant. C'est la définition même de la productivité du travail qu'on mesure par le PIB, c'est-à-dire la valeur de ce qui est produit pour chaque heure travaillée dans un lieu donné.

On peut observer une constante : là où on travaille moins, la productivité est plus forte. C'est une loi très simple. Le niveau de vie, mesuré par le PIB par habitant, est le résultat d'un certain nombre de facteurs : le nombre de travailleurs, la proportion d'entre eux qui travaille mesurée par le taux d'emploi, le nombre d'heures qu'ils travaillent et la valeur de production de chacune de ces heures.

L'exemple français est éloquent à cet égard : le gouvernement a pris la décision très contestée de réduire par une loi la semaine de travail – la fameuse semaine de 35 heures –, mais l'organisation de la production a compensé la baisse de contribution des travailleurs. C'est ce qu'on voit aussi dans tous ces pays européens où la semaine de travail est plus courte qu'au Québec, mais où la productivité du travail est beaucoup plus élevée. On ne peut pas avoir le beurre et l'argent du beurre : si on veut réduire la charge de travail, il faut que ce choix soit compensé par les modes de production pour maintenir un même niveau de revenu. Et c'est là tout le problème du Québec, à moitié européen : on copie les habitudes de travail de l'Europe sans les compenser par la productivité.

LE RETARD DE LA PRODUCTIVITÉ

Mais pour la productivité, on a un gros problème. La productivité du travail du Québec, c'est-à-dire le PIB par heure travaillée, était de 43,70 $ en 2012, ce qui le plaçait au 5e rang canadien derrière, dans l'ordre, l'Alberta, Terre-Neuve (gonflée par son pétrole), la Saskatchewan et l'Ontario, et sous la moyenne canadienne de 47,80 $. Les Québécois, qui travaillent moins d'heures que les autres Canadiens, affichent aussi une productivité horaire du travail plus faible.

C'est quand on se compare à l'international que se révèle l'ampleur du problème. Le Québec ne performe pas bien au sein du Canada. Mais comme le Canada ne performe pas bien à l'échelle internationale, cela place le Québec dans le peloton de queue. Le Canada, avec une productivité par heure travaillée de 47,30 $ US, affiche des résultats modestes à l'échelle internationale. Il se classe au 15e rang des pays de l'OCDE, loin des leaders comme la Norvège, où la productivité du travail est presque le double (86,60 $), ce qui s'explique en partie par l'activité pétrolière. Mais plusieurs autres pays réussissent à afficher une productivité élevée sans les hydrocarbures, comme l'Irlande (71,20 $), les États-Unis (64,10 $), les Pays-Bas (60,20 $), la France (59,50 $) et l'Allemagne (58,30 $). Le Québec, à 43,20 $, se retrouverait un peu plus bas, entre l'Italie et l'Islande, l'équivalent du 17e rang.

Ce qu'on constate aussi, c'est que pour l'instant, il n'y a pas de porte de sortie. Non seulement la productivité du travail au Québec est inférieure à celle du Canada et de l'OCDE, mais la croissance de cette productivité est également plus faible, tant et si bien que les écarts se sont accrus au lieu de se résorber. Selon les données présentées par le Centre sur la productivité et la prospérité de HEC Montréal, la croissance annuelle de la productivité entre 1981 et 2011 a été de 1,08 % au Québec, de 1,26 % au Canada et de 1,94 % pour les pays de l'OCDE.

PIB PAR HEURE TRAVAILLÉE DANS LE MONDE
$ US, 2012

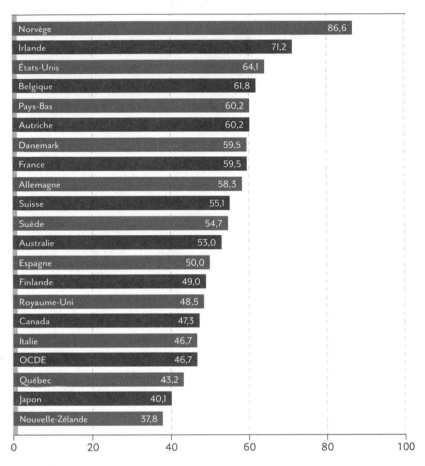

Norvège	86,6
Irlande	71,2
États-Unis	64,1
Belgique	61,8
Pays-Bas	60,2
Autriche	60,2
Danemark	59,5
France	59,5
Allemagne	58,3
Suisse	55,1
Suède	54,7
Australie	53,0
Espagne	50,0
Finlande	49,0
Royaume-Uni	48,5
Canada	47,3
Italie	46,7
OCDE	46,7
Québec	43,2
Japon	40,1
Nouvelle-Zélande	37,8

Source : OCDE.

La faiblesse de la productivité est lourde de conséquences. Et pas seulement parce qu'elle ne permet pas de compenser l'effort de travail moindre des Québécois. La productivité constitue le principal déterminant du niveau de vie. Son niveau insuffisant au Québec est ce qui explique, comme on le verra en détail au chapitre 12, pourquoi le Québec n'atteint pas le niveau de prospérité auquel il pourrait aspirer.

L'introduction du concept de productivité dans ce débat a apporté un élément de confusion, parce que souvent l'évocation de la trop faible productivité au Québec est interprétée comme un reproche ou une accusation. C'est injuste, car si le taux de productivité est bas au Québec, ce n'est pas la faute des travailleurs. S'ils peuvent exercer un certain contrôle sur la longueur de leur semaine de travail par des choix personnels (type d'emploi, attitude par rapport aux heures supplémentaires et à la retraite, préférence pour les emplois à temps partiel, valeurs syndicales), ils sont très peu responsables de leur niveau de productivité. La plupart des déterminants de la productivité échappent en effet à leur contrôle.

Le faible taux de productivité du Québec ne s'explique pas par le fait que les travailleurs québécois dorment au bureau ou ralentissent la cadence sur leur machine. Ils peuvent, bien sûr, influer sur ce niveau, mais de façon indirecte, par exemple, quand le syndicalisme résiste aux transformations structurelles ou quand les travailleurs manifestent une résistance au changement, ou une réticence à s'engager dans des démarches de formation. Mais le gros de la responsabilité de la hausse de la productivité leur échappe. Celle-ci dépend largement de la structure industrielle – poids des secteurs traditionnels, proportion des petites et moyennes entreprises. Il dépend aussi des stratégies des entreprises, de la qualité de leur gestion, de leur tendance à l'innovation, de l'organisation du travail et, surtout, du niveau des investissements. Et celui-ci dépend du contexte fiscal, des conditions du marché, du climat politique. Les choix collectifs jouent aussi, comme les investissements en éducation, les effets pervers de certaines politiques industrielles qui, par exemple, favorisent la création d'emplois plutôt que la création de valeur ajoutée.

Mais le résultat est là : avec un effort de travail et une productivité du travail plus faibles, les Québécois se trouvent dans une situation fragile qui ne leur procure pas un niveau de vie suffisant ni des salaires impressionnants.

On pourrait dire que c'est là un choix de société que les Québécois ont fait – celui des loisirs, de la qualité de vie, de l'équilibre travail-famille – et qu'on devrait respecter le choix de travailler moins et de gagner moins. Mais est-ce vraiment un choix de société ? Le fait que les Québécois travaillent moins est-il vraiment le résultat d'un choix ? Et, si oui, est-ce un choix dont les Québécois connaissaient toutes les conséquences ? À mon avis, c'est loin d'être le cas.

Il y a en effet plusieurs facteurs pouvant expliquer pourquoi la semaine de travail est moins lourde au Québec. Le premier, c'est le poids de la fonction publique, plus élevé que dans d'autres provinces où les conditions de travail sont meilleures que dans le secteur privé, notamment des semaines de travail plus courtes, plus de vacances, des congés de maladie et, surtout, des retraites plus précoces. Le deuxième facteur, c'est la réglementation plus forte au Québec dans certaines industries, par exemple la construction. Le troisième facteur, c'est le taux de syndicalisation plus élevé – 39,9 % au Québec contre 31,1 % au Canada, 28,2 % en Ontario et 23,5 % en Alberta – parce qu'une demande syndicale fréquente est la réduction du nombre d'heures travaillées par semaine et que les primes à taux et demi et à taux double découragent le recours aux heures supplémentaires par les entreprises.

Le fait que les Québécois quittent plus tôt le marché du travail tient souvent davantage à des facteurs économiques ou institutionnels qu'à des choix personnels, comme les mises à pied dans l'industrie manufacturière qui pénalisent surtout des travailleurs plus âgés incapables de se replacer, les employeurs qui encouragent les travailleurs à prendre une retraite anticipée pour réduire leur personnel, ou encore le poids plus grand du secteur public et parapublic du Québec où le départ à la retraite peut se faire plus tôt.

Je ne suis donc pas du tout certain que c'est une décision consciente. L'appartenance à un syndicat est très rarement le résultat d'un choix personnel. Bien sûr, les citoyens, par leurs choix lors des élections ou par leurs réactions dans les débats publics, ont encouragé les processus qui ont contribué à une réduction de la semaine de travail, mais c'est souvent une conséquence indirecte dont ils n'étaient pas nécessairement conscients. Plusieurs enquête et sondages montrent également que les Québécois expriment une préférence plus grande que les autres Canadiens pour le loisir et qu'ils manifestent une plus grande propension à la joie de vivre.

Mais, pour savoir s'il s'agit vraiment d'un choix de société, il aurait fallu que les Québécois soient directement et clairement confrontés à ce choix, que la question soit posée d'une façon ou d'une autre : désirez-vous que votre activité professionnelle soit réduite et acceptez-vous, en conséquence, une rémunération moindre ? Acceptez-vous aussi que le niveau de vie qui en résulte mène soit à une augmentation du fardeau fiscal pour maintenir le même niveau de services publics, soit à une réduction de ces services ? Là, on aurait un vrai choix.

Cette question, on ne peut pas se la poser tant que les Québécois seront convaincus de travailler autant sinon plus que les autres. C'est un bel exemple où la création d'un mythe empêche de voir la réalité et de poser les bonnes questions. Et, donc, de trouver les bonnes réponses.

12. SOMMES-NOUS PERFORMANTS?

Peu importent les méthodes de calcul ou les statistiques utilisées, la conclusion est invariablement la même : le Québec, sur le plan de la performance économique, accuse un retard significatif par rapport à la plupart des sociétés auxquelles il aime se comparer. Il affiche une croissance faible et un niveau de vie inférieur à celui de ses voisins et partenaires. Il faut le dire et le répéter.

Il y a une dizaine d'années tout au plus, des chercheurs, des économistes, des politiciens et des journalistes se sont mis à comparer la performance du Québec à celle d'autres sociétés et à mesurer son niveau de vie. J'ai fait partie de ce courant, avec *Éloge de la richesse* en 2006. Le manifeste *Pour un Québec lucide,* lancé par Lucien Bouchard, utilisait lui aussi cette approche.

La conclusion de tous ces exercices – peu importent la façon et les statistiques utilisées – était invariablement la même : le Québec, sur le plan de la performance économique, accuse un retard significatif par rapport à la plupart des sociétés auxquelles il aime se comparer. Il affiche une croissance faible et un niveau de vie inférieur à celui de ses voisins et partenaires.

Ce genre d'approche a suscité de très vives réactions et d'interminables débats. On a critiqué le principe même de ces comparaisons ou, encore, proposé des calculs et des interprétations statistiques qui permettaient de présenter le Québec sous un meilleur jour. En privilégiant d'autres chiffres, d'autres périodes, d'autres mesures, en enlevant ceci et en ajoutant cela, on réussit toujours à faire dire aux chiffres ce qu'ils ne disent pas et à conclure que la situation des Québécois n'est pas si mauvaise et qu'elle est même parfois préférable à celle de leurs voisins.

Ce qui frappe dans ces débats, c'est qu'en général les protagonistes ne parlent pas de la même chose. Les « solidaires » ont réagi aux « lucides » sur le terrain de la justice sociale en refusant de parler de création de richesse pour ne s'intéresser qu'à sa répartition. Mais, le plus souvent, on tentait de nier les conclusions auxquelles menaient des mesures de performance – comme le PIB – en faisant appel à des mesures de bien-être. Cela donne des choses du genre « On a peut-être des revenus plus bas, mais on a des CPE » ou « On est peut-être plus pauvres que les Américains, mais on a un meilleur système de santé ». Chaque fois, on compare des pommes avec des oranges.

Pour sortir de la confusion, je propose une autre démarche qui consiste à séparer soigneusement la réflexion sur la performance économique du Québec et celle portant sur la situation financière des ménages québécois. Les deux réalités sont évidemment liées et s'influencent, mais on ne parle pas de la même chose. Je consacre donc un chapitre sur la performance de l'économie québécoise, sur sa capacité de créer de la richesse et un autre sur la façon dont ce contexte économique influe sur le bien-être des Québécois. La conclusion, très nette, c'est que le Québec, comme économie, est carrément moins prospère que la plupart des autres sociétés comparables. Le chapitre 13 montrera que les Québécois, malgré tout, s'en tirent relativement bien, du moins en apparence, en ce qui concerne le pouvoir d'achat et la qualité de vie.

La confusion entre les deux approches vient en bonne partie du fait que la mesure la plus souvent utilisée, le PIB par habitant, est aussi appelé « niveau de vie ». L'expression « niveau de vie » est à la source de plusieurs méprises parce qu'elle suggère l'aisance financière des habitants, leur prospérité individuelle. Ce n'est pas le cas, sauf très indirectement.

Le PIB permet de mesurer le volume d'activité économique, l'ensemble des revenus ou, ce qui donne le même total, l'ensemble des dépenses – celles des consommateurs, des gouvernements, des entreprises. C'est une mesure de production. C'est aussi une mesure du dynamisme de l'économie quand on examine son taux de croissance. On divise ce PIB par le nombre d'habitants pour obtenir une donnée qui permet de comparer les économies. Mais cela reste un indicateur de production, dans ce cas-ci un indicateur de production par personne, qui permet d'évaluer la performance d'une économie plutôt que le confort individuel de ses habitants.

Cela est d'autant plus évident que certains éléments peuvent gonfler un PIB sans avoir de grands effets sur les citoyens et la vie quotidienne, par exemple les revenus pétroliers. La Louisiane a un niveau de vie plus élevé que le Québec même si cet État est, à plusieurs égards, une enclave du tiers-monde au sein des États-Unis. C'est tout aussi vrai pour Terre-Neuve, dont le PIB par habitant dépasse celui du Québec sans que cela se reflète dans la vie quotidienne des Terre-Neuviens.

Mais ce n'est pas pour autant une mesure vide de sens. Elle nous parle de la croissance d'une économie, de son dynamisme, de sa force de frappe, de son potentiel et de sa performance. Ce n'est pas rien. Et il est clair qu'à ce chapitre, le Québec n'est pas un champion.

L'EXPLOSION ONTARIENNE

Comment le Québec s'en tire-t-il ? J'entreprends ma démarche en nous comparant avec l'Ontario, notre voisine et concurrente qui, depuis des décennies, nous sert d'étalon et de point de référence. Comme je le notais plus haut, on utilise d'habitude le PIB par habitant pour comparer deux économies. Mais en faisant cet exercice, il y a une partie de la réalité qu'on ne prend pas en compte, soit le dynamisme démographique. Par exemple, en comparant les PIB par habitant du Canada et celui des États-Unis, on constatera que le niveau de vie canadien est un peu plus faible que celui des États-Unis. Mais ces chiffres ne nous donnent aucune indication sur le fait que de ces deux colonies britanniques d'Amérique du Nord, l'une a explosé pour devenir la principale force économique de la planète, avec 320 millions d'habitants, et que l'autre reste, avec sa population de 40 millions d'habitants, une économie relativement mineure qui est membre de justesse du G8.

La même chose peut être dite des deux provinces voisines. Quand j'ai commencé ma carrière de journaliste, en 1976, la ville de Montréal était encore plus populeuse que Toronto. Aujourd'hui, la Ville Reine est une grande métropole, la quatrième ville en importance en Amérique du Nord avec 2,8 millions d'habitants, soit près du double de la population de Montréal, qui compte 1,6 million d'habitants. On a assisté, en 35 ans, à un renversement considérable et à une véritable explosion dont il faut aussi tenir compte. Plus que Montréal, Toronto a attiré des immigrants, des citoyens d'autres provinces, dont bien des Québécois, et des capitaux. Cela a permis de construire plus de maisons, plus de bureaux, plus d'usines.

Ce dynamisme, on le retrouve à l'échelle de la province. Sur le plan économique, l'Ontario, qui n'était pas si différente du Québec il y a quelques décennies, est maintenant beaucoup plus puissante, beaucoup plus populeuse, crée plus de richesse, a un plus grand pouvoir d'attraction et peut compter sur des revenus fiscaux beaucoup plus importants. Entre 1971 et 2013, la population ontarienne est passée de 7,8 à 13,5 millions d'habitants. Celle du Québec, pas très loin derrière à l'époque à 6,1 millions, n'atteint maintenant que 8,1 millions. La croissance de la population québécoise sur cette période a été de 32,9 %. Elle a été de plus du double en Ontario : 72,5 % !

Cet élément démographique contribue au succès et à la puissance de l'Ontario. C'est pourquoi dans une première étape, pour mesurer le dynamisme réel des deux provinces, je propose d'examiner le PIB tout court, avec ses gros milliards, plutôt que le PIB par habitant. C'est une approche que personne n'utilise, mais à laquelle on devrait recourir plus souvent parce qu'elle permet de mesurer la trajectoire économique des deux provinces de façon plus précise.

En 1961, le PIB québécois était de 10,6 milliards. Celui de l'Ontario n'était pas tellement plus élevé, à 16,7 milliards. Autrement dit, le poids de notre économie équivalait à 64,3 % de celui de l'Ontario, un écart d'un peu plus du tiers. En 2012, le PIB québécois atteignait 357,9 milliards, comparativement à 674,5 milliards pour l'Ontario. Notre économie ne représente plus maintenant que 53 % de celle de l'Ontario, à peine un peu plus de la moitié.

Le graphique ci-dessous est saisissant. Il résume, en deux courbes, l'histoire économique des deux provinces. Le Québec et l'Ontario ont choisi des chemins différents et leurs trajectoires économiques se sont sensiblement écartées. Il y a eu une explosion en Ontario – et pas au Québec – , ce qu'il faudra garder en mémoire quand nous comparerons leurs revenus par habitant, qui font abstraction de cette dimension.

L'EXPLOSION ÉCONOMIQUE ONTARIENNE
PIB QUÉBEC ET ONTARIO, $ COURANTS, 2012

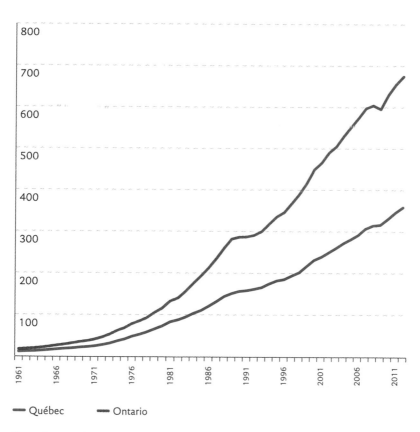

Source : Statistique Canada.

UN TROP LENT RATTRAPAGE

Même si la taille de l'économie québécoise n'a pas crû de façon aussi fulgurante qu'en Ontario, le sort de chacun de ses habitants s'est amélioré, assez pour que le Québec, sur le plan du niveau de vie (le PIB par habitant), ait heureusement fait du rattrapage par rapport à la province voisine.

En 1961, le niveau de vie des Québécois équivalait à 76,2 % du niveau de vie des Ontariens. En 2012, le ratio était de 88 %. L'écart de 24 % entre les deux provinces est passé à 12 % et a donc été réduit de moitié sur une période de 51 ans. Est-ce bien ou non ? C'est évidemment une bonne nouvelle. Le niveau de vie québécois, en 2012, s'élevait à 44 267 $, soit 5 512 $ de moins que les 50 290 $ ontariens. Si le Québec n'avait fait aucun progrès pendant ces décennies, l'écart avec l'Ontario aurait plutôt été de 11 970 $. On doit s'en réjouir, mais comme le montre le graphique ci-contre, on peut voir à quel point ce rattrapage a été laborieux. La reconquête québécoise a été lente et ponctuée de revirements. On peut distinguer plusieurs phases :

– Le statu quo initial, de 1961 à 1973, où le PIB par habitant du Québec se maintenait dans une fourchette de 75-76 % du PIB par habitant ontarien.
– Un premier bond, qui a porté la proportion à 83-84 % de 1974 à 1982.
– Un repli, de 1983 à 1989, où le niveau de vie du Québec est retombé à 78-79 % de celui de l'Ontario.
– Une seconde période de statu quo, de 1990 à 2002, aux environs de 81-82 %.
– Un autre bond, à partir de 2003, où le niveau de vie québécois a grimpé à 85 % du niveau de vie de l'Ontario en 2008, suivi d'un autre progrès qui l'a porté à 88 % en 2012, qui s'explique essentiellement par les contrecoups de la crise en Ontario.

Voilà un rattrapage louable, mais ses éléments les plus spectaculaires s'expliquent davantage par les déboires de l'Ontario que par les progrès réels du Québec. La période est aussi extrêmement longue – elle s'étale sur un demi-siècle, soit deux générations. C'est en principe un laps de temps bien suffisant pour permettre à une société de réussir un rattrapage complet, comme certains pays d'Europe l'ont fait. On pense à l'Irlande, mais c'est aussi le cas de l'Espagne. Son niveau de vie n'égalait que 72 % du niveau de vie de la France en 1980. Mais à l'aube de la crise de 2008, l'Espagne était à deux doigts du niveau de vie français, à 97,4 %. Pourquoi eux et pas nous ?

LE RATTRAPAGE QUÉBÉCOIS
PIB PAR HABITANT DU QUÉBEC EN % DE CELUI DE L'ONTARIO

Source : Statistique Canada.

PARMI LES DERNIERS AU CANADA

Premier indice illustrant que notre rattrapage avec l'Ontario, surtout dans les dernières années, tient davantage au déclin ontarien qu'au dynamisme québécois, c'est que le PIB par habitant ontarien est maintenant inférieur à celui du Canada. Historiquement, l'Ontario est une province riche, plus riche que la moyenne canadienne. En 2003, son niveau de vie équivalait à 105 % de la moyenne canadienne. L'Ontario est depuis passée à 96 % parce qu'elle a été malmenée par la crise et que d'autres provinces – comme l'Alberta, la Saskatchewan et Terre-Neuve – sont sur une lancée grâce aux ressources naturelles.

Deuxième indice que notre rattrapage n'est pas le fruit d'une croissance fulgurante, c'est que le Québec est en perte de vitesse par rapport au reste du Canada. En 2003, le PIB par habitant du Québec était de 15 % inférieur à celui des neuf autres provinces. En 2012, l'écart est passé à 20 %, soit 44 267 $ au Québec, contre 54 822 $ pour le reste du Canada, un écart important de 10 555 $. En 1961, le PIB par habitant du Québec se classait au 4e rang canadien derrière l'Ontario, l'Alberta et la Colombie-Britannique. Il est passé au 5e rang en 1980, au 6e rang en 2000 et il est maintenant au 7e rang. C'est ce qu'on appelle un lent déclin.

Examinons les données de 2012 du graphique ci-dessous. Avec un PIB par habitant de 44 267 $ au prix courant, le niveau de vie du Québec n'est supérieur qu'à celui du Nouveau-Brunswick, de la NouvelleÉcosse et de l'Île-du-Princc-Édouard. Terre-Neuve, grâce au pétrole, nous a clairement devancés, tandis que le Nouveau-Brunswick est sur le point de nous rattraper. Son niveau de vie était de 87,5 % du nôtre en 2003. Il est passé à 94,1 % en 2012. Le Manitoba nous a dépassés en 2006 et les autres provinces creusent l'écart.

Il faut se demander pourquoi une province urbanisée comme le Québec, suréquipée en universités, disposant d'industries de pointe et comptant sur une économie diversifiée, affiche des résultats économiques à peine supérieurs à ceux des provinces atlantiques.

NIVEAU DE VIE AU CANADA
PIB PAR HABITANT, $ COURANTS, 2012

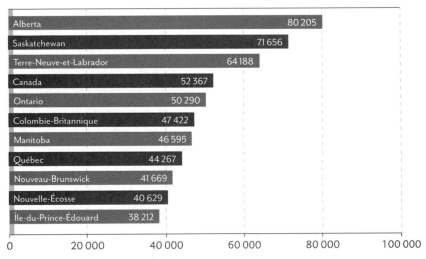

Source : Statistique Canada.

PARMI LES DERNIERS EN AMÉRIQUE

On peut faire le même exercice en comparant le Québec non pas seulement avec les provinces canadiennes, mais aussi avec les États américains. Parmi ces 60 juridictions, le Québec et les provinces atlantiques se classent dans le peloton de queue. Selon les années, le PIB par habitant québécois, suivant la conjoncture et les variations du pouvoir d'achat, se situe autour du 55e rang. L'exercice est toutefois redondant en ce qu'il répète 50 fois la même chose, à savoir que les États-Unis constituent une économie riche et puissante et que cette puissance se reflète dans chacun de ses États, même les moins nantis, de la même façon que la faiblesse relative du niveau de vie canadien par rapport à son puissant voisin se reflète sur toutes les provinces, sauf l'Alberta.

La comparaison est toutefois utile pour montrer à quel point nous avons du chemin à faire quand on examine l'écart nous séparant d'États américains qui sont nos voisins, nos concurrents et, à certains égards, nos modèles, comme Boston. Cela nous indique aussi à qui nous avons affaire, car l'écart énorme du niveau de vie entre le Québec et les États américains constitue une mesure de la puissance de notre principal partenaire. Je retiens ici la compilation de l'Institute for Competitiveness and Prosperity[37], un organisme ontarien, qui limite sa comparaison à ce qu'il définit comme 14 États pairs, ceux avec qui l'Ontario fait des affaires et peut raisonnablement se comparer. L'organisme inclut aussi le Québec. On ne sait cependant pas pourquoi : peut-être parce que cela lui permet d'inclure une économie qui fait moins belle figure !

L'Ontario se retrouve en bas du classement, avec un PIB par habitant de 49 900 $ CAN, devant la Floride et le Québec, en queue de peloton. L'écart de revenu entre notre riche voisine et les États américains analysés est significatif. L'Ontario est très loin derrière les 76 000 $ de New York et les 73 000 $ du Massachusetts ou les 68 000 $ de l'Illinois. Et s'il existe de nombreuses ressemblances entre Montréal et Boston (leur histoire, leur architecture, leurs universités, leur économie du savoir), les similitudes s'arrêtent là : le niveau de vie du Québec, à 44 267 $, n'atteint même pas 60 % du niveau de vie du Massachusetts.

LES PLUS PAUVRES DES PAYS RICHES

L'exercice s'avère beaucoup plus troublant quand on compare le Québec avec les membres de l'OCDE parce qu'on y trouve des pays qui, par leur taille et leurs valeurs, sont beaucoup plus proches de nous. On ne peut donc pas rejeter les comparaisons du revers de la main comme on peut le faire avec les données américaines, en croyant que cette force du niveau de vie est le produit d'un modèle que nous rejetons.

Les résultats sont effarants. Le Québec est carrément dans le peloton de queue. Il se classe au 17e rang d'une sélection comprenant les 24 pays riches de l'OCDE. À 35 730 $ – en dollars américains en parité de pouvoir d'achat – le niveau de vie du Québec représente à peine plus de la moitié du niveau de vie de la Norvège (66 135 $), qui est toutefois gonflé par le

NIVEAU DE VIE DANS LE MONDE INDUSTRIALISÉ
PIB PAR HABITANT, $ US,
PARITÉ DE POUVOIR D'ACHAT, 2012

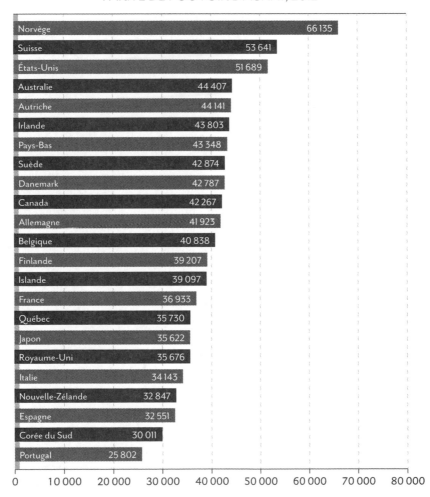

Norvège	66 135
Suisse	53 641
États-Unis	51 689
Australie	44 407
Autriche	44 141
Irlande	43 803
Pays-Bas	43 348
Suède	42 874
Danemark	42 787
Canada	42 267
Allemagne	41 923
Belgique	40 838
Finlande	39 207
Islande	39 097
France	36 933
Québec	35 730
Japon	35 622
Royaume-Uni	35 676
Italie	34 143
Nouvelle-Zélande	32 847
Espagne	32 551
Corée du Sud	30 011
Portugal	25 802

Source : Institut de la statistique du Québec.

pétrole. Le Québec se trouve aussi à 18 % derrière les Pays-Bas (43 348 $) et à 20 % derrière l'Australie (44 407 $). Il se classe même derrière la France (36 993 $), malgré le marasme qui sévit dans ce pays. Le Québec est plus proche de l'Espagne (32 551 $), qu'il ne devance que de 8,9 %, que de la Belgique, qui nous dépasse de 12,5 % (40 838 $).

En fait, le Québec est 16 % sous le PIB moyen par habitant de ces 24 pays, qui est de 42 280 $. Il se trouve même sous la moyenne de l'ensemble des 34 pays membres de l'OCDE (36 276 $), même si cette moyenne est plombée par la présence de pays émergents comme le Mexique, le Chili et la Turquie, et les économies de l'ancien bloc communiste comme l'Estonie ou la Slovénie.

Il vaut presque la peine de dresser la liste de ceux qui nous devancent : le Luxembourg, la Norvège, la Suisse, les États-Unis, l'Autriche, l'Australie, l'Irlande, les Pays-Bas, la Suède, le Danemark, le Canada, l'Allemagne, la Belgique, la Finlande, l'Islande et la France.

Et il vaut encore plus la peine, pour tourner le fer dans la plaie, de citer un par un les pays que le Québec réussit à devancer : le Japon (en crise permanente), le Royaume-Uni (une situation temporaire parce que ce pays a retrouvé sa forte croissance), l'Italie (dans le marasme), la Nouvelle-Zélande, l'Espagne, la Corée du Sud et le Portugal. Sans compter les pays émergents et ceux de l'Europe de l'Est.

Ce qui est frappant toutefois, comme le note le Centre sur la productivité et la prospérité de HEC Montréal dans son bilan de 2013, c'est qu'il n'y a pas si longtemps, le Québec se situait dans la moyenne. En 1981, le niveau de vie québécois était égal à celui des pays riches de l'OCDE. C'est donc dire qu'en 30 ans, soit le Québec a perdu des plumes, soit ces autres pays ont connu un essor plus important. Choisissez. Mais le résultat est le même, un écart de 16 % qui n'existait pas il y a quelques décennies.

LES CAUSES DU RETARD

Comment expliquer que la performance du Québec soit à ce point inférieure à celle des pays auxquels on peut se comparer ? Selon le bilan de 2012 du CPP de HEC Montréal, 90 % de la croissance du niveau de vie observée au Canada depuis 1981 s'explique par la hausse de la productivité du travail. Cela permet à l'organisme d'affirmer que la croissance de la productivité est le « nerf de la guerre ».

Le CPP de HEC Montréal est un groupe de recherche qui, par ses préoccupations et ses prises de position, penche à droite selon les catégories traditionnelles. Mais ses analyses sur la question de la productivité ont assez ébranlé Jacques Parizeau, au début de 2014, pour le convaincre que le Québec avait besoin d'un « remède de cheval ». Le ministre des

Finances du gouvernement Marois, Nicolas Marceau, a de son côté repris telle quelle son analyse dans un fascicule sur les investissements qui accompagnait son premier budget[38] : « Ils ont démontré qu'au cours des 30 dernières années, l'augmentation du niveau de vie s'explique essentiellement par la croissance de la productivité du travail. Les autres facteurs – soit l'intensité du travail, le taux d'emploi et la démographie – ont un effet marginal à long terme, lorsqu'ils sont combinés. Or, le Québec accuse toujours un retard important en matière de productivité du travail par rapport aux autres juridictions. »

Le niveau de vie, selon la théorie classique, est la résultante de plusieurs forces : le nombre de personnes qui travaillent (soit la taille de la population active et le taux d'activité), leur effort de travail (soit les heures travaillées) et le résultat de leur travail (soit la production par heure travaillée), qui est une mesure simple de la productivité. Or, le Québec ne peut plus compter sur les deux premiers facteurs parce que la population active a commencé à décliner en raison du vieillissement de la population, et parce qu'il serait irréaliste de croire qu'on pourrait convaincre les Québécois de travailler plus. Le seul facteur sur lequel nous pouvons avoir un certain contrôle, c'est la productivité.

Or, on l'a vu dans le chapitre sur le travail, cette productivité est plus faible qu'au Canada et plus faible que celle de la moyenne des pays industrialisés : 9 % sous le niveau canadien, 24 % derrière l'Allemagne et 33 % derrière les États-Unis. Elle augmente également moins vite qu'ailleurs. Le CPP, dont c'est la préoccupation centrale, décrit cette croissance comme « anémique »[39]. Depuis 1981, la croissance annuelle moyenne de la productivité a été de 1,78 % dans les pays de l'OCDE, de 1,25 % en Ontario, de 1,16 % au Canada et de 1,07 % au Québec.

Cela ouvre la porte à une deuxième question : pourquoi le Québec est-il moins productif ? Le retard de la productivité peut s'expliquer par deux ordres de facteurs. D'abord, des facteurs globaux : un effort insuffisant pour travailler sur les grands déterminants de la productivité qui jouent un rôle dans toutes les économies. Ensuite, des facteurs locaux, des traits particuliers de la société québécoise qui ne favorisent pas la croissance de la productivité.

Quand on examine comment certains pays sont parvenus à atteindre un niveau élevé de productivité, on constate que trois éléments ont contribué à leurs succès : les investissements, l'éducation et l'innovation. Je vais surtout insister sur les investissements, parce que j'ai déjà abordé les deux autres facteurs dans les chapitres précédents.

Les investissements jouent un rôle important non seulement dans la croissance économique, mais aussi dans la croissance de la productivité.

D'abord parce qu'ils contribuent à créer de l'activité économique et ensuite parce qu'ils peuvent modifier la façon dont on fait les choses, avec de nouvelles technologies, de nouveaux procédés, et des installations plus modernes et plus efficaces. Voilà pourquoi ce ne sont pas tous les types d'investissements qui jouent un rôle important dans la productivité. Ceux dont on a besoin, ce sont les investissements privés parce que la productivité d'une économie ne vient pas du secteur public, et plus précisément les investissements en équipements de production, que ce soient des machines, des outils, des logiciels, du matériel de télécommunication, que ce soit dans le domaine de l'industrie ou dans celui des services. Cette problématique a été analysée en détail dans un rapport de Pierre Fortin qui présidait en 2008 un groupe de travail sur l'investissement créé par la ministre des Finances d'alors, Monique Jérôme-Forget[40].

Le problème du Québec, vous l'aurez déjà deviné, c'est que le niveau d'investissement du secteur privé est trop faible et que les investissements publics, importants, ne peuvent pas compenser parce qu'ils ne sont pas de même nature. La part relative des investissements privés dans le PIB, selon les documents budgétaires du Québec, était de 8,8 % en 2011, contre 11,7 % au Canada. On peut mesurer le poids des investissements d'une autre façon, en examinant ce qu'ils représentent par travailleur. Au Québec, en 2011, le niveau d'investissement par travailleur était de 10 000 $, contre 11 200 $ en Ontario et 15 000 $ pour l'ensemble du Canada, dont les résultats sont influencés par l'importance des ressources naturelles. Pour les investissements en machines et en matériel, le Québec, avec 5 000 $ par travailleur, se retrouvait loin derrière le Canada (7 500 $) et l'Ontario (7 600 $). Cet écart avec le Canada existe aussi quand on compare le Québec au reste du monde.

Les conséquences sont significatives, selon le ministère des Finances : « Si les investissements privés avaient eu la même importance relative au Québec que dans l'ensemble du Canada, ils auraient été de 33,5 % plus élevés, soit de 10 milliards supérieurs au montant effectivement observé[41]. »

Les deux autres grands outils pour améliorer la productivité, ce sont l'éducation et l'innovation. Dans le cas de l'éducation, le Québec a mis en place un réseau de haut niveau qui comporte toutefois des lacunes, et ces lacunes peuvent avoir un impact économique. Il y a de multiples liens entre l'éducation et la productivité : le besoin de gestionnaires et de professionnels, une main-d'œuvre souple et créative capable de nourrir le changement et de s'y adapter. Car les usines, les machines et les logiciels sans humains pour les inventer et les utiliser ne nous mèneront pas loin. Dans le cas du Québec, on l'a vu, il y a encore du travail à faire pour augmenter la diplomation universitaire et pour lutter contre le décrochage, qui empêche un trop grand nombre de jeunes d'exploiter leur potentiel au maximum. La lutte contre l'analphabétisme est loin d'être terminée. Le Québec a également un énorme retard à rattraper dans un autre volet de l'éducation, crucial pour la productivité, la formation de la main-d'œuvre, l'un des indicateurs que le Conseil du patronat retient dans son *Bulletin de la prospérité du Québec* de 2013. Selon le CPQ, en 2008, la proportion des adultes ayant suivi une formation liée à l'emploi était de 28,2 % au Québec, loin derrière la moyenne canadienne de 36,0 % ou les 43,3 % de l'Alberta. Mais n'oublions pas qu'au chapitre de l'éducation, le Québec n'est pas en crise, il ne souffre pas de retards, il fait même belle figure. Mais il pourrait investir davantage dans ce secteur et peaufiner son système pour miser encore plus sur cet atout.

Le lien entre l'innovation et la productivité est plus évident. Sans idées, sans nouveaux produits, sans nouveaux procédés, sans entrepreneurs, sans chercheurs, il est difficile pour une économie d'améliorer ses façons de faire, ce qui est l'essence même de la productivité qui repose plus sur l'intelligence que sur l'effort. Le défi du Québec dans ce cas, on l'a vu, c'est le passage de la recherche à l'innovation concrète, du laboratoire et du centre de recherche aux bureaux et aux usines.

Tout cela mène à une troisième question. Le niveau de vie est plus bas à cause de la productivité qui est plus basse aussi. Et si la productivité est plus basse, c'est surtout à cause de la faiblesse des investissements. Pourquoi le Québec, malgré les efforts considérables de ses gouvernements pour attirer des investissements étrangers et subventionner les entreprises, n'arrive-t-il pas à ses fins ?

Il y a à cela une foule d'explications. Une structure industrielle encore traditionnelle, qui compte toujours des secteurs à faible technologie composés souvent de petites et moyennes entreprises comme le meuble et l'agroalimentaire, qui investissent peu et qui innovent peu. Une fiscalité qui décourage certaines entreprises. Le poids de l'État et les tracasseries qui viennent avec. Des coûts de main-d'œuvre relativement élevés, surtout quand le taux de change du dollar canadien est fort. Les contraintes linguistiques. Le contexte politique qui joue à certains moments. Des politiques économiques bien intentionnées mais mal ciblées, comme tous les programmes axés sur la création d'emplois, notamment en région qui, par définition, ne privilégient pas la productivité. Les coûts liés à une industrie de la construction dysfonctionnelle. Des décisions stratégiques malheureuses, comme la croisade du gouvernement Marois contre l'industrie minière.

Et derrière ces considérations, une culture qui ne favorise pas toujours la croissance et la recherche de la performance économique, qui se caractérise par un esprit entrepreneurial relativement faible, une méfiance à l'égard des entreprises et du secteur privé, et peu d'appétit pour le risque. Il n'y a pas de consensus, au Québec, sur l'importance de rendre l'économie du Québec plus performante. Cette absence de consensus constitue un frein important.

OUI, C'EST GRAVE

Que peut-on déduire de cette avalanche de chiffres et de graphiques ? La conclusion est extrêmement claire et limpide : le PIB par habitant du Québec est faible quand on le compare à celui des provinces canadiennes, des États américains ou encore des pays développés. Le Québec se classe en queue de peloton par rapport aux pays avancés de l'OCDE et constitue donc une des sociétés les moins riches parmi les pays riches.

C'est un paradoxe, car la société québécoise n'est pas une société retardataire. C'est au contraire une société moderne, urbanisée, civilisée, qui compte sur une population éduquée, un réseau universitaire de haut niveau, une vie culturelle remarquable, des industries de pointe, des entreprises extrêmement dynamiques. Mais le Québec ne réussit pas pleinement à transformer ces atouts en création de richesse. J'ai la conviction profonde que le Québec pourrait facilement faire meilleure figure, qu'il devrait exploiter davantage son grand potentiel et qu'il pourrait devenir une économie modèle sans perdre son âme.

On peut ne pas aimer ces chiffres et dire que le PIB par habitant est une mesure imparfaite, mais c'est cette même mesure qu'on utilise partout dans le monde. Évidemment, cette mesure du niveau de vie comporte bien des faiblesses et ne dresse certainement pas un portrait complet de la situation économique d'une société, mais elle analyse bien la performance d'une économie, sa vigueur et sa capacité concurrentielle.

On ne peut pas nier l'existence et la gravité de ce problème. Les argumentaires qui cherchent à désamorcer la chose, incapables de nier cette réalité, tentent par exemple de la contourner en montrant que le revenu familial des Québécois n'est pas vraiment loin de celui des Américains ou des Canadiens, que leur pouvoir d'achat n'est pas si éloigné, ce qui n'est pas faux. Un écart de niveau de vie de 16 % avec les pays de l'OCDE ne veut pas dire qu'il y aura un écart si grand du pouvoir d'achat. Nous en reparlerons en détail dans le prochain chapitre.

Mais c'est une réponse qui est à côté de la question. Ce bien-être relatif n'atténue pas la réalité de la faiblesse de l'économie québécoise, sa sous-performance et les conséquences très sérieuses que cela engendre.

Un niveau de vie faible n'est pas insignifiant. Il a des conséquences : c'est le reflet d'une croissance moins forte, qui s'accompagne en général d'une création d'emplois moins vigoureuse, et cela signifie qu'il y a moins de revenus, moins d'épargne, moins de profits, moins de revenus fiscaux pour l'État, moins de ressources individuelles et collectives.

Inconsciemment, un grand nombre de Québécois réagissent à cette problématique en opposant les impératifs du développement économique et ceux de la justice sociale. Il faut faire un choix, dit-on. Et le Québec en a fait un, ajoute-t-on. Le Québec est peut-être moins prospère que ses voisins, mais il est plus égalitaire.

L'argument est attrayant, mais il est faux parce que si on regarde autour de nous, on peut bien voir que l'un n'exclut pas l'autre, qu'on n'a pas à choisir entre les deux. C'est un cas où on peut avoir le beurre et l'argent du beurre. Il suffit de voir ce qui se passe en Europe du Nord et dans la plupart des pays européens avancés. Ces pays, on vient de le voir, ont sans exception un niveau de vie supérieur au nôtre, tout en offrant un filet de sécurité sociale comparable ou supérieur au nôtre et une distribution des revenus plus égalitaire que la nôtre.

Cela nous dit deux choses. La première, c'est que le Québec, s'il s'y mettait, pourrait augmenter son niveau de vie sans compromettre la justice sociale. Le mythe voulant que la prospérité menace la solidarité, très tenace au Québec, ne résiste pas à l'examen des faits.

La seconde, c'est qu'il n'y a pas de règles. On peut être égalitaire et, donc, avec un État interventionniste, tout en étant performant. Ou on peut être performant et inégalitaire, comme les États-Unis. On peut aussi être inégalitaire et inefficace. Mais notre choix, celui d'être solidaire, mais peu performant, personne d'autre ne l'a fait.

Il est vrai qu'au Québec, comme nous l'avons vu au chapitre 8, nous partageons mieux la tarte qu'ailleurs en Amérique du Nord et que cela compense en partie la faiblesse de notre niveau de vie. Ce qu'on oublie toutefois trop souvent de dire, c'est que notre tarte est plus petite, avec une foule de conséquences comme notre crise fiscale permanente. Il serait plus intelligent de produire une plus grosse tarte et de continuer à bien la partager.

13. SOMMES-NOUS RICHES?

Dans le chapitre précédent, nous avons vu que l'économie du Québec est moins prospère que les économies de la plupart des sociétés comparables. Mais le PIB par habitant – mesure classique du niveau de vie – est un outil bien imparfait pour évaluer la situation financière concrète des gens, le pouvoir d'achat des familles et, à plus forte raison, le bonheur des citoyens.

Le fait que, par exemple, le PIB par habitant du Danemark soit supérieur de 7 311 $ à celui du Québec ne veut pas dire qu'un Danois a, chaque année, 7 311 $ de plus dans ses poches ou que la famille Larsen, avec ses deux enfants, dispose de 29 244 $ de plus que la famille Bouchard !

Le PIB et, par conséquent, le PIB par habitant, englobent des éléments qui ne se répercutent pas sur la situation personnelle des citoyens. On le voit, par exemple, à la façon dont l'activité pétrolière gonfle les PIB de la Norvège ou des pays du golfe Persique sans pour autant que leurs citoyens nagent dans l'argent. La même chose est vraie pour la Louisiane, dont le niveau de vie est supérieur à celui du Québec même si cet État tient quelquefois d'un pays en voie de développement. Plus près de nous, même si Terre-Neuve dépasse sur papier le Québec quant à une foule d'indicateurs, cette province de l'Atlantique reste toujours, à plusieurs égards, une province pauvre parce que les bénéfices pétroliers n'ont pas encore profité à sa population.

Ces statistiques globales présentent une autre grande lacune en ce qu'elles ne tiennent pas compte de la répartition des revenus. Dans les pays où la richesse est concentrée entre peu de mains, un PIB élevé ne signifie pas que le niveau de vie est élevé.

Enfin, le bien-être économique des personnes dépend d'une foule d'autres facteurs, notamment le coût de la vie et, donc, le pouvoir d'achat réel des gens. Il dépend aussi de la ponction fiscale, des programmes de l'État qui, dans une société comme la nôtre, procurent des services que le citoyen d'ailleurs doit payer de sa poche, tels que la santé aux États-Unis.

Pour avoir une bonne idée du véritable niveau de vie de la population et pouvoir le comparer à celui d'autres sociétés, il faut tenir compte de tous les éléments. Cela nous rappelle que, comme pour toutes les autres réalités complexes, il n'y a pas de chiffres magiques décrivant d'un coup la réalité dans toutes ses nuances. C'est un peu comme les sondages d'opinion en période électorale : on ne peut sauter trop vite aux conclusions en retenant seulement le pourcentage d'appuis à chaque parti. Il faut prendre en considération l'évolution des intentions de vote, leur répartition linguistique et régionale, le taux de satisfaction envers le gouvernement sortant, etc. Aussi, les amateurs de sports savent à quel point l'utilisation des statistiques est une science d'une incroyable complexité.

C'est la même chose pour la présente réflexion sur le revenu des Québécois : on doit faire appel à différents indicateurs qui ne décrivent pas exactement la même chose, mais qui nous éclairent sur diverses facettes du problème. Ces éléments complémentaires nous permettront d'obtenir finalement un portrait plus fidèle de la situation. Avec toutes ces nuances, nous arriverons à une conclusion assez nette : les Québécois ont des revenus moindres que leurs voisins, mais l'écart est moins grand que pour le PIB par habitant. En matière de revenu des travailleurs et des familles, le Québec est essentiellement une « grosse province atlantique ». Cette comparaison avec nos voisins et partenaires montre que les Québécois pourraient faire meilleure figure et qu'ils mériteraient beaucoup mieux. Et, surtout, qu'ils n'ont aucune raison de se satisfaire de leur sort actuel.

LES RAVAGES DU NÉO-JOVIALISME

Tout ça pour dire que pour bien traiter cette question complexe, il faut y aller avec prudence. Cette prudence, je ne l'ai pas trouvée dans la démarche proposée par Jean-François Lisée, alors chroniqueur au magazine *L'actualité*, avant qu'il devienne ministre du gouvernement Marois, puis député de l'opposition. Avec l'aide de l'économiste Pierre Fortin, il a proposé un indicateur très différent de celui du PIB par habitant. À partir des données fiscales, il a comparé les revenus déclarés des citoyens du Québec et ceux des États-Unis en retranchant les 10 % des contribuables les plus fortunés, l'argument étant qu'en raison de la forte inégalité des revenus aux États-Unis, cette tranche supérieure accapare une part importante des revenus (50 % des revenus aux États-Unis contre 37 % au Québec). Ce déséquilibre a aussi pour effet de gonfler les données moyennes et d'augmenter ainsi artificiellement le niveau de vie de tout un chacun.

Avec cette approche, les 90 % d'Américains « ordinaires » disposent d'un revenu moyen de 17 061 $, contre 16 820 $ pour les Québécois « ordinaires », soit un écart d'à peine 1,4 %. Cela permet d'affirmer qu'un Québécois moyen n'a rien à envier à un Américain. C'est une conclusion intéressante. Elle jette un éclairage utile, propose un élément qui doit être intégré au casse-tête et qui enrichit la réflexion. Ce n'est pas cette démarche que je conteste, mais l'utilisation abusive qu'en a faite le journaliste devenu politicien. Ça vaut la peine de s'attarder à montrer pourquoi cette démarche est incorrecte, parce qu'elle reflète un courant de pensée présent dans le débat public.

Premièrement, j'estime que Jean-François Lisée et Pierre Fortin ont poussé l'argumentaire un peu trop loin en voulant comparer à travail égal les revenus des Québécois et des Américains. On a vu, au chapitre 11, que les premiers travaillaient moins d'heures que les seconds. On a donc recalculé le revenu des Américains en supposant qu'ils travailleraient effectivement moins d'heures, à l'exemple des Québécois. L'équation confère alors un net avantage aux Québécois, dont le revenu de 16 820 $ dépasse largement le revenu amputé des Américains (14 890 $). C'est toutefois un exercice très artificiel et arbitraire. C'est un peu comme dire qu'une Mercedes roulerait moins vite qu'une Toyota si elle était équipée d'un moteur de Yaris.

Qui plus est, Jean-François Lisée a choisi d'utiliser ces chiffres dans une croisade, celle qu'il mène depuis des années contre ceux à qui il reproche de pourfendre le modèle québécois. Ses calculs, publiés dans *L'actualité*, ont été repris dans un essai, ou plutôt un pamphlet, intitulé *Comment mettre la droite K.-O. en 15 arguments,* publié en 2012. Il reprochait entre autres à cette droite d'utiliser abusivement les retards du PIB : « Les Américains ont un niveau de vie d'au moins 21 % plus élevé que les Québécois. François Legault est allé jusqu'à affirmer que cette différence était de 45 %. Encore une fois, ils font une erreur qui, répétée comme elle l'est, ressemble à de la désinformation. »

L'attaque était étonnante. Le fait de se préoccuper que le Québec ait un retard économique par rapport à ses partenaires n'est ni à droite ni à gauche. Le raisonnement comportait aussi plusieurs erreurs. La première, conceptuelle, consiste à opposer les deux approches, celle du du niveau de vie mesuré par le PIB par habitant et celle des revenus fiscaux de la population, comme si les deux approches étaient mutuellement incompatibles, que l'une était juste et l'autre, fausse. Les deux notions ne s'opposent pas, elles se complètent.

Cette même attaque comportait une autre erreur qui consistait à conclure, à partir de ce calcul, au succès du modèle québécois. « Notre société réussit à assurer une qualité de vie supérieure à une plus grande proportion de ses habitants que la première puissance mondiale. Elle le fait à partir d'une production brute de richesse moins élevée. Il y a là, me semble-t-il, un exploit. »

Il était imprudent d'en arriver à une conclusion aussi arrêtée à partir d'un calcul qui, malgré son intérêt, reste approximatif. Cette démonstration permet non pas de conclure au succès du modèle québécois, mais à l'échec du modèle américain, ce qui n'est pas du tout la même chose. Elle met en relief les conséquences de la dérive américaine et de l'accroissement des écarts de revenus. Pour démontrer l'efficacité du modèle québécois, il faudrait comparer les revenus des Québécois à ceux des autres Canadiens ou à ceux de sociétés qui ont les mêmes valeurs. Sinon, on défonce une porte ouverte.

Une étude plus récente documente très bien l'impasse dans laquelle s'enfoncent les États-Unis. Dans son numéro du 22 avril 2014, *The New York Times* titrait à la une : « The American middle class is no longer the world's richest » (« La classe moyenne américaine n'est plus la plus riche du monde »). Le quotidien ajoutait que « les revenus après impôts de la classe moyenne au Canada, significativement plus bas en 2000, semblent maintenant supérieurs à ceux des États-Unis. » Ce dossier analysait les revenus disponibles médians des ménages de 20 pays sur une période de 35 ans, à partir des données de l'*Étude du revenu du Luxembourg*. Le revenu disponible tient compte des revenus, des transferts et des impôts. Le revenu médian permet de séparer la population en deux groupes égaux, avec autant de gens dont le revenu est supérieur à la médiane que de gens dont le revenu est inférieur. Cela évite les problèmes associés au revenu moyen qui peut être gonflé par les revenus très élevés.

Selon cette étude, le Canada, en 2010, aurait rattrapé les États-Unis tandis qu'un grand nombre de pays, dont la Norvège, ne seraient pas loin derrière. Cela s'explique par la stagnation des revenus qui ont augmenté de 19,7 % dans la dernière décennie au Canada et d'à peine 0,3 % aux États-Unis, par les effets pervers de la répartition inégale des revenus aux États-Unis et par les effets de la crise chez nos voisins, notamment dans le secteur immobilier.

Il y a, enfin, une autre erreur infiniment plus grave dans le raisonnement de M. Lisée. Il démontre que la façon dont le Québec partage la tarte comporte de nombreux avantages. Mais il sous-estime les conséquences du fait que cette tarte est trop petite. Ce n'est pas un détail, c'est lourd de conséquences. Et les efforts pour faire croire que tout est merveilleux et que le Québec réussit des exploits rendent très difficiles les efforts pour convier les Québécois à s'occuper de la taille de la tarte. En ce sens, c'est une version moderne, sous un vernis de sophistication, de la logique du « né pour un p'tit pain ».

Il vaut la peine de se demander pourquoi parce que dans le cas du revenu, du travail et de la performance, on tombe souvent sur ces thèses néo-jovialistes, qui proviennent toujours du même camp – la gauche – et le plus souvent de la gauche souverainiste. Pourquoi ? J'ose une double explication. D'abord, il est important pour le courant souverainiste de présenter le Québec sous son jour le plus favorable pour insuffler la fierté et la confiance en soi et, ainsi, réduire les craintes que le Québec n'a pas les aptitudes et les compétences pour devenir un pays. Ensuite, on défend le modèle québécois parce que ce modèle est le trait d'union entre le PQ et la gauche, surtout syndicale.

RETOUR À LA BASE

Après ce long détour, je vous propose une démarche moins simple, moins claire et plus tortueuse où on examinera diverses façons de mesurer les revenus pour répondre le plus correctement à la question suivante : les Québécois vivent-ils bien ?

Commençons par le commencement, soit les salaires, qui, pour la majorité des individus, sont la base du revenu. Les Québécois sont parmi ceux qui gagnent le moins au Canada. En janvier 2014, ils touchaient un salaire hebdomadaire moyen de 836,85 $, ce qui les plaçait au 7ᵉ rang canadien, loin derrière les 932,28 $ des Ontariens. Cette différence de 95,43 $ représente un écart de 11,4 %. Le Québécois gagnait également moins que le Terre-Neuvien, qui commence manifestement à profiter des effets du boom pétrolier. Notons que le Québec n'est pas en progression, bien au contraire. Dix ans plus tôt, en 2003, le salaire des Québécois se classait au 4ᵉ rang canadien. Depuis, le Manitoba, la Saskatchewan et Terre-Neuve nous ont dépassés.

La situation est à peu près la même pour le salaire horaire moyen. À 23,39 $, les Québécois sont au 6ᵉ rang canadien, devant les provinces atlantiques et le Manitoba.

Une autre statistique de base, ce sont les revenus que les contribuables ont déclarés au gouvernement fédéral (en supposant qu'ils aient dit vrai) : 36 563 $ pour les Québécois contre 42 583 $ pour les Ontariens, soit un écart de 15 %. Et le reste coule de source puisque le salaire est à la base du revenu. Les Québécois ont des salaires plus bas. Ils travaillent moins d'heures. Ils sont moins nombreux à travailler que dans les provinces plus performantes, avec un taux d'emploi sous la moyenne. Difficile d'être plus riches. Il n'y a pas de miracle.

Ce sont des chiffres clairs et simples qui nous disent une chose élémentaire : les Québécois gagnent moins d'argent que tous les autres, sauf ceux des trois traditionnelles provinces atlantiques. Des chiffres où le jeu de la répartition de la richesse ne s'applique pas parce que les très riches ne sont pas des salariés. Et c'est un chiffre qu'il est difficile de décrire comme un exploit : le seul fait d'armes du modèle québécois, c'est de réussir à peine à faire mieux que les trois provinces atlantiques.

Cela rappelle aussi que pour ceux qui veulent évaluer le modèle québécois, il est plus sage et plus logique de commencer par des comparaisons avec le reste du Canada.

LE QUÉBEC 9ᵉ SUR 10

Il y a une autre façon très classique de mesurer les revenus : le revenu disponible des ménages. C'est une mesure macroéconomique qui provient des comptes nationaux, mais qui exclut les éléments qui ne se retrouvent pas dans le revenu des gens. Cette mesure englobe tous les revenus perçus par les ménages, y compris les transferts provenant des gouvernements – tels que l'aide sociale – dont on soustrait les impôts et les cotisations versés aux gouvernements. C'est le revenu dont les ménages disposent pour consommer ou pour épargner, l'argent qui est vraiment dans leurs poches. Il décrit mieux leur situation financière que le PIB par habitant, une mesure globale dont plusieurs éléments reflètent davantage la prospérité d'une économie que celle de ses citoyens.

Pour 2012, le revenu disponible des ménages par habitant s'élevait à 26 347 $ au Québec, assez loin derrière la moyenne canadienne de 29 907 $, soit un écart de 12 %. Si on compare plutôt le Québec aux neuf autres provinces du « reste du Canada » (Rest of Canada – ROC), l'écart est de 15 %. Et il n'y a aucune forme de rattrapage, bien au contraire. En 2007, l'écart de revenu entre le Québec et le Canada était de 8 % et celui avec le ROC, de 12,5 %.

REVENU DISPONIBLE DES MÉNAGES AU CANADA
$ COURANTS, 2012

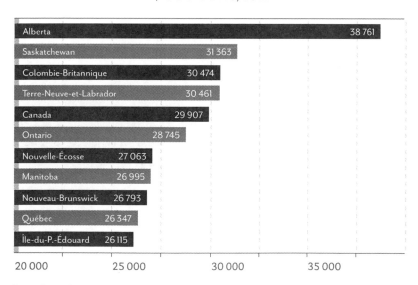

Source : Institut de la statistique du Québec.

Les Québécois se classent au 9ᵉ rang canadien, derrière toutes les provinces, sauf la minuscule Île-du-Prince-Édouard. Et derrière les trois territoires. Voici les chiffres, par ordre décroissant : Alberta, 38 761 $; Saskatchewan, 31 363 $; Colombie-Britannique, 30 474 $; Terre-Neuve, 30 461 $; Ontario, 29 745 $; Nouvelle-Écosse, 27 063 $; Manitoba, 26 995 $; Nouveau-Brunswick, 26,793 $; Québec, 26 347 $; Île-du-Prince-Édouard, 26 115 $. Les Québécois ont donc moins d'argent que les autres Canadiens.

Ces données inquiètent à juste titre : est-il normal que le Québec – avec ses richesses, son talent, ses industries de pointe, ses villes et sa culture – ne réussisse pas à convertir cela en ressources financières pour ses citoyens ? Est-il normal que les Québécois soient plus pauvres que les gens du Nouveau-Brunswick ? De la Nouvelle-Écosse ? Du Manitoba ?

C'est tout à fait anormal. Il m'apparaît important d'en parler et d'en reparler tant qu'on ne fera pas une prise de conscience collective et qu'on ne prendra pas les moyens nécessaires pour renverser la tendance. Parce qu'il y a une tendance. Vers le bas. Sur les cinq ans de la période 2007-2012, la croissance des revenus des ménages, en termes réels, a été de 5,3 % au Québec et de 8 % dans le reste du Canada.

En 2007, le Québec se classait au 7ᵉ rang. Il s'est fait doubler par Terre-Neuve en 2009 et passait ainsi au 8ᵉ rang. En 2010, il s'est fait dépasser par le Nouveau-Brunswick et l'Île-du-Prince-Édouard, pour se retrouver au dernier rang. Les optimistes pourront se réjouir en se disant que, depuis, le Québec a réussi à devancer de nouveau la patrie d'*Anne... la maison aux pignons verts*.

Comment expliquer ce glissement ? Une partie, mais une partie seulement de l'écart, tient à la ponction fiscale qui est plus forte au Québec que partout ailleurs. Mais sans ce facteur, le Québec se retrouverait quand même au 8ᵉ rang. La richesse provenant des ressources et du pétrole joue aussi, en propulsant les provinces de l'Ouest et en commençant à améliorer le sort de provinces qui partageaient le peloton de queue avec nous, comme Terre-Neuve et, dans une moindre mesure, la Nouvelle-Écosse.

Il n'y a pas que le pétrole. Il y a aussi l'anémie chronique de l'économie québécoise, le niveau insuffisant de l'investissement, sa fibre entrepreneuriale trop molle et, de façon générale, la difficulté à transformer les ressources en richesse. Aucune stratégie ne permettra de corriger le tir si on ne s'affranchit pas des réflexes de déni et si on n'arrête pas de tout faire pour se convaincre que tout va pour le mieux au royaume du Québec.

LE REVENU DES FAMILLES

On peut aussi considérer les choses avec une autre approche, qui repose sur les déclarations de revenus. On peut regarder le revenu médian des familles plutôt que le revenu moyen et éviter les distorsions liées à l'inégalité des revenus qu'on retrouve avec les moyennes.

Encore là, le revenu médian des familles québécoises est inférieur à la moyenne canadienne. Au Canada, en 2011, ce revenu total médian s'établissait à 72 240 $. Il était de 68 170 $ au Québec, soit un écart de 6 %, plus modeste que celui qu'on retrouve avec d'autres mesures, mais qui place néanmoins le Québec au 6ᵉ rang, devant les provinces atlantiques. On note qu'avec cette mesure, Terre-Neuve, qui trône dans le peloton de tête des provinces riches avec d'autres mesures de revenu, se retrouve dans ce cas-ci au 9ᵉ rang, ce qui montre que cette richesse pétrolière ne se reflète que de manière incomplète dans la qualité de vie des citoyens.

On peut aussi noter une spécificité du Québec, qui est à la fois une bonne et une mauvaise nouvelle. Ces statistiques du revenu médian des familles permettent de distinguer les familles biparentales et monoparentales. Dans le cas des familles monoparentales où le parent est le plus souvent une femme, le Québec s'en tire très bien. Avec un revenu médian de 39 700 $, les familles monoparentales québécoises occupent le 2ᵉ rang canadien, après l'Alberta, et bien au-dessus de la moyenne canadienne de 37 900 $, ce qui est le reflet des politiques sociales et fiscales québécoises.

Par contre, les familles biparentales, qui constituent la majorité, se comparent moins bien. Le revenu des familles biparentales du Québec est de 74 060 $, ce qui place les Québécois au 8ᵉ rang, avec un écart de 7 % par rapport aux 79 530 $ du Canada.

LE REVENU DU MARCHÉ

Toutefois, l'Enquête canadienne sur le revenu (ECR) est l'outil le plus utilisé par les économistes, dont les informations sont obtenues par enquête directe auprès des ménages. On y distingue trois types de revenus. D'abord, le revenu du marché, soit l'ensemble des revenus des familles provenant de leur activité économique. Ensuite, le revenu total, soit le revenu du marché auquel on ajoute les transferts gouvernementaux – assurance emploi, pensions, etc. Enfin, le revenu après impôt, soit le revenu total dont on enlève les ponctions fiscales, ce qui reste vraiment dans la poche des contribuables.

L'ECR révèle passablement les mêmes choses que les autres études. Le revenu du marché des familles québécoises, en 2011, était de 55 700 $.

Il se classait 7e au Canada derrière les provinces atlantiques, sauf Terre-Neuve comme d'habitude. Le revenu québécois est inférieur de 10 200 $ à la moyenne canadienne de 65 700 $, un écart important de 15,6 %. L'écart avec l'Ontario est de 13 900 $ (20,1 %). Oublions les 88 400 $ de l'Alberta...

Qu'arrive-t-il lorsqu'on introduit les interventions de l'État ? D'abord, avec les transferts, le revenu des Québécois augmente de 9 800 $, bond énorme qui le fait passer à 65 300 $. On pourrait être tenté d'y voir les vertus du modèle québécois, mais ce n'est pas le cas, car on observe le même phénomène ailleurs au Canada. Les transferts sont supérieurs à 10 000 $ par famille dans les quatre provinces atlantiques. En Ontario, ils sont semblables à ceux du Québec, et un peu moindres (8 000 $-9 000 $) dans les quatre provinces de l'Ouest. Qu'est-ce que cela veut dire ? Que la justice redistributive est un phénomène canadien et que l'essentiel des transferts provient de toute façon du gouvernement canadien.

Enfin, quand on examine le revenu après impôt – le vrai revenu – , le Québec se retrouve avant-dernier (parce que la ponction fiscale, on le sait, est plus élevée au Québec), ex aequo avec le Nouveau-Brunswick et devant la Nouvelle-Écosse. Ce revenu après impôt est presque aussi élevé que le revenu de marché au Québec, car ce que les gens reçoivent de l'État en transferts est presque aussi important que ce qu'ils paient en impôts directs.

C'est ce chiffre qui, selon moi, est le plus fidèle. Le revenu net d'une famille québécoise est de 54 000 $. Il s'agit d'un écart de 8 800 $ par rapport à la moyenne canadienne (14 % de moins) et de 12 300 $ par rapport à l'Ontario (18,5 % de moins).

Soulignons qu'une famille de Terre-Neuve dispose de 4 500 $ de plus qu'une famille québécoise, que les familles de l'Île-du-Prince-Édouard ont 800 $ de plus, les Ontariens 12 300 $ de plus, les Manito-bains 4 200 $ de plus, les Albertains 14 600 $ de plus et les familles de Colombie-Britannique 7 000 $ de plus. Le modèle québécois, puisque c'est de cela qu'il s'agit, nous permet de nous hisser au niveau de revenu du Nouveau-Brunswick et de dépasser la Nouvelle-Écosse de 300 $. Voilà l'exploit.

Il n'y a pas que le classement, il y a aussi la dynamique. En 2012, avant de devenir président du Conseil du Trésor, Martin Coiteux était profes-seur à HEC Montréal. Il a analysé l'évolution de ces revenus depuis 1978 dans le cadre d'une étude pour le Centre sur la productivité et la prospé-rité intitulée « Le point sur les écarts de revenu entre les Québécois et les Canadiens des autres provinces. » M. Coiteux notait que l'écart avec les provinces plus riches s'est élargi, pendant que les provinces plus pauvres

TROIS MESURES DU REVENU DES MÉNAGES
$ COURANTS, 2011

	REVENU DU MARCHÉ	REVENU TOTAL	REVENU APRÈS IMPÔT
Canada	**65 700**	**75 000**	**63 000**
Terre-Neuve-et-Labrador	58 100 (6)	70 600 (5)	59 700 (5)
Île-du-Prince-Édouard	52 800 (9)	64 600 (8)	55 000 (7)
Nouvelle-Écosse	53 800 (8)	63 900 (9)	53 900 (10)
Nouveau-Brunswick	52 100 (10)	62 900 (10)	54 200 (8)
Québec	55 500 (7)	65 300 (7)	54 200 (8)
Ontario	69 400 (3)	79 100 (2)	66 500 (2)
Manitoba	61 600 (5)	69 900 (6)	58 400 (6)
Saskatchewan	69 600 (2)	77 800 (3)	65 200 (3)
Alberta	88 400 (1)	95 400 (1)	78 800 (1)
Colombie-Britannique	62 100 (4)	70 800 (4)	61 200 (4)

Source : Statistique Canada.

nous rattrapent. Toutes les provinces ont fait des gains par rapport au Québec, surtout dans les dernières années. Selon ses calculs, entre 2005 et 2009, Terre-Neuve a réussi un rattrapage de 5 573 $ par adulte d'une même famille, les provinces atlantiques ont rattrapé 2 231 $, tandis que l'Ontario a accru son avance de 693 $, les Prairies, de 4 862 $, l'Alberta, de 9 560 $ et la Colombie-Britannique, de 4 640 $.

L'ARGUMENT DU POUVOIR D'ACHAT

Résumons : peu importe la mesure choisie, le Québec tire de l'arrière et se retrouve parmi les provinces dont les citoyens sont les plus pauvres ou, plus précisément, les moins riches. Les données historiques confirment également que cet écart tend à s'accroître. Reste maintenant à savoir comment les écarts de revenu se répercutent sur le mode de vie et le pouvoir d'achat des Québécois. Plusieurs facteurs d'atténuation pourraient, dans les faits, en réduire l'impact réel.

Le premier facteur qui pourrait changer les choses, c'est la répartition des revenus. Les écarts entre riches et pauvres sont moins marqués au Québec. Dans son étude, Martin Coiteux a par exemple noté que la différence de revenu entre le Québec et les autres provinces est presque inexistante dans le premier quintile de revenu – les 20 % les plus pauvres – et que l'écart s'élargit à mesure que le revenu augmente. Ce n'est pas qu'une bonne nouvelle parce que les autres Québécois continuent d'accuser un retard par rapport aux autres provinces. Mais cela nous dit quand même que pour 20 % des Québécois, l'écart de revenu est inexistant.

Le second facteur, c'est le coût de la vie. Si celui-ci est moins élevé au Québec que dans le reste du Canada, les familles ont besoin de moins d'argent pour obtenir la même quantité de biens et de services. Elles sont sans doute moins riches, mais leur pouvoir d'achat peut se comparer à celui des autres provinces.

On ne dispose pas de statistiques officielles sur les différents pouvoirs d'achat. L'indice des prix à la consommation ne permet pas de mesurer ces différences. On peut toutefois avoir des indications intuitives sur les différences de prix, notamment le logement. Par rapport au Québec, le prix des maisons et des loyers est généralement plus élevé dans les autres provinces. En mars 2014, selon l'Association canadienne de l'immeuble, une maison valait en moyenne 320 558 $ à Montréal, 264 197 $ au Québec en général, mais 557 604 $ à Toronto, 462 994 $ à Calgary et 801 543 $ à Vancouver. Les écarts sont toutefois beaucoup moins importants ailleurs. À Ottawa, les maisons, au prix de 359 286 $, ne sont pas tellement plus chères qu'à Montréal. Elles le sont moins dans les Prairies ou dans les provinces atlantiques. Le Canada, ce n'est pas seulement Toronto.

Il existe donc toutes sortes de mesures indirectes. Ces mesures font l'objet d'un débat plutôt vif entre économistes, car c'est le coût de la vie qui déterminera l'écart réel du pouvoir d'achat entre les Québécois et les autres Canadiens. Des désaccords qui épousent le point de vue sur le modèle québécois. Martin Coiteux, fort critique, estime à partir des données du panier de consommation uniforme de biens et services que le coût de la vie est de 5 % supérieur en Ontario et de 9 % en Alberta. Les différences, beaucoup plus faibles qu'en 2000, sont toutefois en train de s'estomper. De son côté, l'économiste Pierre Fortin parle d'un écart de 8,8 % avec l'Ontario et d'un écart de 6,1 % avec l'ensemble du Canada.

Qu'il soit de 5 % ou de 8 %, cet écart du coût de la vie avec l'Ontario ne suffit pas à effacer un écart de revenu de 18 %. La question du coût de la vie se pose encore moins dans le cas de plusieurs provinces ou de régions ontariennes, où le coût de la vie n'est pas celui des grands centres urbains.

Il y a par ailleurs un élément de circularité dans les démonstrations qui visent à atténuer les écarts de revenus en invoquant le coût de la vie. Si la vie est moins chère au Québec, c'est en grande partie parce que le coût du logement y est moins élevé. Et si les maisons sont plus abordables au Québec, c'est essentiellement parce que le niveau de vie y est moins élevé, la demande, moins forte, et les habitations plus luxueuses, moins nombreuses. Bref, il en coûte moins cher de vivre au Québec parce que le Québec est plus pauvre. Faut-il s'en réjouir ? En faire une vertu ? La vie est moins chère au Portugal qu'en France, mais ce n'est pas une mesure de succès. Les prix immobiliers, moins élevés au Québec, ont aussi un effet négatif à long terme sur le patrimoine des Québécois.

Autre facteur d'atténuation des effets de l'écart de revenu : malgré leur revenu plus modeste, les Québécois ont accès à un plus grand nombre de services publics dits « gratuits » ou subventionnés que les autres Canadiens, en raison d'une plus grande présence de l'État. Il y a notamment l'électricité, qui est vendue deux fois moins chère qu'ailleurs. Toutefois, dans l'ensemble, ces services, comme les garderies subventionnées, ne profitent qu'à une frange de la population. Et, surtout, ce raisonnement repose sur une hypothèse peu convaincante voulant que le fardeau fiscal plus lourd des Québécois se traduise vraiment en services additionnels qu'ils n'ont pas à payer de leur poche. Mais, ces impôts élevés servent en grande partie à payer des infrastructures plus coûteuses, un service de la dette plus lourd, des activités qu'on ne retrouve pas dans d'autres provinces et dont les citoyens ne profitent pas, comme la « triplication » des structures administratives en santé (ministère, agences régionales et centres de santé et de services sociaux).

UN ÉLÉPHANT DANS LA PIÈCE

Il y a une autre dimension fondamentale qu'on a tendance à négliger. Les efforts pour minimiser les conséquences d'un niveau de revenu moins élevé au Québec s'inscrivent dans une logique individualiste étonnante quand on sait que les interventions les plus vigoureuses proviennent de personnes qui se disent à gauche.

Il est possible qu'un Québécois moyen, malgré un revenu plus faible que celui d'un Ontarien ou d'un Manitobain moyen, ne s'en tire pas si mal dans la vie de tous les jours parce qu'il lui en coûte moins cher pour vivre, même si on a vu que cela ne semble pas tout à fait le cas. Cela relève d'une logique à la fois microéconomique et individualiste.

Ce Québécois moyen ne vit pas dans une bulle, mais dans une société. Des déterminants importants de sa qualité de vie dépendent des services et des programmes de l'État. Si ce Québécois moyen touche des revenus moins élevés qu'ailleurs, il aura du mal à payer autant d'impôts et de taxes qu'ailleurs. Le niveau de revenu québécois, peu importe la façon dont on le calcule – PIB par habitant, revenu médian, revenu des ménages, salaire hebdomadaire –, indique que l'assiette fiscale sur laquelle reposent les perceptions fiscales est plus petite au Québec. Individuellement, ces revenus plus faibles peuvent être compensés et ne pas trop nuire à une famille. Collectivement, toutefois, ils ont un impact majeur.

J'ai fait une règle de trois pour illustrer mon propos. Selon les statistiques fiscales fédérales de 2010, le revenu total moyen des Québécois était de 36 353 $, comparativement à 42 583 $ du côté de l'Ontario pour l'ensemble des déclarations. Qu'arriverait-il si les revenus des Québécois étaient aussi élevés que ceux de leurs voisins ? Les revenus déclarés au fisc totaliseraient non pas 227,6 milliards, mais bien 266,6 milliards, une différence de 39 milliards. En appliquant le même taux d'imposition moyen des revenus au Québec en 2010, le gouvernement québécois récupérerait en impôts 4,7 milliards de plus. Et c'est là une borne inférieure parce qu'un niveau de revenu plus élevé, avec la progressivité des tables d'impôt, ferait augmenter le taux d'imposition moyen. Avec cette somme supplémentaire, qui oserait parler d'une crise financière au Québec ?

De la même façon, les 10 % des plus riches, qu'on soustrait des comparaisons avec les États-Unis parce qu'ils influent sur les moyennes, paient des impôts dont le Québec ne peut pas profiter parce que nos riches sont justement moins riches. Ces calculs, qui excluent les plus riches des comparaisons, sont utiles pour évaluer le niveau de revenu réel des citoyens ordinaires, mais on évacue du même coup l'idée que ces riches paient des impôts. Ici, ils en paient vraiment plus que les autres. Ceux dont le revenu est supérieur à 200 000 $ comptent pour 0,79 % des contribuables. En 2008, ils déclaraient 8 % des revenus totaux et payaient 17,27 % des impôts. Il y a là un élément de progressivité.

En trouvant mille et une façons de valoriser un modèle où il y a moins de riches et où les citoyens moyens s'en tirent relativement bien malgré des revenus moins élevés, on évacue complètement la dimension fiscale, la capacité de l'État de payer les services et d'assurer sa pérennité. C'est une omission inconcevable pour les gens de gauche qui croient à l'État. Se débrouiller avec des revenus plus faibles n'est pas un exploit. C'est un handicap.

14. SOMMES-NOUS HEUREUX?

Oui! Les Québécois sont probablement l'un des peuples les plus heureux de la planète et peut-être même, en étirant l'élastique, le peuple le plus heureux tout court! Étonnant mais vrai. On ne le croirait pas à voir nos débats déchirants, nos mouvements sociaux, nos « carrés rouges » qui paralysent les rues, la crise financière de l'État, les compressions budgétaires, la performance économique médiocre du Québec et nos séances d'autoflagellation collective devant la commission Charbonneau. Nous sommes peut-être « chialeux », nous avons peut-être une vie politique intense, mais nous sommes les plus heureux des Canadiens et, comme les Canadiens sont parmi les plus heureux de la planète, cela nous place tout au haut de la pyramide du bonheur!

Le bonheur est un sentiment ou un état extrêmement difficile à définir et il est encore plus difficile à mesurer. C'est sans doute pourquoi, pendant longtemps, on a laissé la réflexion sur le bonheur aux philosophes, aux psychologues ou aux prêtres, qui s'occupaient du bonheur dans l'au-delà. Mais depuis plusieurs années, les économistes ont commencé à explorer la question. Comme la finalité de la science économique consiste à optimiser le niveau de satisfaction d'une société, ce ne serait pas une mauvaise idée de tenter de définir le bien-être et de comprendre ce qui permet de l'atteindre.

Depuis plusieurs années, bon nombre de personnes dénoncent les limites du PIB comme mesure du succès et du bonheur d'une société. Cette donnée macroéconomique, trop générale et assez grossière, ne tient pas compte d'une foule de facteurs, à commencer par les inégalités de revenu. Ces critiques provenaient de mouvements militants, souvent opposés à notre modèle économique, pour qui l'argent ne fait pas le bonheur et qui voulaient un peu naïvement remplacer le Produit national brut par le Bonheur national brut. Cette réflexion a aussi mené à des travaux plus austères d'économistes et à des initiatives politiques, comme celle de l'ex-président français Nicolas Sarkozy, qui a commandé au prix Nobel d'économie, Joseph Stiglitz, un rapport sur la question.

Pour résumer en peu de mots un champ de recherche extrêmement complexe, deux grandes approches permettent de mesurer le niveau de bonheur d'une société : le bien-être et la satisfaction de ses citoyens. Le niveau de bonheur peut être analysé de l'intérieur ou de l'extérieur. La première approche, l'intérieure, consiste à demander aux gens ce qu'ils ressentent, par exemple s'ils étaient heureux la veille ou si, en général, ils sont satisfaits de leur vie. Il s'agit d'une mesure subjective du bonheur qui peut sembler bien fragile parce que les réponses peuvent varier selon le moment, selon la culture et selon la définition que chacun se fait du bonheur. Mais une foule d'études réalisées par des économistes et des psychologues montrent que ces expériences subjectives peuvent être bien mesurées et qu'elles fournissent une information utile. La seconde approche, l'extérieure, consiste d'abord à définir ce qui peut contribuer au bien-être et à vérifier ensuite jusqu'à quel point ces déterminants du bonheur sont présents dans une société.

Il y a un lien évident entre le bonheur et le confort matériel, surtout chez les personnes les plus pauvres qui souffrent, à cause de leurs revenus insuffisants, de la faim, de l'inconfort et de l'exclusion. Au bas de l'échelle, le bonheur augmente manifestement avec les revenus. Mais, à l'autre extrémité, les revenus additionnels procurent une satisfaction éphémère et s'accompagnent d'une foule d'effets indésirables qui altèrent le bonheur – des maux de société comme l'anorexie, le stress lié au succès, l'anxiété générée par le maintien du statut social ou le travail excessif. À l'inverse, on sait intuitivement que bien d'autres éléments contribuent au bonheur, comme la sécurité dans les rues, la qualité des soins de santé ou l'avenir de ses enfants.

C'est dans le sillage de cette réflexion que l'ONU avait construit, en 1990, un indice du développement humain qui ajoutait au revenu deux autres mesures, l'espérance de vie et le niveau de scolarité. C'est grâce à cet indice imparfait, mais déjà plus complet, que le Canada a trôné au 1er rang des pays, ce qui a permis à ses premiers ministres Brian Mulroney et Jean Chrétien d'en tirer une grande satisfaction.

L'OCDE, pour souligner son 50e anniversaire, a lancé en 2011 un indice beaucoup plus complexe baptisé «Vivre mieux», qui ne mesure pas le bonheur – insaisissable –, mais plus modestement le bien-être.

Un tel exercice était bienvenu en raison des lacunes du PIB. On le voit avec Terre-Neuve qui, grâce à sa production pétrolière, a vu son PIB par habitant gonfler, ce qui l'a propulsée au 20e rang des économies les plus riches d'Amérique du Nord, loin devant l'Ontario. Et pourtant, cette richesse sur papier ne se traduit pas en prospérité pour les Terre-Neuviens.

La difficulté de ces nouvelles approches, c'est d'abord de définir le bien-être, puis de trouver des données fiables qui permettront de mesurer et de comparer diverses sociétés. L'indice de l'OCDE comporte une vingtaine d'indicateurs qui tiennent autant compte de la criminalité que de la pollution, de la santé, de l'emploi ou du revenu.

LE BONHEUR SUBJECTIF

Mais commençons par les mesures subjectives du bonheur. Mon attention a été attirée, en 2012, par un article du quotidien *The Globe and Mail* qui disait: «Les Québécois sont plus heureux que le reste d'entre nous». Cet article, qui semblait trahir un certain étonnement, reposait sur les résultats d'une étude du Centre d'étude des niveaux de vie d'Ottawa (CENEV).[42]

L'étude reposait sur des données colligées par Statistique Canada depuis des années dans le cadre d'une grande enquête par sondage sur la santé des citoyens. Aux questions classiques sur les habitudes de vie, on en a ajouté une autre qui demandait aux répondants s'ils étaient satisfaits de leur vie en général, une satisfaction qu'on leur demandait d'évaluer sur une échelle de 0 à 10. En 2003, 91,3 % des Canadiens se disaient satisfaits ou très satisfaits de leur vie. En 2011, cette proportion était passée à 92,3 % ce qui, selon les auteurs, constitue une augmentation significative.

L'étude proposait également un classement des niveaux de satisfaction par province. En utilisant une moyenne des réponses obtenues entre 2003 et 2011, pour éliminer les variations qui peuvent être marquées d'une année à l'autre. Dans ce classement, c'est la Nouvelle-Écosse qui arrive en tête, avec 94,1 % de satisfaits ou de très satisfaits. Le Québec arrive au 2e rang, 93,2 %, bien au-dessus de la moyenne canadienne de 91,8 % et du résultat ontarien de 91,0 %.

Le niveau de bonheur a augmenté au Québec plus que partout ailleurs pendant cette période, tant et si bien que, pour 2011, il se classait premier avec un taux de satisfaction de 94, bien au-dessus de la moyenne canadienne de 92,3 %.

Cette supériorité du Québec dans la quête du bonheur s'est confirmée dans les résultats qui portaient sur les centres urbains. Quatre des cinq villes où le taux de bonheur était le plus élevé se trouvaient au Québec. Il s'agit de Québec, Trois-Rivières, Gatineau et Saguenay. La cinquième ville était Peterborough, située en Ontario.

Depuis la parution de cette étude du CENV, Statistique Canada a publié des données plus récentes portant sur 2012. Le Québec, avec un taux de 93,6 %, s'est classé au 2e rang, tout juste derrière l'Île-du-Prince-Édouard, encore bien au-dessus de la moyenne canadienne et de l'Ontario (92,4 %), de l'Alberta (92,8 %) et de la Colombie-Britannique (90,1 %).

Ce phénomène du bonheur québécois est assez saisissant pour que les économistes John Helliwell et Shun Wang en parlent dans un imposant document, le *World Happiness Report*. Ils notent que «les résidents du Québec, surtout ceux qui sont francophones, ont eu, dans les décennies qui ont suivi la Révolution tranquille du Québec, une croissance de satisfaction de leur vie en comparaison avec les résidents du reste du Canada. Cette différence cumulative est à la fois importante et statistiquement significative». Pour les auteurs, la croissance du bonheur au Québec équivaut à celle que procurerait la multiplication par deux de leur revenu. Cela montre, selon eux, que «les changements sociaux peuvent avoir une influence marquée sur le bien-être.»

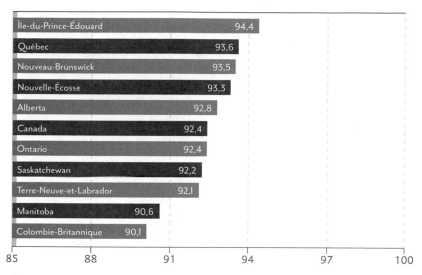

LE BONHEUR AU CANADA
% DES GENS SATISFAITS DE LEUR VIE, 2011

Île-du-Prince-Édouard	94,4
Québec	93,6
Nouveau-Brunswick	93,5
Nouvelle-Écosse	93,3
Alberta	92,8
Canada	92,4
Ontario	92,4
Saskatchewan	92,2
Terre-Neuve-et-Labrador	92,1
Manitoba	90,6
Colombie-Britannique	90,1

85 88 91 94 97 100

Source : Statistique Canada.

Par ailleurs, l'étude du CENV présentait aussi des comparaisons internationales à partir de données recueillies par le Gallup World Poll qui, dans ses enquêtes réalisées dans 155 pays, demande aux répondants d'évaluer leur qualité de vie selon une échelle de 0 à 10 (appelée « échelle de Cantril »). Le Canada se classe au 2e rang mondial avec 7,7, tout juste derrière le Danemark, qui domine avec 7,8, mais devant la Norvège, la Suisse et les Pays-Bas. La France, ce pays d'éternels mécontents, se retrouve beaucoup plus loin, avec 6,8.

Le Québec n'apparaît pas dans le classement international. Mais comme on sait que le niveau de bonheur du Québec est supérieur à celui du Canada, et comme on connaît l'écart qui les sépare, une simple règle de trois nous permet de déduire que le Québec obtiendrait un score de 7,8 sur l'échelle de Cantril et se retrouverait en tête aux côtés du Danemark (voir le tableau en page 225). Ces mesures restent imparfaites. Il est possible, par exemple, que les Québécois, attachés à la joie de vivre, soient plus facilement satisfaits de leur vie que les Danois. Mais il n'en reste pas moins que le Québec est l'un des endroits de la planète où les gens sont les plus heureux.

LE BONHEUR DANS LE MONDE
INDICE DE SATISFACTION À L'ÉGARD DE LA VIE, 2012

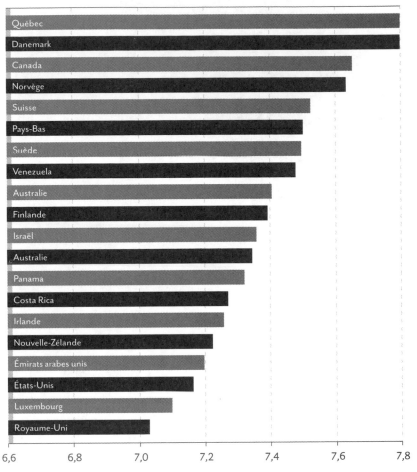

Source : Gallup World Poll.

L'INDICE VIVRE MIEUX

L'approche de l'OCDE, fort différente, mène essentiellement aux mêmes conclusions. Son indicateur Vivre mieux se compose de 11 critères pour lesquels on utilise 24 indicateurs. La note varie de 0 à 10 (10 représentant le pays qui se classe le mieux). Trois critères portent sur les conditions de vie matérielle – logement, revenu et travail. Les huit autres ont trait à la qualité de vie – éducation, santé, liens sociaux, environnement, engagement civique, satisfaction, sécurité et équilibre travail-vie.

L'indicateur qui en résulte tient donc compte d'une foule de facteurs qui contribuent au bien-être.

L'indice Vivre mieux prend bien soin de ne pas fournir de classement des pays, parce que le rang ne dépend pas uniquement des résultats obtenus dans chaque catégorie, mais aussi de l'importance que l'on accorde à chacune d'elles. L'OCDE va même jusqu'à proposer un outil permettant à chaque personne de créer son propre indice Vivre mieux, à l'aide de ses propres pondérations.

Et le résultat? En 2011, le Canada était en tête, tout juste derrière l'Australie, pas loin devant trois pays scandinaves, la Suède, le Danemark et la Norvège. Pourquoi? Parce qu'il score bien pour la santé, l'éducation, la sécurité et la vie communautaire, quoiqu'il tire de l'arrière pour la participation électorale et la conciliation travail-famille. Et parce que les Canadiens sont en tête, juste derrière les Danois, comme on vient de le voir, pour la mesure subjective de leur bien-être.

Dans *Le Québec économique 2011* publié par le CIRANO, Luc Godbout et Marcelin Joannis ont décidé de calculer l'indice Vivre mieux pour le Québec. C'était une chose que j'avais l'intention de faire moi-même pour ce livre, mais comme le travail est déjà fait, avec un talent et des ressources que je n'avais pas, je suis heureux de pouvoir compter sur leurs résultats.

Leurs calculs, avec des hypothèses prudentes, parce qu'on ne dispose pas toujours des données appropriées pour le Québec, leur permettent d'affirmer que le Québec serait arrivé au 1er rang, un peu devant l'Australie et le Canada, dans le classement des 38 pays membres de l'OCDE.

Passons en revue les calculs des auteurs afin de comprendre de quelle façon un organisme économique peut mesurer le bonheur et de voir où le Québec se situe par rapport au Canada et au reste du monde industrialisé.

Logement. Le critère comporte deux indicateurs. Le premier, c'est le nombre de pièces par personne. Le Canada, avec 2,5 pièces par personne, occupe le 1er rang mondial, bien devant la moyenne des pays de l'OCDE qui est de 1,6 pièce par personne. Le Québec partage le 2e rang du classement avec l'Australie. Le second indicateur du logement, c'est la proportion de logements sans installations sanitaires de base, comme des toilettes pour chaque famille. Dans les pays scandinaves, la proportion est de zéro. Le Canada se classe en milieu de peloton avec 1,1 %, sans doute en raison des conditions de vie dans les réserves autochtones. Il n'y a pas de données québécoises mais les auteurs supposent que le Québec obtiendrait un classement comparable à celui du Canada.

Revenu. La mesure retenue est celle du revenu disponible par habitant, après transferts et impôts. En 2008, le Canada se classait au 10e rang avec 27 015 $ US en parité de pouvoir d'achat. Le Québec, avec 24 078 $, se trouve au 17e rang, légèrement au-dessus de la moyenne des pays de l'OCDE. Pour la seconde mesure, l'avoir financier par habitant, le Canada occupe le 9e rang alors que le Québec, avec 20 % de moins, se classe au 11e rang.

Travail. Le premier indicateur retenu est le taux d'emploi, soit la proportion de la population en âge de travailler – les 15 à 64 ans – qui occupe un emploi. Le Canada affiche un taux d'emploi de 71,7 %, ce qui lui confère le 10e rang. Le Québec se trouve tout juste derrière, avec 71,1 %. Les champions sont en Scandinavie et en Océanie. Le taux de chômage à long terme, le second indicateur, est très bas au Canada, à 1,0 %, ce qui place le pays parmi les meilleurs. Le Québec fait encore mieux, avec un taux de 0,8 %.

Éducation. Il s'agit d'indicateurs dont on a déjà parlé. Au Canada, la proportion de la population qui possède un diplôme d'études secondaires s'élève à 87,1 %, comparativement à 85,0 % au Québec. À ce chapitre, le Canada et le Québec se classent respectivement 6e et 11e. Pour la compétence en lecture, mesurée à partir des résultats des tests du PISA, le Canada se trouve parmi les meilleurs avec un score de 524 et le Québec, tout juste derrière, avec un score de 522.

Santé. Le Canada, avec une espérance de vie à la naissance est de 80,7 ans, est au 10e rang, un indicateur où le Japon domine avec plus de 82,0 ans. Le Québec n'est pas loin derrière le Canada grâce à une espérance de vie à la naissance de 79,2 ans. Le second indicateur, c'est une mesure de l'état de santé subjectif. Dans la même enquête que celle qui interroge les Canadiens sur leur satisfaction par rapport à leur vie, on leur demande aussi s'ils sont en santé. Le Québec, avec une réponse positive de 89,1 %, se classe au 2e rang des pays de l'OCDE, derrière la Nouvelle-Zélande avec 89,5 %, et devant le Canada (88,1 %). On ignore toutefois si cela décrit l'état de santé réel des Canadiens ou leur optimisme indécrottable.

Vie communautaire. On évalue ici la qualité du réseau de soutien mesuré par le Gallup World Poll. Cela donne 95,3 % au Canada, ce qui le place au 7e rang. Les auteurs estiment que le Québec aurait obtenu un résultat comparable à celui du Canada.

Environnement. L'indicateur retenu ici est la qualité de l'air, mesurée par la concentration des particules fines. Le résultat du Canada n'est pas fort. Il occupe le 24e rang. L'étude suppose que la situation est la même au Québec.

Gouvernance. On analyse ici le taux de participation aux élections nationales. Le Canada fait piètre figure. Son taux de 59,5 % est nettement sous la moyenne des pays de l'OCDE (72,3 %), ce qui lui confère le 30e rang. Le Québec, avec un taux de 61,7 %, se classe au 28e rang. On tient compte aussi du degré de consultation sur les processus, où le Canada se trouve en tête de liste. Les auteurs estiment que le Québec aurait obtenu un résultat comparable à celui du Canada.

Bien-être subjectif. On l'a vu, le Québec partage le 1er rang avec le Danemark, grâce à un indice de 7,8 selon les données du Gallup World Poll, devant le Canada, 2e, avec un indice de 7,7.

Sécurité. L'indicateur utilisé ici est le taux d'homicides pour 100 000 habitants. Le taux d'homicides au Canada est de 1,7, sous la moyenne des pays de l'OCDE, comparativement à un taux de 1,1 pour le Québec. Pour le taux d'agression, obtenu avec la grande enquête Gallup, le Canada obtient un taux de 1,4, le meilleur au classement. Ces chiffres ne sont pas disponibles pour le Québec mais, par recoupement avec les données de Statistique Canada, on peut donner au Québec une note de 1,0, supérieure à celle du Canada.

Équilibre travail-vie. Ici, on regarde la proportion des employés qui travaillent de longues heures. Le taux du Canada est faible (3,8 %), ce qui le place au 10e rang. Le Québec, avec un taux 2,1 %, se classe au 4e rang. On tient aussi compte du taux d'emploi des femmes avec de jeunes enfants. Le Québec, avec un taux de 80,3 %, fait mieux que le Canada à 78,0 %. Il serait au 2e rang et le Canada au 4e. Enfin, le Québec fait légèrement meilleure figure que le Canada pour le temps consacré aux loisirs, avec 15,3 heures, contre 15,0 pour le Canada. Occupant toutefois le 20e rang, il est nettement sous la moyenne des pays de l'OCDE.

Au total, le Québec se retrouve 18 fois sur 20 au-dessus de la moyenne du classement des pays de l'OCDE. Parfois, il devance le Canada, parfois il est derrière lui, mais rarement y a-t-il un grand écart entre les deux.

En compilant les résultats, Luc Godbout et Marcelin Joannis obtiennent une note de 82,1 pour le Québec en donnant un poids égal à chacun des 11 thèmes. Le Québec se retrouverait ainsi au 1er rang pour sa qualité de vie devant tous les pays de l'OCDE, devant le Canada (81,8) et devant l'Australie (81,4).

Si on calcule les choses différemment, en donnant plutôt un poids égal aux 20 indicateurs, le Québec reste en tête avec un score de 80,5, encore devant le Canada (79,9) et l'Australie (79,3). Une autre mesure qui donne des poids différents aux divers indicateurs – 3 pour les indicateurs de condition matérielle, 2 pour la santé et l'éducation et 1 pour les autres – place toutefois le Canada en tête avec 78,9, suivi du Québec (78,0) et de l'Australie (76,4).

L'exercice a été réalisé pour l'année 2011. Depuis, on a ajouté d'autres indicateurs: la qualité de l'eau, le nombre d'années d'études, les gains du travail et le coût du logement. Et si on refait les calculs à partir des données les plus récentes, disponibles en 2014, on constate que le Canada a perdu des plumes et qu'il se retrouve maintenant au 5e rang des pays de l'OCDE. L'Australie est en tête avec un indice de 81,2. Elle est suivie des trois pays scandinaves, la Norvège et la Suède, avec un indice de 79,8, et le Danemark, avec un indice de 79,5. Le Canada se classe maintenant assez loin derrière avec un indice de 78,4. Dans ce classement plus récent, le Québec, en supposant qu'il maintienne sa mince avance sur le Canada, se retrouverait donc dorénavant au 5e rang.

Mais ce qui compte, à part satisfaire quelques pulsions chauvines, ce n'est pas le classement au millimètre près. Il y a trop d'hypothèses qui peuvent changer les résultats, trop de variations d'une année à l'autre, trop d'impacts des différentes pondérations des indicateurs. Ce qu'il convient de retenir, c'est que, pour le bien-être, le Québec affiche des résultats proches de ceux du Canada et sans doute supérieurs. Et qu'à ce titre, il fait partie du très petit club des pays offrant la meilleure qualité de vie et un très haut degré de bonheur. Il se retrouve devant les pays du G7, devant les États-Unis, proche de la tête au 7e rang, le Royaume-Uni au 11e rang, l'Allemagne au 13e rang, la France au 17e rang, le Japon au 19e rang et l'Italie au 21e rang.

L'ANOMALIE QUÉBÉCOISE

Le chapitre précédent nous a permis de constater que les écarts de revenus entre le Québec et les provinces riches du Canada sont importants, que les provinces pauvres nous rattrapent et que le Québec, dans le monde industrialisé, est une société peu performante et pas très riche. Comment peut-on être un cancre et se retrouver en tête de peloton ? Les deux approches ne sont pas contradictoires, mais constituent plutôt deux facettes d'une réalité complexe, des éléments de nature différente dont il faut tenir compte lorsqu'on essaie de faire un bon diagnostic de l'économie et de la société québécoises.

Les mesures globales de richesse, basées sur le PIB ou encore les revenus du marché, nous donnent une idée de la grosseur de la tarte. Une société riche n'est pas nécessairement une société heureuse. Le bien-être dépend d'une foule d'éléments, de la façon dont se partage cette tarte et de ce qu'on y met. Gardons à l'esprit que la plupart des éléments composant cet indice de bien-être dépendent des ressources individuelles et collectives dont les pays disposent. C'est pourquoi les pays riches se retrouvent dans le peloton de tête et les pays pauvres, dans le peloton de queue. En ce sens, oui, l'argent fait le bonheur.

La première erreur qu'on commet souvent dans ce débat, c'est d'opposer richesse et bien-être, comme s'ils étaient deux concepts anti-nomiques et qu'il fallait faire un choix entre les deux. En général, les pays offrant une qualité de vie élevée sont riches, le Québec étant en quelque sorte une exception parce que la plupart des éléments qui contribuent à la qualité de vie exigent des ressources.

La seconde erreur consiste à conclure que ces succès du Québec montrent qu'il y a ici un modèle unique et qu'il faut le préserver. Ce n'est pas vraiment exact pour deux raisons. Ce n'est pas un hasard si le Canada se classe aussi en tête. Nos succès proviennent non seulement de la spécificité québécoise, mais aussi du contexte canadien. L'Ontario, la Colombie-Britannique et l'Alberta se classeraient elles aussi dans le peloton de tête de l'indice Vivre mieux. Et si le Québec, plus pauvre, réussit à offrir une bonne qualité de vie, c'est aussi parce qu'il peut compter sur les ressources canadiennes.

Toutes les comparaisons faites jusqu'ici avec d'autres pays révèlent une anomalie. On l'a vu, la richesse d'un pays ne garantit pas du tout qu'on réussira à bâtir une société harmonieuse et heureuse. Les États-Unis sont là pour nous le rappeler. Mais le raisonnement ne vaut pas dans les deux sens. Si la richesse ne garantit pas le bonheur, cela ne signifie pas pour autant qu'on peut, collectivement, être pauvre et heureux. Tous les pays affichant un niveau de bien-être élevé sont riches, et leur niveau de vie est également élevé. Les cinq pays du peloton de tête de l'indicateur Vivre mieux de l'OCDE sont tous, sans exception, des pays riches : l'Australie, la Suède, la Norvège, le Danemark et le Canada. Parce que la qualité de vie coûte cher, très cher. Il faut de bons systèmes d'éducation, de bons soins de santé, des programmes sociaux pour contrer la pauvreté et assurer l'harmonie sociale, de même que des logements et des loisirs. Le niveau de vie permet de mesurer en quelque sorte la capacité d'une société à se payer tout ça.

J'ai écrit « sans exception » ? En fait, il y en a une, le Québec, tout seul dans sa catégorie, avec un niveau de vie sous la moyenne et une qualité de vie nettement au-dessus de la moyenne. Est-ce le miracle québécois ? A-t-on trouvé la recette magique pour procurer du bien-être à petit prix ? Pas vraiment. Il y a des explications à l'exception québécoise.

Le système québécois, avec ses programmes et ses impôts, ne repose pas sur un socle qui lui assurerait sa stabilité. Pour utiliser une image im-parfaite, prenons un équilibriste qui, au lieu d'avoir les pieds bien au sol, tente de se maintenir sur un ballon en comptant sur des béquilles pour ne pas tomber. Le ballon, c'est le régime fiscal et les dépenses publiques qui caractérisent le consensus québécois. Le Québec a réussi à offrir à sa population l'ensemble des services qui assurent le bien-être collectif en taxant plus ses citoyens que tous ses voisins et en consacrant une plus grande part de ses ressources aux dépenses publiques. Et comme tout ballon, celui-ci peut se gonfler, dans ce cas-ci avec des dépenses qui croissent sans cesse. Et comme tout ballon qu'on gonfle trop, il peut crever. Les béquilles, ce sont les outils que le Québec a utilisés pour se payer des services pour lesquels il n'avait pas les moyens. La première béquille, c'est l'endettement qui consiste à faire payer les avantages d'aujourd'hui par les générations futures. La seconde, ce sont les transferts fédéraux à travers lesquels les citoyens des provinces plus riches contribuent à payer la facture.

Soulignons que les mesures du bien-être comme celles de l'OCDE sont des photographies, des portraits d'une période précise sans être tout à fait un instantané, comme dans le cas d'un sondage. Car elles tiennent compte du passé, mais pas de l'avenir.

Les résultats qu'une société enregistre pour son niveau de bien-être dépendent souvent des mesures qui ont été appliquées au fil des ans. Si les conditions se sont détériorées, cela ne paraîtra pas tout de suite, et une société pourra vivre longtemps sur son « vieux gagné ». C'est ce qui menace le Québec et le Canada, qui ne sont ni en essor ni au sommet de leur gloire.

Ces enquêtes ne nous révèlent rien sur la capacité de maintenir ces acquis dans l'avenir et de maintenir les politiques qui permettent d'assurer la qualité de vie. Elles ne mesurent pas non plus la viabilité d'un modèle. Et, dans le cas du Québec, c'est la question qui se pose avec la crise des finances publiques que les gouvernements successifs n'ont pas réussi à résorber. Les résultats du Québec atteints jusqu'ici sont significatifs, mais ils seront très sérieusement menacés si aucun coup de barre économique et financier n'est donné pour permettre de dégager des ressources suffisantes et maintenir le système à flots.

Le ballon sur lequel repose tout le système menace de crever à force d'avoir été gonflé, et les béquilles risquent de se briser. C'est ce que nous examinerons en détail dans le prochain chapitre.

15. SOMMES-NOUS VIABLES ?

Tout est bien qui finit bien, semble-t-il. Les Québécois sont peut-être moins riches, mais ils se distinguent à plusieurs égards : pour la place des femmes, pour le caractère relativement égalitaire de leur société, pour leur culture dynamique, pour leur système d'éducation. Pour coiffer le tout, leur niveau de bien-être est très élevé quand on le compare à celui des autres pays industrialisés. Il y a là un bel équilibre. Pourquoi chercher la bête noire, comme je le fais souvent ? Pourquoi critiquer le modèle québécois s'il donne de si bons résultats ? Pourquoi vouloir changer une formule gagnante ? Nos voisins de l'Est, de l'Ouest et du Sud ne disent-ils pas : « If it ain't broke, don't fix it » ? Parce que ce succès relatif repose sur une base fragile et que l'équilibre de tout l'édifice demeure instable. Suffisamment instable pour qu'on puisse dire, sans sombrer dans le catastrophisme, que ce qu'on appelle le « modèle québécois » – qu'il serait plus précis de désigner comme le consensus québécois – est menacé. Allons plus loin. Il n'est tout simplement pas viable si on ne fait rien.

Cet équilibre était fragile depuis longtemps. Mais plusieurs facteurs interreliés contribueront, dans les années à venir, à le rendre carrément non viable. Les finances publiques ont atteint un point de non-retour, aggravé par un choc démographique plus marqué qu'ailleurs et des perspectives de croissance économique plus modestes. Assez pour qu'on puisse dire qu'il ne sera pas possible à l'avenir de maintenir ce modèle en vie. Déjà, on voit qu'il s'effrite, d'une crise financière à l'autre, avec le cortège de gels et de compressions, et la détérioration des services. Examinons, une à une, les menaces qui pèsent sur notre modèle.

LA CRISE DES FINANCES PUBLIQUES

Le gouvernement du Québec, comme tous les gouvernements du monde industrialisé, a été malmené par la récession de 2008-2009. La faiblesse des rentrées fiscales et l'obligation de stimuler l'économie en augmentant les dépenses publiques ont replongé le Québec dans des déficits après une dizaine d'années d'équilibre budgétaire. Mais on a découvert, cinq ans plus tard, que même si la crise économique avait moins touché le Québec que ses voisins, la crise des finances publiques qu'elle a provoquée, elle, l'a frappé plus fort parce que sa situation budgétaire était déjà précaire.

À partir de 2012 ou 2013, le monde politique a découvert, ou a été obligé de reconnaître, ce que les économistes et les centres de recherche répétaient depuis des années : le déficit que combattait le gouvernement était de nature structurelle plutôt que conjoncturelle. Un déficit conjoncturel est provoqué par les aléas de l'économie et se résorbe de lui-même quand la croissance retrouve son rythme de croisière. Un déficit structurel s'explique plutôt par un déséquilibre des finances publiques parce que les dépenses de l'État augmentent naturellement plus vite que les revenus de l'État et que l'économie.

Depuis longtemps, cette situation force les ministres des Finances à multiplier les contorsions pour éviter de passer dans le rouge. Mais en

2012, la nature structurelle du déficit a fait en sorte qu'on a carrément perdu le contrôle. À la sortie de la récession de 2009, la ministre des Finances, Monique Jérôme-Forget, a fixé une cible ambitieuse de rétablissement de l'équilibre budgétaire pour le ramener à zéro en 2014. Le plan a été suivi par son successeur Raymond Bachand qui, en 2012-2013, n'était pas loin du but. Mais le gouvernement Marois et son ministre des Finances Nicolas Marceau, aux prises avec un ralentissement économique et un héritage financier encore lourd, n'ont pas été en mesure de maintenir la cadence. Non seulement ont-ils abandonné la cible du déficit zéro pour 2013-2014, mais, d'une révision à l'autre, ils ont plutôt fini par le laisser grimper à 3,1 milliards de dollars. Pour l'année 2014-2015, le nouveau gouvernement libéral a promis dans son budget de contenir le déficit à 2,350 milliards pour le ramener à zéro l'année suivante. L'effort, pour atteindre ces cibles, est colossal: des compressions de dépenses de 2,7 milliards en 2014-2015 et de 2,4 milliards l'année suivante auxquelles s'ajoute un contrôle des effectifs. Ces mesures annoncent une période d'austérité budgétaire comme le Québec n'en avait pas connu depuis 1996-1997 avec le gouvernement de Lucien Bouchard.

Les économistes qui suivent ces choses de près diront toutefois que ce retour à l'équilibre budgétaire, aussi nécessaire soit-il, ne réglera rien et que les déficits se remettront à exploser dans les années suivantes parce que les facteurs structurels qui engendrent les déficits seront toujours présents, à moins qu'on revoie en profondeur les programmes et leur pertinence, le panier de services, la façon de les dispenser et de les financer.

On ne devrait pas être étonné. Déjà, un comité consultatif sur l'économie et les finances publiques, créé en 2009 par la ministre Jérôme-Forget, qui a remis son rapport à son successeur Raymond Bachand en 2010, prévoyait ce qui allait arriver. Les quatre universitaires membres du comité, Claude Montmarquette, Pierre Fortin, Luc Godbout et Robert Gagné, affirmaient que le plan de redressement du gouvernement libéral d'alors était une « réponse partielle » et ils prévoyaient « la réapparition rapide d'un déficit structurel ». [43]

Selon les auteurs, le scénario de Mme Jérôme-Forget, qui visait un retour à l'équilibre en 2013-2014, cible abandonnée par la suite, n'aurait permis qu'un rétablissement de l'équilibre budgétaire de courte durée. Dès 2014-2015, le déficit serait réapparu pour atteindre 4,8 milliards 10 ans plus tard, avec un effet sur l'endettement. Selon leurs projections, la dette brute atteindrait 251 milliards en 2025-2026, une augmentation de près de 33 % en une décennie. Une analyse du Conference Board du Canada allait dans le même sens.

Plus récemment, en 2014, un exercice sur la soutenabilité budgétaire à laquelle participaient le fiscaliste Luc Godbout et l'économiste Pierre Fortin, a proposé de nouvelles projections. Selon cette étude[44], le statu quo engendrerait un déficit qui risque d'atteindre 3,7 milliards en 2020 et 8,4 milliards en 2025, pour exploser à 17,1 milliards en 2030.

Pour décrire cet état de déséquilibre récurrent, on peut utiliser des termes qu'on associe d'habitude à l'environnement, comme «durabilité», «viabilité» ou «soutenabilité». Les auteurs de l'étude citent la définition de l'OCDE de ce concept : «La viabilité budgétaire est un concept pluridimensionnel qui intègre la solvabilité, la stabilité de la croissance économique, la stabilité de la fiscalité et l'équité intergénérationnelle. Elle a des implications non seulement financières, mais aussi sociales et politiques, qui sont liées à la fois aux générations présentes et futures.» Ils rappellent aussi la définition que propose le Vérificateur général du Canada : la capacité de financer les besoins actuels et futurs, de maintenir la croissance, de financer les engagements futurs sans alourdir le fardeau fiscal et de procurer aux générations futures des avantages qui ne sont pas inférieurs.

Quelques mois plus tard, l'Institut du Québec, un nouveau «think tank», présidé par l'ancien ministre des Finances Raymond Bachand, fruit d'une association entre le Conference Board et le Centre sur la productivité et la prospérité des HEC, publiait un autre rapport sur l'état des finances publiques du Québec, qui allait dans le même sens[45]. Avec des prévisions s'appuyant sur le modèle d'analyse du Conference Board, le rapport, qui suppose que le gouvernement respectera son plan de retour à l'équilibre budgétaire en 2015-2016, estime qu'après avoir effectué ce redressement à court terme, le niveau de déficit atteindra 5 milliards en 2028 et 10 milliards en 2032. Le document propose toutefois un autre scénario. Si le gouvernement réussissait à ramener la croissance des dépenses de santé de 5,2 % à 4,2 %, cela suffirait à maintenir les finances en équilibre.

La conclusion du rapport est sans appel : «[…] Un redressement à court terme est nécessaire pour éliminer le déficit, mais […] le Québec est replongé dans une période de déficits structurels dès que les dépenses recommencent à croître au rythme du statu quo. Le message est clair : le redressement à court terme n'est pas suffisant.»

Ce ne sont pas des prévisions, car il est évident qu'aucun gouvernement ne laissera les finances publiques se détériorer à ce point-là. Ce sont plutôt des projections, à partir d'hypothèses prudentes qui tentent de mesurer la soutenabilité budgétaire, de voir ce qui va se passer si le gouvernement du Québec maintient sa politique budgétaire actuelle, avec les mêmes services et le même régime fiscal. Le but de l'exercice consiste à déterminer si les choix budgétaires actuels sont viables ou s'ils nous condamnent à un endettement excessif, tout en empêchant les générations futures d'avoir droit aux mêmes services.

Ces projections, qui seront fausses parce que les gouvernements agiront, sont néanmoins utiles parce qu'elles lancent un avertissement et qu'elles nous donnent une bonne idée des efforts à déployer pour espérer un retour à l'équilibre.

Elles nous rappellent que les efforts pour maintenir à flots les finances publiques seront de plus en plus pénibles. Elles nous rappellent aussi que pour les années à venir, les finances publiques québécoises seront en état de crise permanente, avec leur cortège de mesures d'urgence, de compressions aveugles qui épuisent les citoyens et les employés de l'État et qui dénaturent les programmes. D'un train de coupures à l'autre, on se retrouve avec des écoles infestées de moisissures et un accès aux services de santé qui se resserre. Et, plus encore, dès que la vigilance diminue ou qu'un imprévu se manifeste – on l'a vu avec l'explosion des déficits du gouvernement Marois –, la crise revient au grand galop.

Cette crise larvée n'est pas vraiment nouvelle. Ce qui est nouveau, ce sont les facteurs qui ne pourront pas faire autrement que de l'aggraver. D'une part, parce que le choc démographique change les règles du jeu. Et d'autre part, parce que les béquilles et les outils dont on disposait pour parvenir à équilibrer les choses plus ou moins artificiellement ne sont plus là. Les portes de sortie se referment une à une.

LE CHOC DÉMOCRATIQUE

La première menace qui pèse sur notre économie et nos finances publiques, c'est le choc démographique, que certains nomment prudemment « transition démographique ». Toutes les sociétés avancées sont frappées par des transformations démographiques importantes en raison d'une natalité plus faible, du prolongement de la vie et d'un déplacement des pyramides des âges où les jeunes sont proportionnellement moins nombreux et les personnes âgées plus nombreuses. Ce phénomène de vieillissement est plus marqué au Québec que dans la plupart des autres sociétés industrialisées en raison du caractère exceptionnel de nos habitudes de reproduction. Le Québec affichait un taux de natalité très élevé à la fin de la guerre et, donc, au moment du baby-boom. Quinze ans plus tard, dans un revirement spectaculaire, il est devenu une des sociétés où le taux de natalité était le plus bas.

La résultante de ce double record, c'est que le Québec se retrouve avec un contingent de baby-boomers arrivant à la retraite plus important qu'ailleurs, tandis que les cohortes qui suivent la génération du baby-boom sont moins importantes. Résultat : la proportion de personnes âgées de plus de 65 ans augmente de façon marquée : 5,8 % en 1961, 8,8 % en 1981, 13,0 % en 2001, 15,7 % en 2011, 25,6 % en 2031 et 27,7 % en 2051, selon les projections du gouvernement du Québec.[46]

Cette transition est beaucoup plus rapide au Québec qu'ailleurs dans le monde industrialisé, tant et si bien qu'elle provoquera un choc que ne vivront pas la plupart des autres sociétés. On peut le voir avec le nombre d'années nécessaires pour que la proportion des 65 ans et plus passe de 12 % à 24 % de la population totale. Au Japon, le pays le plus touché, il faudra 22 ans. Mais le Québec, avec une transition de 33 ans, est loin derrière le Canada qui aura 42 ans pour absorber le choc, l'Allemagne, 60 ans, et la France, 70 ans.

Nous savons aussi que ces citoyens plus âgés vivront plus vieux qu'avant, grâce aux progrès de la science et aux changements dans les habitudes de vie. Ce prolongement de la vie, qui n'est pas différent au Québec qu'ailleurs, est saisissant. On parle le plus souvent d'espérance de vie à la naissance. Mais cette définition de la longévité mesure mal les effets du vieillissement parce qu'elle sera influencée par des facteurs comme les succès contre la mortalité infantile ou les accidents de la route. On sait que cette espérance de vie est de 84 ans chez les femmes et de 79 ans chez les hommes.

La donnée significative, c'est l'espérance de vie à 65 ans, le nombre d'années qu'une personne de cet âge peut espérer vivre. Elle est de 19 ans pour les hommes et de 22 ans pour les femmes. Cela signifie qu'en moyenne, un homme de 65 ans a une chance sur deux de vivre au moins jusqu'à 84 ans et une femme, une chance sur deux de vivre au moins jusqu'à 87 ans. Cette espérance de vie augmente de 2,3 mois par année. Tous les cinq ans, donc, l'espérance de vie se prolonge d'un an. On sait déjà, par exemple, qu'une Québécoise sur 20 âgée de 65 ans vivra jusqu'à 100 ans.

D'un autre côté, le Québec comptera moins de jeunes. Les 0-19 ans, qui représentaient 44,3 % de la population en 1961, sont maintenant deux fois moins nombreux en proportion – avec 21,6 % en 2011 –, un rapport qui restera stable à l'avenir.

Le résultat le plus significatif de ce double processus, celui qui décrit le mieux les effets du vieillissement de la population, c'est le rapport entre le nombre de personnes en âge de travailler et celles à la retraite. En 1971, on comptait 9,4 personnes de 15 à 64 ans pour chaque personne de 65 ans et plus. Ce rapport est passé à 4,1 en 2013 et fondra à 2,1 en 2050.

Cette réalité a toutes sortes d'impacts sur les finances publiques. Le vieillissement de la population crée d'énormes pressions sur les dépenses de la santé, même si ce n'est pas la seule cause de l'augmentation des coûts. Pensons à l'utilisation croissante des médicaments, à leur coût, aux nouvelles technologies et aux recours plus fréquents aux tests diagnostiques. Et ces dépenses additionnelles ne sont pas compensées par les économies que permet le vieillissement, par exemple en éducation ou en sécurité publique.

Ces projections reposent, entre autres, sur le fait que les coûts des services de santé augmentent clairement avec l'âge. Selon les données de l'Institut canadien d'information sur la santé reprises par l'étude Godbout-Fortin, les dépenses annuelles moyennes en santé pour les 35-39 ans sont de 1 692 $; elles restent encore stables pour les 45-49 ans à 1 960 $; elles commencent à grimper à 3 057 $ pour les 55-59 ans et à 3 521 $ pour les 60-64 ans, pour augmenter de façon exponentielle par la suite : 5 175 $ pour les 65-69 ans, 8 485 $ pour les 70-74 ans, 12 598 $ pour les 75-79 ans, 14 919 $ pour les 80-84 ans (de plus en plus nombreux) et 25 037 $ pour les 85-89 ans. Est-ce que ces niveaux de dépenses seront similaires pour les baby-boomers arrivant à la retraite, mieux éduqués et en meilleure forme que leurs aînés, mais qui auront des exigences beaucoup plus grandes que les générations précédentes à l'égard du système de santé ?

Il y a d'autres dépenses liées au vieillissement de la population, notamment le soutien financier des travailleurs mal préparés à la retraite, les soins de longue durée, les frais de maintien à domicile et quelque chose dont on ne parle à peu près jamais, soit la façon dont la société devra adapter les services publics et l'aménagement du territoire à cette population plus âgée, comme on l'a fait dans les années 1950 et 1960 pour accueillir les jeunes générations de l'époque.

Mais c'est la santé qui exercera la pression la plus insoutenable sur les finances publiques. Selon les projections de l'étude de Godbout-Fortin, la croissance annuelle moyenne des dépenses de santé sera de 4,9 %, passant de 44,3 % des dépenses gouvernementales totales en 2013 à 51,8 % en 2030. L'Institut du Québec parle plutôt d'une croissance de 5,2 %.

Les conséquences sont multiples. Même si la part de dépenses d'autres postes budgétaires comme l'éducation augmentera moins vite, l'impact de la santé fera en sorte que les dépenses publiques croîtront plus vite que l'économie, d'où l'impasse. Les gouvernements, pour financer les besoins insatiables du réseau de la santé, seront forcés de sacrifier d'autres objectifs ou de réduire les dépenses ailleurs. Même si l'on réussit à ralentir la croissance des dépenses en santé, leur poids privera les gouvernements d'une marge de manœuvre. Dans tous les cas de figure, cette conséquence du choc démographique menace ce que l'on appelle le modèle québécois, à moins que l'on ne trouve des façons de contenir l'explosion des coûts de santé.

UN EFFET ÉCONOMIQUE

Le choc démographique a un autre impact, encore plus important, mais dont on parle moins: c'est son effet sur le marché du travail. En raison du vieillissement de la population, le nombre de personnes quittant le marché du travail pour la retraite sera plus important que le nombre de jeunes qui viendront joindre la force de travail. La population en âge de travailler diminuera donc. Et quand ce phénomène démographique nous frappera-t-il? Maintenant! 2014 est la première année où la population active décline.

Il y a cinq ans, l'arrivée des jeunes permettait d'ajouter 30 000 personnes par année au bassin de main-d'œuvre. En 2013, la hausse a été maigrelette, soit 7 800 travailleurs de plus. Le sommet historique de la population active a été atteint en juillet 2013, avec 5 427 000 personnes. En 2014, la baisse commence de façon modeste, soit une perte de 4 500 personnes, pour s'accélérer et atteindre 20 000 personnes par année en 2020. Selon le budget du Québec 2014-2015, la population active diminuera de 0,2 % par année entre 2014 et 2018, tandis qu'elle augmentera de 0,4 % au Canada et de 0,3 % aux États-Unis.

Ces baisses de la population active posent un problème à la fois quantitatif et qualitatif, dont les premiers effets se font déjà sentir dans certaines régions et dans certaines industries qui ne trouvent pas la main-d'œuvre dont elles ont besoin. Un casse-tête qui ira s'accentuant, avec le risque qu'on se retrouve avec une armée de travailleurs peu qualifiés incapables de se trouver du travail et des milliers de postes qu'on ne peut combler.

De nos jours, quand le ou la ministre responsable de l'emploi se réveille le matin, son casse-tête ne consiste pas à se demander comment créer des emplois pour trouver du travail aux chômeurs, mais bien comment trouver la main-d'œuvre pour pourvoir tous les postes disponibles. Ce n'est pas une figure de style: entre 2011 et 2020, selon les projections du gouvernement du Québec, il faudra pourvoir 1,4 million de postes dans la province. Le quart d'entre eux seront de nouveaux emplois résultant de la croissance économique. Mais les trois autres quarts, c'est pour le remplacement des départs à la retraite. Cela fait beaucoup d'emplois.

Pour empirer les choses, à cause du vieillissement, le taux d'activité de la main-d'œuvre baissera parce que les personnes plus âgées quittent davantage le marché du travail, un phénomène plus marqué au Québec. Selon l'étude de l'Institut du Québec intitulée *Pour un contrat social durable*, le taux d'activité de la main-d'œuvre passera d'environ 66 % en 2008 à 61 % en 2032.

Cette relève insuffisante a des conséquences majeures. La croissance économique dépend de toutes sortes de facteurs, comme l'investissement ou la productivité. Elle demeure toutefois tributaire du nombre de travailleurs, du nombre de personnes qui contribuent à l'activité économique. C'est ainsi qu'à cause du choc démographique et de son effet sur la main-d'œuvre, selon les projections du Conference Board du Canada reprises par l''Institut du Québec, après avoir connu une croissance moyenne de 2,1 % au cours des 20 dernières années, le Québec entrera dans une phase de croissance économique annuelle de 1,6 % pour les 20 prochaines années. On assistera au même phénomène au Canada, mais de façon moins marquée: la croissance moyenne passera de 2,5 % à 1,9 %. Selon le rapport Godbout-Fortin, la croissance annuelle de l'économie, de 2 % en moyenne depuis 30 ans au Québec, passera à 1,4 %.

Dans tous les cas, les conséquences sont les mêmes: une croissance plus faible entraîne des revenus fiscaux encore plus faibles, parce que le niveau des rentrées fiscales est intimement lié à l'activité économique. Donc, au moment où le Québec aurait besoin de plus de croissance pour combler ses besoins financiers et retrouver l'équilibre, c'est exactement le contraire qui est en train de se produire. Les besoins vont grandissant et les ressources vont diminuant. Cela ferme une autre porte.

AUGMENTER LES IMPÔTS ?

Quand un gouvernement ne dispose d'aucune marge de manœuvre financière, il peut toujours solliciter les contribuables en augmentant les impôts, les taxes et les tarifs. C'est une piste que les gouvernements du Québec ont largement empruntée au fil des ans, tant et si bien que la source est largement tarie. Je ne crois pas que le gouvernement du Québec puisse beaucoup compter sur les ponctions fiscales pour résoudre son impasse financière.

S'il y a, dans le domaine des finances publiques, des éléments vérifiables et incontournables – des réalités presque mathématiques comme la courbe des dépenses en santé, la nature structurelle du déficit et le caractère inéluctable du vieillissement de la population –, les enjeux fiscaux ne sont pas seulement de nature financière et économique. Il y a aussi un aspect idéologique important dans nos choix fiscaux. La question de savoir jusqu'où on peut augmenter les impôts ne relève pas seulement de la science. C'est pourquoi il est difficile de définir le niveau optimal du fardeau fiscal, d'autant plus qu'il n'existe aucune loi ou règle qui établissent une corrélation claire entre le fardeau fiscal et la performance économique. Certains pays taxent beaucoup leurs contribuables tout en ayant une économie dynamique, comme c'est le cas en Europe du Nord. D'autres taxent peu et se portent mal, comme le Japon.

Je crois toutefois que nous avons atteint notre limite ou que nous n'en sommes pas loin. Si quelques révisions sont sans doute possibles au haut de l'échelle pour des raisons d'équité, leur impact fiscal sera trop mince pour faire une différence dans un budget. Notamment parce que le fardeau fiscal du Québec est plus élevé que celui de tous ses voisins: «1,11 fois plus élevé que celui de l'Ontario, 1,15 fois plus élevé que celui observé en moyenne au Canada et 1,61 fois plus élevé que celui des États-Unis», selon le bilan 2013 du Centre sur la productivité et la prospérité des HEC.

Le budget du Québec pour l'année 2014-2015 révélait un fait sidérant. Selon les calculs du ministère des Finances, le gouvernement du Québec «impose un fardeau fiscal supplémentaire de 1 410 $ par habitant… ce qui représente un montant de 11,3 milliards.» Ce que disent ces chiffres, c'est que si le Québec imposait ses citoyens de la même façon que la moyenne des provinces, il récolterait 11,3 milliards de moins. C'est quand même beaucoup.

À l'échelle mondiale, le Québec se classe également parmi les économies où les recettes fiscales sont élevées, comme l'illustre le graphique ci-contre. Les recettes fiscales totales du Québec équivalent à 37,5 % du PIB. Le Québec n'est pas en tête, il est même assez loin des deux champions que sont le Danemark et la Suède avec respectivement 47,8 % et 46,6 %. Mais il fait quand même partie du groupe des sociétés à fiscalité élevée et il est plus près de pays européens comme la France, l'Italie, la Norvège ou la Finlande – autour de 42,0 % – que de l'Ontario, dont le fardeau fiscal équivaut à 33,7 % du PIB.

Mais le Québec n'est pas situé dans le nord de l'Europe. Au point de vue strictement géographique, nos voisins immédiats ne sont pas la Finlande et la Norvège, mais l'Ontario et l'État de New York. Cela limite la marge de manœuvre des gouvernements parce qu'ils doivent tenir compte des façons dont les entreprises et les citoyens réagiront aux hausses d'impôt. Ils peuvent aller magasiner ailleurs, placer leur argent ailleurs et déménager. Et, surtout, les entreprises peuvent souvent choisir les endroits où elles s'établiront et où elles investiront. Plus les hausses d'impôt seront importantes, plus les gestes que feront les contribuables pourront être forts. Les contribuables ou les entreprises peuvent aussi modifier leurs habitudes et leurs comportements en recourant à l'évitement

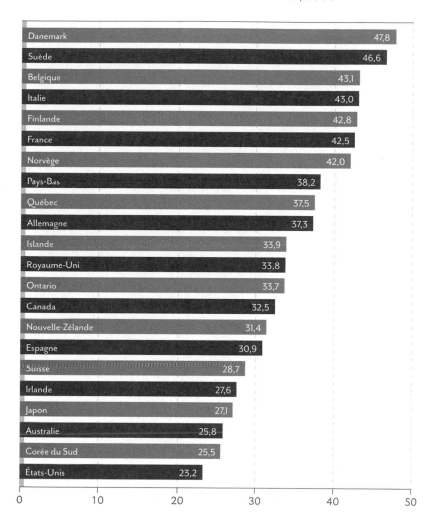

FARDEAU FISCAL DANS LE MONDE
RECETTES FISCALES EN % DU PIB, 2009

Danemark	47,8
Suède	46,6
Belgique	43,1
Italie	43,0
Finlande	42,8
France	42,5
Norvège	42,0
Pays-Bas	38,2
Québec	37,5
Allemagne	37,3
Islande	33,9
Royaume-Uni	33,8
Ontario	33,7
Canada	32,5
Nouvelle-Zélande	31,4
Espagne	30,9
Suisse	28,7
Irlande	27,6
Japon	27,1
Australie	25,8
Corée du Sud	25,5
États-Unis	23,2

Source : Centre sur la productivité et la prospérité, HEC.

fiscal, comme ne pas vendre un immeuble pour éviter de payer un impôt sur le gain en capital, ou refuser de faire des heures supplémentaires pour ne pas tout donner au fisc. Tant et si bien que souvent, les mesures fiscales ne procurent pas les rentrées escomptées.

Ces comportements peuvent choquer. On peut y voir la réticence des contribuables à payer leur dû. À ce chapitre, les Québécois, riches ou pauvres, ne sont pas scandinaves uniquement en raison de leur environnement géographique, mais aussi parce que le contrat social est plus fragile. On n'accepte de payer des impôts avec sérénité que lorsqu'on est convaincu de la légitimité de ces ponctions. Mais la perception qu'il y a du gaspillage et que l'argent des contribuables n'est pas utilisé avec prudence est assez forte pour que la résistance à une augmentation du fardeau fiscal soit grande.

Il faut enfin tenir compte du fait que les augmentations des taxes et impôts ont un impact économique négatif sur l'économie, parce qu'elles exercent une influence sur les comportements et les choix. Cet impact variera selon le type d'impôt, car certaines ponctions fiscales sont plus neutres que d'autres. Selon le Centre sur la productivité et la prospérité des HEC, une augmentation d'un milliard d'impôt sur le revenu des sociétés aura un coût négatif à long terme sur le PIB de 890 millions. Le coût sera de 760 millions pour un milliard provenant d'une hausse d'impôt sur le revenu des particuliers, de 410 millions pour une hausse de tarifs et de 280 millions pour les taxes à la consommation.

Il y a sûrement des pistes à explorer pour taxer autrement, d'une façon qui nuira moins à l'économie. Foncièrement, la porte de la fiscalité est, elle aussi, fermée.

LE RETOUR DE LA DETTE

Il existe une autre façon de se sortir de l'impasse financière : payer plus tard, accepter de dépenser plus d'argent qu'on en a et se retrouver ainsi en déficit, en sachant que ces déficits iront gonfler une dette qu'on remboursera éventuellement. Dire cela maintenant, en 2014, semble presque une hérésie, sauf chez les militants de Québec solidaire. Mais pendant des décennies, cela a été la façon normale de fonctionner.

Dans une entrevue à RDI en 2013, Jacques Parizeau affirmait qu'il fallait arrêter de se faire peur avec la situation financière du Québec. « Nous sommes désespérément normaux en ce qui a trait au déficit et à la dette », disait-il, ajoutant qu'« on s'en fait trop ». En cela, il reflétait les coutumes de sa génération. Le virage a eu lieu après lui, au milieu des années 1990, quand le gouvernement Chrétien à Ottawa et le gouvernement Bouchard à Québec ont réussi à faire accepter la règle du déficit zéro, qui est devenue un dogme, inscrit dans la loi, voulant que le comportement normal pour un gouvernement est de ne pas dépenser plus que ce que ses revenus le lui permettent. Il est donc devenu interdit de s'endetter pour payer les dépenses courantes et d'emprunter pour payer l'épicerie. Un virage heureux, car il y a quelque chose d'inacceptable sur le plan éthique à combler les besoins de la population actuelle en demandant à ses descendants de payer la note, un principe d'équité intergénération-nelle qui commence à prendre racine.

La dette a quand même poursuivi sa hausse parce que les gouverne-ments ont continué à financer les projets d'immobilisations par des em-prunts, comme la construction de routes ou d'écoles. Cette idée est défendable, tant sur les plans financier qu'éthique, parce qu'il s'agit d'équipements collectifs qui dureront longtemps et qui s'amortissent sur une longue période. Il n'est donc pas illogique d'en assumer le prix sur une longue période et de faire contribuer les cohortes suivantes qui en profiteront aussi.

La dette québécoise brute, des années 2000 jusqu'à la crise de 2009, a augmenté de 31,9 milliards en huit ans, passant de 120,6 milliards à 152,5 milliards, soit une hausse de 26,4 % pour une moyenne de 3,9 mil-liards par année. Ça fait beaucoup de milliards, mais la hausse de la dette était moins rapide que la croissance de l'économie, tant et si bien que le poids de la dette brute par rapport au PIB a baissé de 52,3 % à 48,6 % au cours de cette période.

Le processus s'est toutefois inversé à partir de 2009. Cette année-là, il est arrivé deux choses : le lancement d'un vaste plan d'infrastructures pour réparer des équipements qui nous tombaient dessus, et l'éclatement de la crise. Les travaux d'immobilisations ont ajouté près de 5 milliards par année à la dette, tandis que les déficits budgétaires provoqués par la crise en ajoutaient 3 autres, pour un endettement annuel moyen de 8,5 milliards pour la période de 2009 à 2012.

C'est un hasard que les travaux d'infrastructures et la crise soient survenus en même temps. Il a été providentiel: il a permis au Québec de mieux résister à la récession et de sortir plus rapidement de la crise que ses voisins. Ces investissements comblaient un retard criant. Mais en plus, ils ont servi, ici comme partout ailleurs dans le monde, à relancer l'économie.

L'effet cumulatif de ces deux formes d'endettement est toutefois très préoccupant. Depuis la crise, l'endettement est passé de 152,5 milliards en 2008-2009 à 206,8 milliards en 2014-2015, hausse de 35,6 % en six ans, ce qui a ramené le poids de la dette brute à un niveau élevé, soit 54,9 % du PIB. En revanche, si la lutte contre le déficit est couronnée de succès, le poids de la dette se remettra à baisser pour revenir à 50 % du PIB en 2019-20.

Avec la dette brute – l'ensemble de la dette contractée sur les marchés financiers plus le passif des régimes de retraite, la mesure que privilégie le gouvernement du Québec –, le Québec est le champion nord-américain toutes catégories. À 53,6 % du PIB en 2013, l'endettement québécois était, et de loin, le plus élevé au Canada, dépassant nettement celui de l'Ontario (44,0 %), de la Nouvelle-Écosse (38,7 %), du Manitoba (36,8 %) et du Nouveau-Brunswick (32,9 %) qui constituent les autres provinces endettées (comme le montre le graphique de la page suivante).

De plus, si on prend une autre mesure de la dette, la dette nette, qui tient compte des actifs financiers détenus par le gouvernement et qui reflète davantage la capacité d'un gouvernement à rembourser sa dette, le tableau n'est pas plus joli. Cette dette nette représente 49,0 % du PIB québécois, ce qui place encore le Québec loin devant les autres provinces : 37,4 % en Ontario, 17,3 % en Colombie-Britannique et 0,0 % en Alberta. Une comparaison avec les États-Unis de l'Institut Fraser montre par ailleurs que la dette obligataire, qui frise les 45 % du PIB au Québec, ne dépasse pas 15 % dans les États américains.

Les comparaisons internationales sont plus difficiles, notamment parce que le Québec n'est pas un pays. Le gouvernement du Québec a toutefois fait l'exercice en 2010 (pour l'année 2008, soit avant la crise) en utilisant la méthode de l'OCDE et en attribuant à la province une portion de la dette fédérale. Selon ces données, le Québec était au 5e rang mondial derrière le Japon, dont la dette équivalait à 172,1 % du PIB, l'Italie, à 114,2 %, la Grèce, à 102,6 % et l'Islande, à 96,3 %. À 94,0 % du PIB, l'endettement du Québec était bien plus élevé que celui de la moyenne de l'OCDE (78,4 %) ou du Canada (69,7 %). Ne tirons pas trop de conclusions de ces chiffres, mais gardons à l'esprit que le Québec est très endetté.

On peut ajouter que le Québec est endetté d'une mauvaise façon. Les données budgétaires permettent de distinguer la portion de la dette qui a servi à financer des immobilisations de celle qui a été contractée pour payer des dépenses courantes. Au Québec, cette dette provenant des déficits annuels et ayant servi à financer les dépenses courantes équivalait, en 2013, à 33 % du PIB. Cela correspond à une somme de 118 milliards qui représente 67 % de la dette nette. C'est énormément plus que dans les autres provinces : 24,8 % en Ontario, 22,1 % en Nouvelle-Écosse et sous les 20,0 % partout ailleurs sauf dans les trois provinces de l'Ouest où c'est 0,0 %. Le Québec est la seule province à avoir massivement financé ses programmes en s'endettant et, surtout, en endettant les prochaines générations.

Cet endettement a des conséquences. La première, c'est qu'il faut payer des intérêts, cette obligation réduisant considérablement la marge de manœuvre financière du gouvernement. En 2014-15, sur l'ensemble des dépenses de 72,3 milliards, 8,6 milliards, soit 11,6 % du total, iront au service de la dette, 8,6 milliards qui auraient pu servir à quelque chose de plus utile si on ne s'était pas autant endetté. Surtout quand on pense que

ENDETTEMENT PUBLIC AU CANADA
EN % DU PIB, 2013

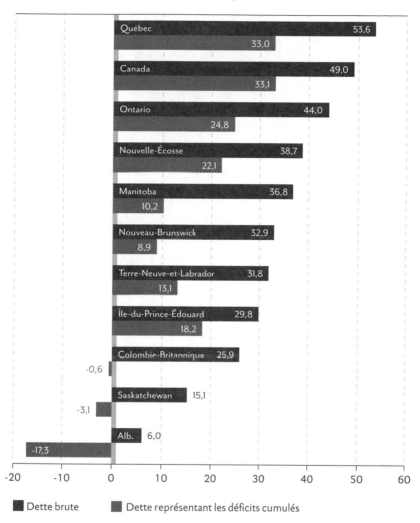

Dette brute   Dette représentant les déficits cumulés

Source : Ministère des Finances du Québec.

les deux tiers de ce montant servent à rembourser des dépenses d'il y a 10, 15 ou 20 ans.

Un endettement important, c'est aussi la vulnérabilité financière face aux créanciers et le risque de décote si la situation devenait trop précaire. C'est davantage la dette que les agences de crédit examinent, beaucoup plus que le déficit. Il s'agit d'un problème assez sérieux pour que le ministre des

Finances Carlos Leitao, dans son premier budget, ait été forcé d'abandonner l'une de ses promesses électorales qui consistait à accélérer les investissements publics.

Le Québec s'est honteusement servi de l'endettement pour résoudre ses besoins financiers année après année, d'une façon qui pose de façon aiguë la question de l'équité intergénérationnelle. Cela explique en partie comment le Québec a réussi, sans être riche, à se payer des services publics qui constituent la Cadillac du continent. Le niveau de la dette de la province est tel que le gouvernement est maintenant très vulnérable. Il doit aussi se dépêcher de résorber son déficit pour éviter d'aggraver la situation. Il n'y a, bien sûr, aucune marge de manœuvre de ce côté-là. Une autre porte qui se ferme.

LA MANNE FÉDÉRALE

Il reste une autre porte, celle du gouvernement fédéral, à laquelle les gouvernements québécois successifs ont le réflexe d'aller frapper lorsqu'ils manquent d'argent. Le style varie selon l'orientation constitutionnelle des gouvernements, mais il y a une remarquable continuité d'un gouvernement à l'autre pour dénoncer d'une façon ou d'une autre le déséquilibre fiscal. Chaque budget, libéral ou péquiste, a son chapitre sur l'insuffisance des fonds fédéraux.

Je ne veux pas me lancer dans ce complexe et interminable débat. Je désire tout simplement rappeler qu'on oublie souvent à quel point les dépenses fédérales sont importantes au Québec et qu'elles jouent un rôle central dans l'équation financière. En 2012, Ottawa a perçu 44,5 milliards au Québec en impôt sur le revenu, impôt sur les sociétés, TPS, cotisations, etc. Mais il a dépensé 60,8 milliards dans la province en salaires pour ses employés, en biens et services, en paiements aux personnes comme les pensions, en intérêts sur la dette et en transferts au gouvernement du Québec.

Autrement dit, l'ensemble des dépenses du gouvernement fédéral au Québec a dépassé de 16,3 milliards les recettes perçues dans la province. Ces chiffres, provenant des *Comptes économiques des revenus et des dépenses du Québec* et produits par l'Institut de la statistique du Québec, démontrent noir sur blanc ce que bien des gens nient encore: le Québec ne subventionne pas la fédération, c'est le Québec qui est subventionné.

Même si le débat sur la souveraineté est en sourdine, ces données remettent en question, encore une fois, un des thèmes récurrents du discours souverainiste, à savoir que l'indépendance serait financièrement rentable en permettant au Québec de récupérer son argent. L'écart est si énorme qu'aucune acrobatie statistique ne permettrait de le faire disparaître.

L'écart entre les dépenses et les revenus du fédéral au Québec a explosé depuis 2007, alors qu'il s'établissait à 7,3 milliards. Cet écart a grimpé à 19,3 milliards en 2010 pour revenir à 16,3 milliards deux ans plus tard, essentiellement parce que depuis la crise, Ottawa enregistre des déficits budgétaires ayant même dépassé le cap des 50 milliards.

À l'intérieur des dépenses fédérales, les transferts fédéraux au gouvernement du Québec, notamment la péréquation, atteignaient 16,7 milliards en 2014-2015 et ils augmenteront par la suite de 3,0 % à 3,5 % par année. Le ministère des Finances estime que ces hausses sont insuffisantes. On peut toutefois noter que cette progression est semblable à celle des revenus autonomes du gouvernement québécois.

Les paiements de péréquation atteindront de leur côté 9,3 milliards en 2014-2015. Ces paiements compensent l'insuffisance de l'assiette fiscale de certaines provinces et constituent nettement un transfert des provinces riches vers les provinces pauvres comme le Québec. C'est le Québec qui reçoit, en dollars, le plus gros montant de péréquation – plus de la moitié – quoique, par habitant, il soit loin d'être le principal bénéficiaire.

Pourquoi sommes-nous une province pauvre depuis le début du programme de péréquation ? Pourquoi cette réalité ne semble-telle pas nous gêner ? Le Québec s'est enraciné dans une culture de dépendance dans le cadre fédéral. Cela crée un malaise au sein des provinces riches qui ont l'impression que le Québec ne fait pas tout ce qui est en son pouvoir pour améliorer sa situation, notamment en ce qui a trait au développement de ses ressources. On dit non au gaz et au pétrole, on méprise les provinces qui en produisent, mais on accepte leur argent.

Ce déséquilibre permet d'illustrer d'une autre façon à quel point le modèle québécois repose sur des bases fragiles. Comment, avec un niveau de vie plus faible, le Québec réussit-il à avoir un filet de sécurité sociale plus complet qu'ailleurs au Canada ? Ce miracle québécois s'explique par notre dette plus élevée et par nos impôts plus élevés, mais aussi par ce coup de pouce fédéral. Dans la qualité de vie des Québécois, il y a aussi une composante canadienne à travers les programmes sociaux fédéraux, mais aussi à travers les mécanismes de redistribution interprovinciale comme la péréquation.

On accuse donc le Québec de se payer des services publics plus généreux avec l'argent de provinces qui n'ont pas les moyens de jouir des mêmes services. L'accusation est fausse parce qu'on peut démontrer que c'est avec son fardeau fiscal beaucoup plus lourd que le Québec finance les programmes qui n'existent pas ailleurs. Mais ces réactions nous indiquent que la logique de la péréquation est contestée et qu'il est peu probable que le Québec puisse compter autant sur la manne fédérale à l'avenir.

UN MODÈLE NON VIABLE

Résumons : les finances du Québec sont en situation de déséquilibre structurel qui s'aggrave avec le vieillissement de la population, l'économie n'est pas assez vigoureuse pour soutenir le niveau actuel des dépenses publiques, il n'y a plus de marge de manœuvre fiscale, on ne peut plus vraiment augmenter les impôts, on ne pourra pas toujours compter sur la manne fédérale et on ne peut certainement pas s'endetter.

En fin de compte, cela montre que notre modèle n'est tout simplement pas viable. On aura de moins en moins les moyens de maintenir le système à flots. Comme la seule façon qui reste pour rééquilibrer les finances de l'État est un contrôle des dépenses, les compressions risquent de remettre en cause les acquis, de dénaturer les missions, de compromettre la quantité et la qualité des services et des soutiens à la population.

Cela nous ramène au même clou, celui sur lequel je frappe si souvent : si le Québec veut demeurer une société généreuse, il doit s'en donner les moyens et s'assurer d'avoir le niveau de vie qui lui procurera les ressources dont il a besoin. Cela nous rappelle pourquoi la croissance économique et la création de richesse devraient nous préoccuper et, même, nous obséder. C'est une nécessité collective et une obligation morale.

S'il existe au Québec un contrat social que les Québécois veulent préserver, ils devront faire des choix. Le véritable enjeu est le suivant : voulons-nous abandonner notre modèle ou encore, ce qui serait bien mieux, voulons-nous prendre les moyens pour le préserver ? Les compressions récurrentes que les gouvernements imposent sont des expédients et des mesures d'urgence le plus souvent temporaires. Si on veut des solutions durables, il faut réfléchir à ce contrat social, définir ce qui est essentiel et doit donc être préservé, et accepter de sacrifier l'accessoire pour sauver l'essentiel. Ce n'est pas le consensus qu'il faut contester, ni ses grands principes, mais la culture du statu quo qu'il a engendrée.

Ce qui est clair, si on ne change pas nos façons de faire, si on ne lie pas les objectifs sociaux à l'obligation de développer l'économie, si on ne repense pas les façons de gérer l'État et d'assurer les services publics, ce qu'on appelle le « modèle québécois » se détériorera lentement mais sûrement pour devenir progressivement l'ombre de lui-même.

LE TEMPS DES CHOIX
EST ARRIVÉ

Ce livre était, par moments, déprimant. J'en suis bien conscient. Pourquoi déprimant ? Parce qu'il avait pour principal objectif de dégonfler coûte que coûte les ballons que nous soufflons collectivement depuis trop longtemps et de brosser un portrait plus réaliste de la société québécoise. Il était prévisible que cet exercice de lucidité, au cours duquel j'ai essayé de faire contrepoids à l'autocongratulation, nous ferait découvrir que le Québec est moins remarquable et moins unique qu'on le croit. Tout cela ne doit surtout pas nous faire oublier que l'aventure québécoise, dans l'ensemble, est un succès. Mais cette aventure risque de tourner mal si nous ne nous mettons pas au travail.

N'oublions pas que les comparaisons dont le Québec ne sort pas toujours gagnant ont été faites avec les meilleurs. Le Québec fait partie de ce très petit nombre de sociétés où il fait bon vivre. Le Québec, comme l'ensemble du Canada, a réussi à atteindre un équilibre entre le progrès social et la logique économique, à concilier croissance et qualité de vie, préoccupations sociales et collectives.

Le grand reproche qu'on peut faire au Québec, c'est de s'être arrêté en chemin, de toujours sous-utiliser son potentiel et de n'exploiter ses nombreux avantages et talents qu'en partie. Cette absence d'énergie et de volonté pour faire encore meilleure figure tient largement à notre attachement au statu quo et à notre autosatisfaction, à l'impression erronée que nous sommes déjà au sommet.

Je souhaite que le Québec soit encore meilleur, c'est vrai, mais ce n'est pas parce que je suis un irréductible de la performance. En fait, il est triste qu'une société sous-utilise son potentiel, d'abord parce que c'est un immense gaspillage de talents. Ensuite, parce que le Québec, et donc les Québécois, se porterait beaucoup mieux si l'économie était plus dynamique et si son organisation sociale était moins brouillonne.

À cela s'ajoute maintenant un sentiment d'urgence. L'équilibre de notre société est menacé par le vieillissement de la population, le ralentissement économique et la crise financière de l'État. Nous sommes vraiment à la croisée des chemins, pour reprendre l'expression consacrée. Sans changement de cap, le type de société auquel tiennent les Québécois – le consensus québécois – est menacé.

Cela ne veut pas dire que le Québec soit au bord du gouffre. L'économie québécoise n'est pas dynamique, mais elle est saine. Il n'y a pas de fracture sociale dramatique. Nos gouvernements ne sont pas en faillite. Et notre situation n'a rien à voir avec celles de l'Italie, de la Grèce, de l'Espagne ou du Japon. Ce qui nous menace, c'est plutôt un lent déclin, celui d'une société qui n'a plus les moyens de ses ambitions et qui doit petit à petit revoir ses attentes à la baisse. Nous ne sommes pas pour autant impuissants face à notre destinée, comme l'est la France, dont la sclérose est telle qu'on se demande tous comment elle réussira à résoudre sa crise. Nous avons en main tout ce qu'il faut pour bien nous en sortir et aller de l'avant. Ce qui nous ralentit, c'est notre attachement aux acquis et au statu quo. Ce qui nous manque, c'est le sentiment d'urgence et la volonté de changer le cours des choses.

Nous sommes à l'aube d'une grande remise en question de nos programmes publics, de notre relation à l'économie et de nos responsabilités individuelles et collectivves. Nos gouvernements ne pourront plus tout maintenir. Il faudra faire des choix. Pour ce faire, il faudra bien établir nos valeurs fondamentales, déterminer les programmes et les services qui nous apparaissent essentiels pour préserver l'essence de notre modèle, être en mesure de départager ce qui est important à nos yeux et ce à quoi on tient par habitude ou par réflexe conditionné. Il faudra aussi mieux identifier les éléments les plus fragiles de notre modèle pour mieux les renforcer et savoir quelles sont les forces sur lesquelles on peut miser.

Si ce livre peut avoir une utilité, c'est bien celle de nous aider à y voir un peu plus clair.

NOTES

CHAPITRE 3

1. Enquête québécoise sur le développement des enfants à la maternelle), Institut de la statistique du Québec, 2012.
2. « Les sans-diplôme » au Québec, Pierre Fortin, 2008.
3. « Savoir pour pouvoir : Entreprendre un chantier national pour la persévérance scolaire », rapport du Groupe d'action sur la persévérance et la réussite scolaires au Québec, 2009.
4. Indicateurs de l'éducation au Canada : une perspective internationale, Statistique Canada, 2012.

CHAPITRE 4

5. « Regards sur l'éducation », OCDE, 2013.
6. « Indicateurs de l'éducation, une perspective internationale », Statistique Canada.
7. Quacgarelli Symonds, http://www.topuniversities.com/university-rankings

CHAPITRE 5

8. « Mesurer et comprendre l'économie créative du Canada », Conference Board du Canada, 2008.
9. *The Rise of the Creative Class. And How It's Transforming Work, Leisure and Everyday Life*, Richard Florida, 2002, Basic Books.
10. « Artists in Canada's Provinces and Territories Based on the 2006 Census », Hill Strategies Research Inc.
11. « L'évolution des dépenses culturelles des ménages québécois, de 1997 à 2009 », *Optique*, numéro 19, mai 2012, OCCQ.
12. « Dépenses de consommation au chapitre de la culture en 2008 », Hill Strategies, 2010.
13. « Profil des acheteurs de livres et de revues au Canada en 2008 », Hill Strategies.

CHAPITRE 6

14. « Caractéristiques linguistiques des Canadiens », Statistique Canada, 98-314-X201.
15. « Redynamiser la politique linguistique du Québec », OQLF, 2011.
16. Les francotropes sont les allophones qui sont les plus susceptibles de réaliser une substitution linguistique au profit du français.
17. *Lecture et achat de livres pour la détente, Sondage national 2005, Rapport final.* Patrimoine canadien, 2005.
18. « Un engagement collectif pour maintenir et rehausser les compétences en littératie des adultes », Conseil supérieur de l'éducation, septembre 2013

CHAPITRE 7

19. *Portrait des Québécoises en huit temps*, édition 2014, Conseil du statut de la femme.
20. Institut de la statistique du Québec, *Annuaire québécois des statistiques du travail. Portrait des principaux indicateurs du marché et des conditions de travail, 2003-2013*, volume 10.
21. « Enquête Catalyst 2013 : les femmes membres de conseils d'administration selon le classement Financial Post 500 » (www.catalyst.org).

CHAPITRE 8

22. *All on Board: Making Inclusive Growth Happen*, OCDE, 2014.
23. « Productivité et prospérité au Québec. Bilan 2013 », Centre sur la productivité et la prospérité, 2014.
24. « La charge fiscale nette : concept, résultats pancanadiens et positionnement du Québec », Luc Godbout, Michaël Robert-Angers, Suzie St-Cerny, Université de Sherbrooke, 2013.

25. « Le bénévolat au Canada », Mireille Vézina et Susan Crompton, Statistique Canada, 2012.

26. « Revenus de bien-être social 2009 », Conseil national du bien-être social, Canada, 2010.

CHAPITRE 9

27. « Meilleure santé, meilleurs soins, meilleure valeur pour tous : recentrer la réforme des soins de santé au Canada », Conseil canadien de la santé, septembre 2013.

28. « Analyse comparative du système de santé du Canada : comparaisons internationales », Institut canadien d'information sur la santé, novembre 2013.

29. « Mirror, Mirror on the Wall, 2014 Update : How the U.S. Health Care System Compares Internationally », Commonwealth Fund.

30. « Le mystère des médecins québécois "évanouis" : comment améliorer l'accès aux soins ». Commentaire n° 410, Claude E. Forget, Institut C. D. Howe, 2014.

31. « Paving the Road to Higher Performance : Benchmarking Provincial Health Systems », Conference Board du Canada, 2013.

CHAPITRE 10

32. Éditions Voix Parallèles, 2007.

33. « Rapport d'inventaire national 1990-2012 : sources et puits de gaz à effet de serre au Canada – Sommaire », Environnement Canada, 2012.

34. « De la réduction des gaz à effet de serre à l'indépendance énergétique du Québec », document de consultation, Commission sur les enjeux énergétiques du Québec, 2013.

35. « Rapport de 2011 sur l'utilisation de l'eau par les municipalités, statistiques de 2009 », Environnement Canada, 2011.

36. Un øre vaut environ 15 cents CAD. Il y a 100 øre dans une couronne (NOK) norvégienne qui équivaut à environ 0,17414 dollar canadien. Un dollar CAD équivaut à 5,7 NOK.

CHAPITRE 12

37. « Course Correction. Charting a New Road Map for Ontario », Institute for Competitiveness and Prosperity, 2013.

38. « Investir pour assurer notre prospérité », La vision économique du gouvernement Budget 2013-2014.

39. « Productivité et prospérité au Québec, Bilan 2013 ».

40. « L'investissement au Québec, on est pour », Rapport du Groupe de travail sur l'investissement des entreprises, Ministère des Finances du Québec, 2008.

41. « Investir pour assurer notre prospérité », La vision économique du gouvernement Budget 2013-2014.

CHAPITRE 14

42. « Canadians Are Happy and Getting Happier : An Overview of Life Satisfaction in Canada, 2003-2011 », septembre 2012, Andrew Sharpe et Evan Capeluck, Centre for the Study of Living Standards, Ottawa.

CHAPITRE 15

43. « Le Québec face à ses défis. Fascicule 3 : Une voie durable pour rester maîtres de nos choix », Claude Montmarquette, Pierre Fortin, Luc Godbout et Robert Gagné, gouvernement du Québec, 2010.

44. « La soutenabilité budgétaire des finances publiques du gouvernement du Québec », Luc Godbout, Suzie St-Cerny, Matthieu Arseneau, Ngoc Ha Dao, et Pierre Fortin, Université de Sherbrooke, 2014.

45. « Choc démographique et finances publiques : pour un contrat social durable », Institut du Québec, 2014.

46. *Le bilan démographique du Québec, édition 2013*, Institut de la Statistique du Québec.